未来社会与未来教育研究丛书
Future Society and the Future of Education Research
丛书主编　周洪宇　徐　莉

未来社会与未来教育研究丛书
Future Society and the Future of Education Research

丛书主编　周洪宇　徐　莉

时代转型与未来学校研究

A Study of Transformation of Times and the Future School

● 姬冰澌 ◎ 著

华中科技大学出版社
http://press.hust.edu.cn
中国·武汉

内容提要

进入人工智能时代,新一代信息技术给社会带来了波澜壮阔的变化,驱动着学校发生根本的变革。作者认为,借助技术变革,未来学校将成为人工智能时代学校变革的应然方向。未来学校是一种在新IT支持下,探索各类环境交汇融合,追求正式教育与非正式学习合而为一,实现人与智能体在教育中交互共生的混合教育机构。被技术赋能的未来学校能够满足人类学而"成人"、学而"亲亲"、学而"合群"、学"与天地参"的需要,具有"成人"价值、"亲亲"价值、"合群"价值、"天地"价值。作者通过学生、教师、家长、社会成员四种视角展现学习空间、学习方式、教育流程在相互联系和相互渗透中生成的未来学校图景,并在复杂性思维观照下,为建构未来学校设计了一个包含建构理念、建构机制、建构策略的整体性方案。

图书在版编目(CIP)数据

时代转型与未来学校研究/姬冰澌著. —武汉:华中科技大学出版社,2023.5
(未来社会与未来教育研究丛书)
ISBN 978-7-5680-9308-8

Ⅰ.①时… Ⅱ.①姬… Ⅲ.①信息技术-应用-学校管理-研究 Ⅳ.①G47-39

中国国家版本馆 CIP 数据核字(2023)第 056002 号

时代转型与未来学校研究 　　　　　　　　　　　　　　　　姬冰澌　著
Shidai Zhuanxing yu Weilai Xuexiao Yanjiu

策划编辑:周晓方　杨　玲	
责任编辑:庹北麟	责任校对:张汇娟
封面设计:原色设计	责任监印:周治超
出版发行:华中科技大学出版社(中国•武汉)	电话:(027)81321913
武汉市东湖新技术开发区华工科技园	邮编:430223
录　　排:华中科技大学惠友文印中心	
印　　刷:湖北恒泰印务有限公司	
开　　本:710mm×1000mm　1/16	
印　　张:16　插页:2	
字　　数:202千字	
版　　次:2023年5月第1版第1次印刷	
定　　价:89.00元	

本书若有印装质量问题,请向出版社营销中心调换
全国免费服务热线:400-6679-118　竭诚为您服务
版权所有　侵权必究

总序

时代正处在百年未有之大变局中，全球新一轮科技革命和产业变革蓄势待发。习近平总书记多次强调，新一轮科技革命和产业变革正在创造历史性机遇，要密切关注、最大程度把握这场革命创造的重大机遇。那么，这个机遇对中国的未来意味着什么呢？历史经验告诉我们，科技革命和产业变革决定着一个国家的兴衰成败。当下正在兴起的这场以人工智能为代表的新一轮工业革命，相较于以蒸汽机、电力和计算机为代表的前三次工业革命，其基本区别在于它是一场送旧迎新的具有划时代意义的革命，这对仍处于工业化中后期的中国而言，意义的重大性、深远性不言自明。就教育系统而言，如果说前三次工业革命成就了西方引领世界几百年的学校教育系统，那么，在时代演进日益加剧的今天，传统的学校教育系统愈来愈难以适应当下的变革，各国都在开展对未来学校和未来教育的探索，中国在这一轮工业革命中首次成为其中的重要力量。种种迹象表明，东方文明必将在这场革命中发挥出重要的助力作用。探索新一代教育体系的使命已然成为中华民族伟大复兴的应有之义。初步占据了新工业革命制高点的中国，必须抓住这一重大发展机遇，教育界尤其应该密切关注而大力推动此事。这是我们研究出版"未来社会与未来教育研究丛书"

的初衷。

　　毫无疑问，首先我们需要拓宽全球视野，关注时代前沿。为此，本丛书以习近平总书记有关论述为指南，以新工业革命为宏观背景，探索时代变迁下人类教育演进的总体走向。其中，《新工业革命与第三次教育革命》一书是本丛书的核心之作，提出了第三次教育革命的论断。围绕此书，我们组织撰写了《第四次工业革命与教育模式转型》一书，并收入了以博士论文为基础而形成的《时代转型与未来学校研究》一书，试图通过两书对新科技革命引发的教育模式变迁和未来学校发展之探索，具体展示和例证第三次教育革命的趋势和表征。其中，《时代转型与未来学校研究》一书，还对人工智能时代未来学校的概念、价值和图景进行了详细分析，并为之设计了一个包含建构理念、建构机制、建构策略在内的整体性方案，试图拓展出更大的想象空间。此外，与之配套，我们组织翻译了《未来学校与未来教师教育的芬兰探索》和《未来教育与英国未来学校变革》两本译作，目的是为读者提供来自不同前沿视点的阅读参照。

　　拓宽全球视野、关注时代前沿的同时，我们必须脚踩大地、扎根本土，在中国新一轮改革与全球新工业革命的聚合点上，关注当下中国的社会改革与教育变革，这是《新工业革命与中国第三波改革》一书的写作初衷，为丛书提出的人类第三次教育革命论断提供了基础框架和立足点。

　　当今，在时代巨变的重大关口，新世界教育起点的窗口悄然开启。一方面，教育对工业革命的作用与影响毋庸置疑。在整个人类历史长河中，教育始终是人类社会发展的重要动力和基础。另一方面，工业革命对教育的需求与影响同样也毋庸置疑。人类社会的每一次跨越式发展都会带来相应的教育大变革。今天，人类历史上新的大变局到来之际，教育将走向何方？这一问题，既是世界亟待回答的紧迫课题，也是当代中国需要迫切回应的时代课题。我们认为，未来社会需要未来教育，在未来的催生下，人类教育史上新一轮教育革命正在到来。

我们在《新工业革命与第三次教育革命》一书中所提出的第三次教育革命论断，是就整个人类发展史的全视域而言的，这是因为种种迹象表明，人类教育正在发生有史以来第一次自身的周期性大循环之变，这个大循环之变与工业文明向新的文明过渡的节点历史性地相遇，这意味着人类历史迎来了真正意义上的整体性大变迁。这场大变迁是从内到外、全方位、彻底的变迁，是必须引起人们高度注意的大变迁。

全视域下的第三次教育革命与工业文明阶段的新工业革命融合，是审视这场教育革命的基本框架。在这个总的框架内，我们不仅关注技术视角，同时特别关注技术背后的更为深刻的文化变迁的视角；不仅关注教育将在形式上发生的和正在发生的翻天覆地的变化，同时关注知识与教育内涵重构的深层次根本性变革。

几乎与此同步，党的十八大开启了全面深化改革的中国第三波改革大幕。如果说中国的改革开放，经历了农村改革、城市经济改革这前两波改革浪潮，那么，第三波改革将从局部领域的改革发展为全面系统的改革。《新工业革命与中国第三波改革》一书将中国改革开放史置于人类发展史及其工业文明进程的大背景下进行考察，并进一步将第三波改革置于中国改革开放史的全进程中来考察，旨在从整体发展观上析出中国改革在世界发展中所处的方位和所具有的意义，以及以习近平同志为核心的党中央领导的第三波改革的重大历史意义和深远的世界意义，从中提炼出独特的中国特色改革发展理论。

综上，从某种意义上说，《新工业革命与中国第三波改革》既是一部中国改革开放史的理论梳理，又是一部中国第三波改革特写镜头的理论抽象。这个特写镜头里，不仅有世界百年未有之大变局的世界景观，而且有中国改革开放史的特色景观，视野开阔，意义重大而深远。

总之，本丛书在整体的人类发展大背景下，围绕未来社会和未来教育的研究主线，从世界趋势到国内视点，紧扣时代脉搏，探索社会改革与教育发展规律，尝试提炼出其中的重要理论思想，旨在为国家开启的第二个百年新征程中的教育现代化提供理论支撑。丛书所提出的"第三次教育革命"的判断和论述，无论在国内外学术界还是教育界都是第一次；对中国第三波改革的系统研究，特别是将其与前两轮改革进行比较，并整体耦合于工业文明发展进程中进行考察，在百年未有之大变局中观察新一轮改革的历史使命和世界意义，也是第一次。这些研究及结论无疑都具有重要的理论价值、政策价值和实践意义，可供所有关心未来中国社会和教育发展改革的各界人士参阅。如果本丛书能够对此起到这些积极的作用，作者和译者们的初衷也就达到了。

周洪宇 徐莉

2021 年 7 月 25 日

目录

① ── **导论　时代变迁与未来学校变革**

一、研究问题的提出　1

二、相关研究的梳理　8

三、研究之重要意义　32

四、研究方法　34

㊳ ── **第一章　未来学校：人工智能时代学校变革的应然向度**

一、新IT加速智能社会的到来　38

二、社会转型升级引发新的教育变革　47

三、学校变革的三个时代　55

四、未来学校：智能时代学校变革的应然向度　71

⑦⑥ ── **第二章　人工智能时代未来学校的概念澄明**

一、何谓未来　76

二、未来学校的含义探析　83

三、未来学校的属性辨析　95

⑩⑦ ── **第三章　人工智能时代未来学校的价值诉求**

一、人类的真正需要：价值判断的关键　108

二、人工智能时代人类的真正需要　111

三、人工智能时代未来学校的价值建构　123

⑭③ ── **第四章　人工智能时代未来学校的图景构造**

一、整体取向的未来学校图景构思　143

二、学习空间重构　147

三、学习方式变革　166

四、教育流程再造　180

五、未来学校整体图景　188

197⋯⋯第五章　人工智能时代未来学校的建构之路

一、在复杂性思维视域下探索未来学校的建构之路　197

二、基于复杂性思维的未来学校的建构理念　205

三、基于复杂性思维的未来学校的建构机制　210

四、基于复杂性思维的未来学校的建构策略　226

236⋯⋯**结语　未来，始终在我们身边等待开启甚至创造**

240⋯⋯**参考文献**

246⋯⋯**后记**

导论
时代变迁与未来学校变革

一、研究问题的提出

(一)研究缘起:因何研究未来学校

1. 第四次工业革命驱动着传统学校形态的改变

人类社会发展的进程,总是与新技术的发明和应用有着密切的关联。迄今为止,人类社会已经历经了三次工业革命,分别以蒸汽机、电力以及计算机作为重要标志和关键资源。现在,物联网、大数据、云计算、5G及人工智能(artificial intelligence,简称 AI)等新技术刺激着生产与生活方式向着智能化变革,人类社会正迎来第四次工业革命。① 在生产方式上,随着各种技术的相互促进与深度融合,大量的工作正由人机共同完成,一些常规性工作甚至可以由机器人独立完成。以人工智能为基础的技术系统将工厂内外的设备、

---

① 克劳斯·施瓦布.第四次工业革命[M].李菁,译.北京:中信出版社,2016.

产品与人员智能地连接在一起,广泛地收集与分析相关信息,并且根据持续变化的工作环境不断地进行调整,使从研发到生产再到销售的整个过程更加迅捷、灵活和高效。① 在生活方式上,人工智能将人类从繁重的工作中解放出来以后,人们便拥有充裕的时间来思考自己希望成为什么样的人,又应该怎样度过一生。与此同时,互联网与不断迭代升级的信息技术使人们拥有更为多样的方式、途径和机会与世界各地的人展开交流与合作,获得丰富多样的资源与信息,以此打造自己的生活,发现、探索和创造自己的人生。

第四次工业革命在表面上改变了人们的生产与生活方式,在深层次上则带来了价值观念与人的发展方式的变革。当大部分程序化工作被智能化设备替代时,当部分非程序化工作需要人机合作与人人协作时,当我们熟悉的工作由于技术的介入而不断消失,各种各样不可预知的新型工作大量涌现时,当选择什么样的人生、打造什么样的生活方式、为社会做出什么样的贡献,都需要也应该由主体自己的理性来决定和负责时,对于每一个人来说,最有价值的事情是个体有能力随着社会的发展不断地发掘自己的潜能,提高自己的能力,创造自己的人生,并且力图使个人的发展与社会的发展相统一,以自己独特的方式为社会的更新做出相应的贡献。由此,我们不得不思考:在这样一个人与机器、人与人互惠共生的时代,在个体必须自觉地承担起自我发展和社会发展义务的时代,个体应以什么素养来面对自己的人生和我们的社会,我们的学校怎样才能培养出具有这种素养的人。可以肯定的是,当前大部分学校培养人的方式与方法、内容、观念都难以满足人的成长需求和未来社会的发展

---

① 刘湘丽.第四次工业革命的机遇与挑战[J].新疆师范大学学报(哲学社会科学版),2019(1):123-130.

要求,以人工智能为代表性技术的新一轮工业革命的发展刺激着学校形态的改变,"未来学校"呼之欲出。

2. 基于人工智能时代未来学校变革的"冷"思考

当前,人工智能作为新一轮产业革命最为核心的推动力,作为引领未来的战略性技术,正在驱动着社会诸领域从数字化、网络化向智能化加速跃升。① 在教育领域,人工智能的全方位渗透激发了人们对未来学校的无限想象,更引发了人们对未来学校的关注与热议。世纪之交,美国率先启动了以信息技术变革学校教育的进程,试图利用信息技术全面革新学校,将教育推向更高的水平。2006年,在费城学区的全力推动下,微软公司协助设计和创办了一所用先进技术手段打造的高科技学校,并将其命名为"未来学校"(school of future)。② 在这所时尚环保、技术先进、无纸、无课本的学校里,每个学习者都拥有一台笔记本电脑,采用基于项目的学习方式,学习时间非常灵活,学习空间从学校延伸到周围的社区甚至全世界。③ 自从微软公司资助的"未来学校"在费城播下种子之后,以未来学校命名的会议、项目、计划迅速向全球蔓延开来,各国纷纷启动以信息技术"重建"学校教育的行动。例如,新加坡于2006年发起了"智慧国 2015"(Intelligent Nation 2015)项目,欧盟在2012年成立了"未来教室实验室"(Future Classroom Lab),美国教育部和卓越教育联盟(Alliance for Excellent Education)在2014年联合启动了"未来就绪学校"(Future Ready Schools,FRS)项目。

---

① 国务院.新一代人工智能发展规划[EB/OL].(2017-07-20)[2020-07-10]. http://www.gov.cn/zhengce/content/2017-07/20/content_5211996.htm.

② Selwyn N. Education in a digital world: global perspectives on technology and education[M]. London: Routledge,2012:54.

③ Mezzacappa D. High school 2.0: Can philadelphia's school of the future live up to its name[J]. Education next,2010, 10(2):34-41.

时代转型与未来学校研究

近年来,伴随着信息技术的迭代升级以及未来学校在世界各地的蓬勃发展,这一新型学校形态也引起了我国社会各界的普遍关注。除了各路媒体对国内外未来学校典型案例的纷繁报道,教育部学校规划建设发展中心于2017年10月启动"未来学校研究与实验计划",提出根据中国教育现代化2035确定的核心任务,应用新理念、新思路、新技术,面向未来推动学校形态变革和全方位改革创新。① 中国教育科学研究院未来学校实验室继2016年发布《中国未来学校白皮书》之后,又于2018年发布《中国未来学校2.0:概念框架》,两份报告先后对未来学校的兴起、特征、实践,以及未来学校、未来学习、未来课堂等核心概念进行了分析。与此同时,未来学校也引起了学界的密切关注,学者们立足于不同的学科立场和研究视角,围绕未来学校以及与之密切相关的未来教育、未来教室、智慧校园、智慧教室、智慧学校等概念展开了丰富的讨论。显然可见,在实践与理论的双重推动下,未来学校已从一个学校名称、一个热点话题演变为一个具有特定含义的术语。

"未来已来"俨然成为尽人皆知的经典话语、一个值得追求的变革目标。然而,在一片喧嚣热闹之中,作为理论研究者的我们不能人云亦云地追捧,而必须冷静下来理性思索:在人工智能时代,未来学校缘何必要?换言之,由智能技术所引发的社会转型是不是一定会带来学校变革?未来学校何以能够成为智能时代学校变革的方向?如果确证未来学校是智能时代学校变革的应然向度,那么我们就需要进一步思考:这个被冠之以未来之名的学校究竟意指什么?它具有何种价值意蕴?未来学校可能呈现什么样的图景?我们又

---

① 教育部学校规划建设发展中心.未来学校研究与实验计划[EB/OL].(2017-10-10)[2020-07-10].https://www.csdp.edu.cn/onepage74.html.

该如何应对未来学校变革过程中遇到的困难？总而言之，面对智能技术给学校变革带来的机遇与挑战，教育研究者必须对智能时代的社会转型、教育改革及学校变革进行全面而深入的反思，说明未来学校的必要性，廓清未来学校的概念，追寻未来学校的价值，勾勒未来学校的图景，明确未来学校变革所需要的系统建构方案，从而推动智能时代未来学校的整体性、深层次变革。

3. 未来学校的实践探索需要坚实的理论基础

在新一代信息技术推动教育加速变革的背景下，为了从根本上改变工业时代的传统教育，利用技术重塑教育的未来学校实践探索早已在国内悄然兴起。2013年，中国教育科学研究院正式启动"中国未来学校创新计划"，组建了覆盖全国的"中国未来学校联盟"，建立了未来学校实验室。① 2016年9月，北大附中朝阳未来学校开始招生，这所"人人能学习"与"人人能创造"的学校开启了从传统向未来的蜕变之旅。此外，北京一零一中学、北京中关村第三小学等学校也都借助新科技、新理念重构空间、课程、教学、管理、结构等各个方面，打造"未来"视域下的新型学校样态。2018年4月，教育部发布了《教育信息化2.0行动计划》，提出到2022年基本实现数字校园覆盖全体学校，建成"互联网＋教育"的大平台。随后AI、教育云、数字资源、数字校园等被陆续写进地方教育信息化的"行动计划"，智慧学校、虚拟学校等各种以未来为名的学校形态如雨后春笋般在全国各地涌现。

冷静旁观未来学校在我国基础教育领域的迅速升温，不难发现实践中出现了许多与教育本质相背而行的现象。第一，学校求变、

---

① 中国教育科学研究院未来学校实验室.中国未来学校白皮书[R].北京:中国教育科学研究院未来学校实验室,2016:10-12.

求新、求多心切,跟风引进技术、更新设备。一些学校重工具、重技术,轻方法、轻内涵,将大量的经费用于购置和更新智能化设备,忽视了如何利用新技术、新理念与新方法。① 第二,由于学校非理性化改造校园,致使学校之间高度同质化。一些学校热衷于硬环境的搭建,创客空间、数字化图书馆、机器人、智慧教室等高新技术装备一应俱全。与此同时,学校的课程、文化、管理、师生关系、家校关系等软环境的发展却被忽视,学校自身的独特性反而被技术弱化,甚至荡然无存。第三,学校强制家长购买平板电脑、教育软件等智能产品,导致家长对未来学校产生错误认识。有媒体报道,一些学校以发展"智慧教育""智慧课堂"为由,将购买平板电脑、电子书包、教育APP的负担转嫁到家长身上,甚至以高出市场的价格强制家长购买。② 很多家庭出于无奈,"自愿"购买了学校推销的电子产品。可是这种被自愿的强制不仅增加了家长的经济与心理负担,而且无形之中误导了家长对未来学校的认知,以为未来学校就是具有智能化产品的学校。第四,智能化设备引发严重的伦理问题,出现了以技术革新教育为名的反教育倾向。例如,2019年,一款兼具考勤、教学管理、定位、收付款、跟踪身体状况、家校沟通等功能的智能校服在贵州10余所中小学试用。③ 同年,浙江金华某学校被媒体曝出过去一年多时间里让学生上课佩戴一款声称可以监控学生注意力的"智能头箍"。此行为由于在网上引发强烈的抗议,最终被浙江省金华市教育局责令停止使用。④ 无论这些智能化设备是否有助于

---

① 吕文清.未来学校内涵、本质及其发展导向思考(上)[J].教育与装备研究,2016(8):7-12.

② 黄齐超."智慧课堂"需要"智慧"推进[N].中国教师报,2019-07-10.

③ 徐荣锋.智能校服,我们真的了解吗?[EB/OL].(2017-10-10)[2020-07-20].http://dsb.gzdsw.com/html/2019-05/19/content_17486.htm.

④ 王嘉兴."紧箍"的前世今生[N].中国青年报,2019-11-06(6).

推进未来学校的发展,手环、校服、头盔等任何可能侵犯学生隐私的设备,在没有经过科学的研究论证之前,在没有经过学生本人的同意之前,都不应被使用。否则,一不小心,未来学校便沦为更易于监控和操纵学生的场所。

虽然未来学校是以技术革新教育的创新学校,但是实际上,"技术并非学校变革的首要条件,甚至连必要条件也不是"①。然而,只顾技术、不顾教育,只顾工具、不顾学生的怪现象接二连三上演,让人不得不反思:为什么技术变革学校难以沿着正确的道路推进?究竟是什么因素阻碍着我国未来学校的变革与发展?作为教育基本理论研究者,我们既不能一味地对现状进行指责和表示失望,也不能满足于在剖析几个国内外未来学校典型案例的基础上,提出几个值得借鉴的建议。我们在冷静地审视现实问题之后,有责任认真思索未来学校到底是什么,它为何值得我们去追求和建构,未来学校变革应该"变什么",而什么又"不能变",又应该以什么样的思维解决未来学校变革过程中出现的问题。我们需要通过对这些问题的审慎思考与认真回答来夯实未来学校的理论基础,这是在人工智能时代建设未来学校亟须解决的根本问题。

(二)研究问题:聚焦未来学校的什么

如何理解并建构人工智能时代的未来学校,是本书所要解决的核心问题。这一核心问题,又可具体分为以下三个方面的子问题。

首先,本研究要回答人工智能时代未来学校缘何必要,转化为具体问题则是:未来学校缘何能够成为人工智能时代学校变革的应然向度?

---

① 祝智庭,管珏琪,丁振月.未来学校已来:国际基础教育创新变革透视[J].中国教育学刊,2018(9):57-67.

其次，本研究要回答如何理解人工智能时代的未来学校，转换为具体问题则是：①如何对未来学校的概念进行分析？②如何理解未来学校的真正价值？③如何勾勒未来学校的整体图景？

最后，本研究要回答如何建构人工智能时代的未来学校，转换为具体问题则是：①我们应在何种思维方式的指导下建构未来学校？②在这种思维方式的指导下应该设计一套什么样的建构方案？

二、相关研究的梳理

梳理学校变革和未来学校的文献资料，充分把握相关研究现状，既是本研究的起点，又是本研究继续前行的基础。

（一）学校变革研究的概览与评析

通过对国内外学校变革相关研究进行梳理发现，其文献数量繁多、研究内容丰富，其中不乏学校变革领域知名学者的经典之作，以下从五个方面论述与本书相关的研究进展。

1. 学校变革的内涵研究

学校变革的内涵研究所回答的是"何谓学校变革"的问题。在英文中，"学校变革"这一术语对应的翻译方式有"school reform""school change""school improvement""school renewal"等多种。中文习惯于把"school change"译为"学校变革"，"school reform"译为"学校改革"，"school improvement"译为"学校改进"，"school renewal"译为"学校革新"。诚如波·达林所言，我们在日常生活中可以任意替换"革新"（renewal）、"变革"（change）、"改进"（improvement）、"改革"（reform）等词语，可是在学术研究中，这些术语的定义很少具有一致性。①

1982年,在经济合作发展组织(the Organization for Economic Co-operation and Development,OECD)推动的"国际性学校改进计划"中,把学校改进(school improvement)界定为"一种系统性和持续性的努力,试图改变学校的内部条件,达成学校教育目标并提升学校效能"②,强调学校改进是学校作为一个整体的变革,内容涉及学校的结构、气氛、环境等与学校相关的所有方面的变革。霍普金斯(D. Hopkins)认为,"国际性学校改进计划"对学校改进的定义相当抽象,其内涵需要做更进一步的解释。他提出学校改进是一个会持续几年的精心策划和管理的过程,不是一个事件,也不仅仅是教室的改变。当一个学校把精力集中于教学变革和它所需的相关内部条件和学习条件(至少包括课程和制度层面)上以提高学生成绩时,这就是学校改进。③ 国内学者王有升认为"国际性学校改进计划"对学校改进的定义更贴近学校改革的含义,并把学校改革定义为对学校既有的模式、关系、格局、观念、行为、制度等方面的根本性改变,其重心是教育教学改革。④

与学校变革接近的术语还有学校改革、学校革新与学校发展。法国比较教育学家黎成魁(Le Thanh Khoi)对教育变革、教育改革与教育革新三个术语进行了区分。他的核心观点是,教育变革的含

---

① 波·达林.理论与战略:国际视野中的学校发展[M].范国睿,主译.北京:教育科学出版社,2002:99.

② van Velzen W G. Making school improvement work: a conceptual guide to practice[M]. Leuven, Belgium: ACCO publischers, 1985:48.

③ Hopkins D. The international school improvement project (ISIP) and effective schooling: towards a synthesis[J]. School organisation, 1990, 10(2-3): 179-194.

④ 王有升.理念的力量——基础教育学校改革的社会学研究[D].上海:华东师范大学,2004:2.

义最广,意谓某一情景初始状态与后继状态的差异,变革可能是积极正向的,也可能是消极逆向的;教育革新是在有限范围内(比如学校)有意识的变革,有明确的受益者和改进内容;改革的范围大于革新,是当局对整个教育系统所进行的大规模变革,有确定的受益者,并且需要关注改革的实际效果。① 拉里·库班(Larry Cuban)也认同变革并不必然是积极进步的,对变革的认识取决于每个人所处的位置、目标和世界观。他将学校变革划分为表层变革(first-order change)和深度变革(second-order change)两种类型,表层变革认可现有的教育目标和结构,只是通过课程、教材、师资、评估等方面的改变使当前状态变得更有效率和效果;深度变革则试图从根本上改变组织的特征、权力、角色、时间和空间。② 我国学者王星霞认为发展与变革是并行的,学校发展就是学校在社会历史视域下或某一特定时期的变革历程,没有学校变革就不会有学校发展,学校发展包含在学校变革中。③

对于学校变革与教育变革的内涵与关系,杨小微认为教育变革是教育现状所发生的有意义的转变,意味着教育初始状态与后继状态的不同,包括有计划的变革和自然的变革两种推行方式。作为教育变革下位概念的学校变革是指"学校在受到外力(如社会转型)或/和内力(如学校自主发展的强烈愿望)的推动下发生的组织形态、运行机制上的更新与改造"④。李春玲认为学校变革既是对课

---

① 张人杰.关于教育变革、教育革新与教育改革之界说[J].华东师范大学学报(教育科学版),1990(2):10.

② Lieberman A. Schools as collaborative cultures: creating the future now[M]. London: The falmer press, 1990:71-77.

③ 王星霞.学校发展变革研究[D].兰州:西北师范大学,2007:23-24.

④ 杨小微.社会转型时期学校变革的方法论初探[D].上海:华东师范大学,2002:5-6.

程教学、班级建设、校园环境等微观层面的统筹,又是与外界系统互相作用的界面,还是教育变革从宏观转向微观、走向升华的重要部分。①

2. 学校变革的主体研究

学校变革的主体研究所回答的是"谁是变革主角"的问题。针对我国学校变革长期以政府为主导,通过政策、行政命令强制推动的情况,孙翠香、范国睿认为,在变革初始阶段,政府主导型变革对于推动变革向纵深发展功不可没,可是一旦变革进入深化阶段,随着学校组织主体性和独立性的增强,政府独揽的变革方式很可能会增加学校变革成本。② 为了消解政府在学校变革中的主导地位,凡勇昆、邬志辉建议把学校变革的组织重心下放到由学校、家长、社区干部、教育专家等代表组成的教育议事会,创生新形态的政校关系。③ 杨天平、陈光祥建议在学校与政府、学校内部以及学校、家庭、社区之间建构多位一体的学校变革关系,突出政府对学校的服务功能,吸引教师、学生、家庭、社区加入学校变革的决策中。④ 李家成认为,学校变革的主体是"一"与"多"的统一,校长、教师、学生和管理者都是"多"中之"一",其中校长在多维主体的综合互动中完全可能成为不同于其他变革主体的作用者,形成综合性的"校长"角

---

① 李春玲.我国学校组织变革研究的现状及展望[J].华东师范大学学报(教育科学版),2006(3):31-36.
② 孙翠香,范国睿.学校变革成本分析——以政府主导型变革为例[J].教育发展研究,2008(19):21-26.
③ 凡勇昆,邬志辉.政府与学校变革关系的三个理论问题[J].现代教育管理,2013(3):1-6.
④ 杨天平,陈光祥.学校变革:现代学习型学校制度建设研究[J].学术研究,2006(5):125-128.

色。① 享誉学界的教育变革研究者迈克尔·富兰（Michael Fullan）指出，虽然校长是学校变革的关键角色，但是校长没有能力担负过多的新角色责任，把校长放在学校变革的中心位置，在某种程度上会使学校变革的实现成为不可能。② 与此同时，在富兰看来，严格控制的集权变革和不顾中央的分权变革都是行不通的，变革不能仅仅交给专家学者和领导人，也不能只交给学区和学校，深入和成熟的学校变革需要每一个人采取行动改变所处的环境。③

3. 学校变革的价值取向研究

学校变革的价值取向与变革主体的价值追求密切相关，价值问题在一定程度上影响着如何做出实际的变革决策，以及谁是学校变革的受益者。杨小微认为，学校变革的主体是由与学校相关的多方面人士和机构组成的，价值取向的确立应在多方对话过程中达成。④ 在当前的社会转型期，有学者提出学校变革的价值取向应当从以国家经济与政治利益为本，转向以学生发展和成长为主，这将最终有益于整个国家和人类的发展。⑤ 宋兵波等人从人的全部属性的丰富与完善出发，提出学校变革的核心价值追求是成就学生的美好人生。⑥ 李伟等人认为，学生是学校变革最重要的力量，应当

---

① 李家成.透析学校变革的复杂性——当代中国学校变革理论建构的起点之一[J].教育理论与实践,2006(11):21-24.

② Fullan M. The challenge of change: start school improvement now[M]. California: Corwin press, 2009:55-70.

③ 迈克尔·富兰.变革的力量——透视教育改革[M].中央教育科学研究所,加拿大多伦多国际学院,译.北京:教育科学出版社,2004:48-52.

④ 杨小微.社会转型时期学校变革的方法论初探[D].上海:华东师范大学,2002:121.

⑤ 张雷.社会转型时期学校变革的价值取向[J].湖南师范大学教育科学学报,2013(2):41-44,54.

⑥ 宋兵波,王琦.论我国基础教育学校变革的核心价值[J].中国教育学刊,2014(8):8-11.

把学生的立场确立为变革的基本价值取向。① 也有学者考虑到教师成长是学生发展的重要因素,提出学校变革的价值取向应该从"以生为本"拓展为"以师生为本"。② 教育公平与教育质量也是思考学校变革价值取向的重要维度,程红艳提出,学校变革的核心价值追求是教育公平和教育质量,并且教育公平优先于教育质量,这是衡量教育质量的重要维度。③ 王丽佳、卢乃桂认为,20世纪70年代以来美国、英国、澳大利亚的教育问责实践显示,教育质量已成为学校变革的价值导向,然而,这些国家将教育质量指标量化,导致那些对师生和相关工作人员重要且不可量化的事情被一并排除了。④

4. 学校变革的模式与机制研究

学校变革的模式与机制分别探讨学校变革过程中各种要素之间的相互作用方式和变革的动态运作过程,其中模式侧重变革方式,机制侧重变革过程。基于不同的人性假说和变革思想,钦(Chin)和贝恩(Benne)区分出三种学校变革模式:理性-经验策略、规范-再教育策略、权力-强制策略。罗兰德·G.保尔斯顿把变革模式放在哲学视野中加以考察,提出学校变革的两种模式:平衡理论与冲突理论。著名学校变革研究者欧内斯特 R.豪斯对学校变革的科技观点、政治观点和文化观点进行了比较。⑤ 和学新等人根据利益相关者理论,通过分析学校变革利益相关者的诉求、特征以及他

---

① 李伟,唐圆,熊冰.学生立场:学校变革的基本价值取向[J].教育科学研究,2016(8):11-17.

② 杨骞.学校变革价值标准与行动研究[J].中国教育学刊,2011(11):37-39.

③ 程红艳.为了公平与质量:基础教育学校变革探究[M].济南:山东人民出版社,2015:24.

④ 王丽佳,卢乃桂.教育问责的理论基础与实践模式:英、美、澳三国的考察[J].比较教育研究,2013 (1):93-97,106.

⑤ 波·达林.理论与战略:国际视野中的学校发展[M].范国睿,主译.北京:教育科学出版社,2002:104-119.

们之间的利益调配关系,归纳出中小学自主变革模式、中小学合作变革模式、政府主导变革模式等六种学校变革模式。①

  波·达林把变革机制看作是一个环状的过程,系统某个部分的改变会影响到其他部分,部分之间凭借难以预测的方式交互作用,进而引发整个系统的变革。② 富兰认为,变革过程是复杂、凌乱、不可预测的,没有放之四海而皆准的规则。从启动到实施,再到制度化,学校变革的三个阶段交互作用且每个阶段都存在若干重要的影响因素。③ 还有研究者对学校变革机制进行了更为细致的划分,范敏从范围、功能、变革对象、运作过程、运作方式等角度,把学校变革机制划分为不同的类型。④ 杨润东将学校的变革机制细分为变革的发生机制和动力机制,在他看来,处于核心位置的动力机制贯穿于变革机制和发生机制的始终。⑤

5. 学校变革的方法论及其具体方法

  学校变革方法论所探讨的是学校变革方法的合理性、有效性,决定着我们采用何种具体的方法或者策略去实施变革。⑥ 随着复杂性理论向教育研究领域的渗透,国内外不少学者开始以一种复杂性的眼光关注复杂的学校变革,其背后的方法论依据是将学校变革看作多元主体、多种要素、多重关系的综合互动,将变革过程当作非

---

  ① 和学新,褚天.利益相关者理论视域下的学校变革模式分析[J].山西大学学报(哲学社会科学版),2019(2):67-76.

  ② 波·达林.教育改革的限度[M].刘承辉,译.重庆:重庆出版社,1991:104-105.

  ③ Fullan M. The new meaning of educational change [M]. New York: Teachers college press,2007:41-45.

  ④ 范敏.学校变革机制研究[D].上海:华东师范大学,2011:23-24.

  ⑤ 杨润东.变而求道:国内基础教育学校变革研究述评[J].全球教育展望,2019(4):59-73.

  ⑥ 杨润东.变而求道:国内基础教育学校变革研究述评[J].全球教育展望,2019(4):59-73.

线性的动态生成。① 这意味着要想提高学校变革的成效,就必须认识到变革过程的异常复杂。学校系统任何层次、任何要素的变革都与学校系统内外各个层次、各个要素的变革相互联系、相互作用。② 李佳敏、范国睿认为,面对学校变革这一复杂的活动状态,既要以复杂性思维对学校的整体性变革进行复杂思维,同时又不能一直"沉浸"于复杂状态之中,在思考变革之策上尽可能化"复杂"为"简约",即寻找变革的关键要素作为"突破口",关注关键要素背后的"复杂"关系,有效控制变革过程中的各种问题。③

杨小微以学校与社会的关系为依据,确立了三种学校变革理论范型及其相应的实践策略:"适应与促进"理论范型认为,学校变革要适应社会改革的需要,学校的作业形式、课程内容、道德风尚、师生关系等各个方面的变革都应适应更大的社会系统发展的需要;"冲突与批判"理论范型认为,学校变革依赖社会结构的基本改革,或者说,学校变革唯有通过社会改革才能发生,文化更新可作为学校变革的潜在力量和有效策略;"互动与共长"理论范型则认为,学校与社会应在不断的变革与重建中相互适应与共同成长。在具体的变革实践中,学校不仅应进行自我更新和探索创造,而且应将与变革有关的所有要素置于一个更大的系统环境内,关注系统中要素之间的交互影响及其与环境之间的相互作用。从方法论的意义上看,前两种理论范型运用的是线性思维模式和二元对立思维模式,

---

① 李家成.透析学校变革的复杂性——当代中国学校变革理论建构的起点之一[J].教育理论与实践,2006(11):21-24.
② 迈克尔·富兰.变革的力量——透视教育改革[M].中央教育科学研究所,加拿大多伦多国际学院,译.北京:教育科学出版社,2004:53.
③ 李佳敏,范国睿.从复杂到简约:学校变革路径探索[J].教育发展研究,2009(22):14-18.

"互动与共长"则是以复杂性思维探究变革之路。①

6. 学校变革研究的评析

国内外关于学校变革的文献非常丰富,内容涉及学校变革是什么、为什么而变革、谁来变革、变革什么、变革如何发生以及怎样变革等。这些研究使我们清楚地了解到学校变革是指学校为适应校内外环境的变化,推动整个学校朝着理想状态发生根本的转变。没有学校的变革,就很难有学校的发展。正因为学校、家长、社区、科研机构、教育管理者等都是学校变革的相关利益主体,所以学校变革的价值取向的确立应建立在多方沟通与对话的基础上。对学校情况和学校变革本身的理解,最终决定了相关利益主体采用何种变革方法论、变革模式、变革机制,以及具体的变革策略去实施学校变革。应该说,学校变革的相关研究对于我们更深入、更周全地思考人工智能时代未来学校建构之路具有重要的价值和意义。

(二)未来学校的实践探索概览与评析

随着以人工智能为核心的新一代信息技术在教育领域的应用以及政府部门政策文件的引领,采用先进技术重新打造学校成为国内外许多国家应对技术变革的重要举措。由于不同国家和地区在经济条件、文化背景、教育水平等各个方面存在差异,因此未来学校在世界范围内的发展状况不尽相同。下面重点介绍美国、英国、新加坡、日本、中国这五个未来学校先行国家的实践探索(具体内容见表0-1)。

---

① 杨小微.全球化进程中的学校变革:一种方法论视角[M].上海:华东师范大学出版社,2004:185-188.

导论　时代变迁与未来学校变革

表 0-1　国内外未来学校实践探索

国家	项目名称	实践探索
美国	2004年,微软公司和费城教育局联合实施"未来学校"计划①	2006年,由地区资本计划提供资金,并通过微软学习伙伴计划(PiL)获得人力资源和技术支持,费城学区打造了第一所以"未来学校"命名的学校,实现了在技术支持下任何时间、任何地点都能进行学习的高科技环境,并且在学习方式、课程教学、教育管理等方面大胆创新,如人手一台电脑、自定学习步调、开展项目式学习等
英国	2004年,英国政府发起"为未来建造学校"(Building Schools for the Future)项目②	在政府、企业、科研及教育机构的强力合作下,该项目计划在2005—2020年期间完全重建英格兰一半的中学,对35%的学校进行结构改造,对其余的学校进行翻新,转变教学方法、课程和学习期望,让学生在21世纪的高科技环境中学习
新加坡	2006年,新加坡信息通信发展管理局(IDA)联合新加坡教育部发起了一项为期10年的新加坡信息计划——"智慧国2015"(Intelligent Nation 2015)项目③	2007年,新加坡教育部以"未来学校"计划作为"智慧国2015"在教育方面的具体规划,该计划与IDA、行业伙伴以及高等教育机构建立伙伴关系,共同推动前沿的信息技术在学校的基础设施、课程、学习中的应用,为学生创设沉浸式虚拟环境和创新的教学方法,促进人、技术与环境连接、互动和协作,让学生在学校、社区和其他地方学习,并更好地让家长参与孩子的教育

① Mezzacappa D. High school 2.0: can philadelphia's school of the future live up to its name[J]. Education next, 2010, 10(2):34-41.

② Leiringer R, Cardellino P. Schools for the twenty-first century: school design and educational transformation[J]. British educational research journal, 2011, 37(6): 915-934.

③ 王冬梅.新加坡"未来学校"的实践探索及其对我国的启示[J].外国教育研究,2012(4):38-45.

续表

国家	项目名称	实践探索
日本	2011年,日本文部科学省在总务省的"未来学校推进事业"的协同下,并行实施"学习创新工程",开展面向2020年的未来学校设计①	"学习创新工程"以"未来学校推进事业"所选取的20所学校作为实验基地,在由教育研究专家和中小学教师所组成的"学习创新推进协议会"的总体负责下,采用信息技术开发电子教材、提高教师指导能力、创新学习方式
中国	2013年,中国教育科学研究院正式启动中国未来学校创新计划②	该创新计划启动以来,组建了"中国未来学校创新联盟",建立了"未来学校实验室",构建了几十所未来学校示范校、未来学校项目校和上百所未来学校联盟校,开展分类实验和研究工作,推动学校在学习空间、教学技术、教学方式、组织管理、课程实施等方面的创新
	2005年,台北市中仑高中正式推行未来学校计划,之后高雄市博爱小学、左营小学等也加入未来学校计划	这些学校引进国际教育资源,完成无线网络建设,采用信息技术开发全新的课程与教学模式,实施多元化学校管理,开展跨文化交流,营造一个无所不在的学习环境

---

① 李哲,孙帙,李娟,等."学习创新工程":日本面向2020年的未来学校设计[J].中国信息技术教育,2014(19):100-103.

② 中国教育科学研究院未来学校实验室.中国未来学校白皮书[R].北京:中国教育科学研究院未来学校实验室,2016:10-11.

通过表0-1可以发现,目前在政府、企业、科研机构、社会组织等多元利益相关者的通力合作下,美、英、新、日、中五国的未来学校在学习环境、课程教学、学习方式、教育管理等各个方面都有所创新。但是,必须认识到五国的未来学校实践探索并不是完美无缺和一帆风顺的,就连美国、英国这些经济发达的国家都曾因为资金困难、管理不善、政府更迭等因素而被迫中断项目或者引发公众不满。事实上,在导致未来学校遭遇挫折的上述诸种原因的背后,一个最为重要的原因是人们对于未来学校的概念认知不足,"天真地以为,通过提供一个漂亮的建筑和强大的资源就会自动产生变化"①,就会建成未来学校,从而导致未来学校的建设目标过于宏伟,建设过程极其浪费。因此,为了促进未来学校的实然发生与顺利发展,需要尽快澄清未来学校的概念。

(三)未来学校的理论研究概览与评析

进入21世纪,信息技术支持下的未来学校是学界的热点议题之一。通过整理国内外关于未来学校的文献,可以大致归纳出四种论点:学校重塑论致力于未来学校的内涵阐释、特征分析、图景勾勒、路径建构;学校不变论重在揭示信息技术难以变革学校的重要原因;学校补充论竭力探究在线教育对现有学校教育的补充方式;学校消亡论深入反思现代学校的根本问题。

1. 学校重塑论

学校重塑论认为技术与学校的结合将使学校重新焕发活力,成为具有创造力、想象力,赋权、赋能的智慧教育场所。他们支持以信

---

① Stansbury M. School of the future: lessons in failure[EB/OL]. (2009-06-01)[2020-07-20]. https://www.eschoolnews.com/2009/06/01/school-of-the-future-lessons-in-failure.

息技术重组学校教育,同时坚信技术不会取代学校,技术不是万能灵药。①

(1)未来学校的含义研究。

研究者们试图从不同的角度阐明未来学校的含义,大致可分以下五种观点:中心/体系、场所/场域、学习社区、复合体、学习共同体(具体内容见表0-2)。

表0-2 未来学校的含义

序号	未来学校的含义	代表学者及其观点
1	中心/体系	曹培杰认为,未来学校意指"互联网+"背景下的学校结构性变革,通过空间、课程与技术的融合,形成个性化的学习支持体系,为学生提供私人定制的教育②
		朱永新认为,未来学校是实体型或者网络型的学习中心,这些彼此相连的学习中心构成一个跨越时空的开放的学习体系③
		周文美等人从教育本原视角解读未来学校教育的本质,认为无论技术更迭还是社会变迁,教育育人的根本追求亘古不变,而育人的关键在于育心。由此,未来学校应是"育人育心的泛在学校,是时时、处处、人人可学的学习中心"④

---

① Jimoyiannis A. Research on e-learning and ICT in education[M]. New York: Springer science & business media, 2011: 3-16.
② 曹培杰.未来学校的兴起、挑战及发展趋势——基于"互联网+"教育的学校结构性变革[J].中国电化教育,2017(7):9-13.
③ 朱永新.未来学校:重新定义教育[M].北京:中信出版社,2019:31.
④ 周文美,姚利民,章瑛.未来学校2035:育人育心的泛在学校——问题、本质和建设路径[J].开放教育研究,2021(1):55-64.

续表

序号	未来学校的含义	代表学者及其观点
2	场所/场域	中国台湾学者吴耀明认为,未来学校不是学校的特定名称,未来学校是比现在更进步、更理想,也更符合社会变迁的教育场所,是一个理想的教育实践。①
		罗生全等人认为,未来学校是在新一轮工业革命背景下发生的学校系统性变革,是基于未来人才培养需求与人工智能技术的深度融合创新而形成的处于持续动态发展进程中的新形态育人场域②
3	学习社区	余胜泉认为,信息技术将打破学校与社会、学校与学校的藩篱,吸引其他社会组织参与到教育中来,将丰富的社会资源转化为教育资源,使未来学校走向需求个性化、资源协同化、功能多样化的"服务聚合学习社区"③
4	复合体	张治基于学校的演进历程,把智能时代的未来学校称为"3.0版本学校",即一种虚实结合的复合体④
		中国台湾学者张庆勋从哲学视角切入,提出未来学校将会是彰显教育本质,兼具专业取向、创新取向、整合取向、学习取向与科技取向于一体的融合体⑤

---

① 吴耀明.未来学校理想教育发展趋势:以焦点访谈分析为例之建构[J].台中教育大学学报(教育类),2010(2):1-21.
② 罗生全,王素月.未来学校的内涵、表现形态及其建设机制[J].中国电化教育,2020(1):40-45,55.
③ 余胜泉.互联网+教育[M].北京:电子工业出版社,2019:268-269.
④ 张治.走进学校3.0时代[M].上海:上海教育出版社,2018:204.
⑤ 张庆勋.未来的学校 学校的未来[J]学校行政,2016(106):1-8.

续表

序号	未来学校的含义	代表学者及其观点
5	学习共同体	日本学者佐藤学在公共性、民主主义、卓越性三个哲学原理的引导下,提出21世纪的新型学校是学习共同体的学校,即学校是学生合作学习、专家相互学习、家长与居民参与学校教育并且相互学习的场所①
		学者 Masschelein 和 Simons 认为,未来学校是一种特殊的"学术聚集形式",即一种使年轻人聚集在一个"共同的事物"(共同利益)周围的时间-空间-物质安排,学校利用信息技术不仅能以前所未有的方式免费提供知识和技能,而且分享经验与体验,使人们能够更新世界②

(2)未来学校的特征分析。

研究者们在界定未来学校概念的同时,也对未来学校的新特征进行分析。2016年,《中国未来学校白皮书》根据未来的技术发展与教育理念,从学习空间、学习方式、课程体系、组织管理四个方面对未来学校的特征进行了分析。③ 2018年,《中国未来学校2.0概念框架》在"未来"这一时间维度下提出未来学校的三大特征,其中未来学校的价值特征强调人类个体的全面发现与全面发展,未来学校的行动特征强调尊重教育规律和成长规律,未来学校的技术特征

---

① 佐藤学,钟启泉.学校再生的哲学——学习共同体与活动系统[J].全球教育展望,2011(3):3-10.

② Masschelein J, Simons M. Education in times of fast learning: the future of the school[J]. Ethics and education, 2015, 10(1): 84-95.

③ 中国教育科学研究院未来学校实验室.中国未来学校白皮书[R].北京:中国教育科学研究院未来学校实验室,2016:14-27.

表现为科技与教育的双向赋能。① 2018 年,学者王枫在对国内未来学校与智慧学校相关研究成果进行统整分析的基础上,把智慧学校的核心特征概括为以下具有内在关联的六个方面:智联、感知、交互的校园环境,丰富、优质、个性的课程资源,多元、实时、自适应的评价模式,泛在、深度、终身的学习发展,专业、创新、高素养的教师队伍,系统、高效、全方位的学校管理。② 2021 年,学者杨欣基于 AI 给学校在能力、思想、管理上带来的机遇,提出未来学校在形态上表现为借助智能技术赋能的智能学校,寻求智能技术思想智化的智慧学校,通过智能技术管理赋权的智联学校,具有"人机一体、非线性、超学科和有选择的个性化"③这四大特征。

(3) 未来学校的图景研究。

研究者尝试从学习方式、学习时空、组织结构、管理与评价等多个维度刻画未来学校的美好图景,预测学校未来发展的多种可能。2007 年,托夫勒(Toffler)预测,未来学校将会全天开放、定制化教育经验、跨学科整合学习,学生可以在不同的时间到校、从不同的年纪开始正式教育,教师在企业和学校交替工作,教师与非教师一起工作。④ 2020 年,经济合作与发展组织(OECD)发布了《面向未来教育:未来学校教育四种图景》报告,根据技术、社会、政策等发展趋势预测了未来 20 年学校教育的四种图景,分别是学校教育扩展图景、

---

① 中国教育科学研究院未来学校实验室.中国未来学校 2.0:概念框架[R].北京:中国教育科学研究院未来学校实验室,2018:4-6.
② 王枫.面向 2035 的中小学智慧学校建设:内涵、特征与实践[J].中国教育学刊,2018(9):25-33.
③ 杨欣.AI 时代的未来学校:机遇、形态与特征[J].中国电化教育,2021(2):36-42,67.
④ Daly J. Future school[J]. Edutopia magazine, 2007(2):51-53.

教育外包图景、学校作为学习中心图景、学习无边界图景。①

我国学者张治设计了学校3.0时代的13个教育场景,包括虚实相融的校园、智能化教育装备、定制化学程、每个家庭形成独特的教育场、每个学生拥有一个数字画像等。②尚俊杰围绕未来学校建设的三层境界,展示了面向2035年的未来学校的美好前景:第一层是基础设施建设,重在打造舒适、智慧的学习空间;第二层是学习方式变革,运用人工智能、学习分析等技术手段实现游戏学习、项目学习、深度学习等多种学习方式,让学习更科学、更欢乐、更有效;第三层是教育流程再造,利用互联网思维对课程模式、组织管理等方面进行创新。③还有一些研究者仅仅从学习空间、学习方式、教育管理、课程教学等某一两个维度来刻画未来学校的图景,此处不再一一赘述。

(4)未来学校的建构研究。

还有研究者试图探寻未来学校的建构路径。其中,大多数研究者在系统变革观的指导下探索未来学校的建构路径。例如,祝智庭等人认为,未来学校走向成功的关键是基于已有实践,不断探索并实践学校教育的系统变革,从学校内部的组织架构、课程、管理、师资、服务保障,到外部的家庭、政府、企事业、社区等多个方面着手创新。④张爽也认为,"应该秉持未来学校的系统建构观,通过整合与赋能推进未来学校在实践中生成"⑤。曹培杰、王素同样认同未来

---

① 兰国帅,张怡,魏家财,等.未来教育的四种图景——OECD《2020年未来学校教育图景》报告要点与思考[J].开放教育研究,2020(6):17-28.
② 张治.走进学校3.0时代[M].上海:上海教育出版社,2018:190-224.
③ 尚俊杰.未来教育重塑研究[M].上海:华东师范大学出版社,2020:209.
④ 祝智庭,管珏琪,丁振月.未来学校已来:国际基础教育创新变革透视[J].中国教育学刊,2018(9):57-67.
⑤ 张爽.未来学校的理解与建构之路[J].中国教育学刊,2019(12):45-49.

学校的建设是一项复杂的系统工程,需要学习空间、学习方式、课程体系、教育技术和组织管理的协同创新。① 澳大利亚2018年成立的"未来学校联盟"(Future Schools Alliance, FSA)提出了未来学校变革的八个原则,分别是灵活、与社区深度结合、成就所有人、高质量师资、共建学习、赋权学生、自我成长、发展核心技能。这八个原则涉及学校系统内外诸要素,也可视为在系统变革观下对未来学校所做的路径探索。② 2020年初,世界经济论坛发布了《未来学校:为第四次工业革命定义新的教育模式》报告,在对16所未来学校的教育项目、支持机制、技术与经验进行分析的基础上提出,"要实现系统层面的变革,就需要教育部门、教育工作者和私营部门领导者之间更为紧密的合作,以连接和扩大这些努力,从而创建整体性的教育系统"③。

2. 学校不变论

学校不变论者并不否认信息技术变革学校教育的可能性,只是他们对目前技术影响学校教育的效果感到失望,为学校里糟糕的信息技术应用状况而哀叹,希望探寻技术难以变革学校的真正原因,从而使技术更好地服务于学校的变革与创新。拉里·库班(Larry Cuban)把自己的一项研究命名为"炒得过热,用得太少",旨在凸显

---

① 曹培杰,王素. 未来学校:"互联网+"时代的教育创新[J]. 中小学信息技术教育,2017(5):9-11.

② FSA. Eight principles for school transformation[EB/OL]. (2020-06-01)[2020-08-21]. https://futureschools.education/wp-content/uploads/2020/06/FSA-8STP-DOWNLOAD.pdf.

③ World Economic Forum. Schools of the future: defining new models of education for the fourth industrial revolution[EB/OL]. (2020-02-22)[2020-8-21]. https://www.weforum.org/reports/schools-of-the-future-defining-new-models-of-education-for-the-fourth-industrial-revolution.

技术在学校教育中的边缘化。① 库班通过多项实证研究发现,虽然关于信息技术变革学校的讨论不绝于耳,但是绝大多数学生的在校经历与几十年前的学生非常相似,技术对于大多数学校来说微不足道。在他看来,新技术未能有效变革学校的主要原因在于,传统学校和教室结构阻碍了教师对技术的使用,关于教学、学习和知识的认知,关于学校应如何组织教学的主流文化信仰,阻止了信息技术在学校迅速、广泛的应用。② 大卫·德怀尔教授(David C. Dwyer)等通过"明日苹果教室"项目的研究发现,教师受制于传统的教学观念、教学方法、教学原则是技术难以变革学校的重要原因。如果教师的教学信念和学校信念没有发生转变,技术变革学校是注定会失败的。③ 科恩(David K. Cohen)发现,被技术热衷者视为变革教学关键的计算机,只有在对现有教学工作干扰最小的情况下才有可能被广泛采用。这意味着计算机在革新学校和解放教学方面所起的作用是非常有限的,这些新技术难以适应现有的教学模式、教学目标和教学组织。④

我国学者庞红卫认为,信息技术没有对学校教育产生根本性影响的关键原因不在于信息技术没有在教育系统中得到应用,而在于信息技术没有实现与学校教育的相互改造。⑤ 郑太年从系统论的

---

① Cuban L. Oversold and underused: computers in the classroom [M]. Cambridge, MA: Harvard university press, 2001.

② Cuban L. Computers meet classroom: Who wins? [J]. Education Digest, 1994(7): 50-53.

③ Dwyer D C, Ringstaff C, Sandholtz J H. The evolution of teachers' instructional beliefs and practices in high-access-to-technology classrooms [J]. American education research association, 1990.

④ Cohen D K. Educational technology, policy, and practice[J]. Educational evaluation and policy analysis,1987, 9(2): 153-170.

⑤ 庞红卫. 从利用到整合:对信息技术变革学校教育的几点思考[J]. 教育发展研究,2015 (12):23-28.

角度出发,提出信息技术在教育中的有效应用同时受到教学系统、学校系统和社会系统三个层面的制约。也就是说,教师信息素养、教学内容、学校现行的管理制度和组织形式,以及人们对于名牌大学的普遍追求、对教育根深蒂固的观念等,都是导致技术难以变革教学系统、学校系统乃至整个教育系统的重要原因。①

3. 学校补充论

学校补充论者重视在线教育的诸种优势,他们把信息技术支持下的虚拟学校、网络学校、云端学校等在线教育形式视为对现有学校教育的有益补充。阿兰·科林斯和理查德·弗尔森(Allan Collins & Richard Halverson)认为,学校教育在未来的社会仍会普遍存在,不过数字技术将使人们能够在家庭、工作场所、网吧、学习中心等多地进行学习。② 伯格和克拉克(Berge & Clark)指出,虚拟学校的优势体现在拓展受教育途径、提供高质量的学习机会、提高学生的成绩和技能、允许多种教育选择等方面。③ 学者Fulton分别从学习风格、学习空间、学习时间等方面更为具体地分析了虚拟教育的优势。例如,对于那些觉得网上交流比在课堂上发言更舒服的学生,在线教学是一种激励因素;对于那些需要完成必修课程,但却存在时间冲突的学生,他们可以通过网络在学校或者在家参加课程;虚拟教育可以缓解拥挤的学校学习空间带来的不便和压力,还

---

① 郑太年. 应用信息技术推进教学革新为何效果有限——系统观的分析与思考[J]. 现代远程教育研究,2010(5):23-27.

② Collins A, Halverson R. Rethinking education in the age of technology: the digital revolution and schooling in America[M]. New York: Teachers college press, 2018:65-83.

③ Barbour M K, Reeves T C. The reality of virtual schools: a review of the literature[J]. Computers & education, 2009(2): 402-416.

可以为学生提供课后补习与辅导。① 总之,学校补充论者认为在线教育或者在线学习无意与传统的实体学校竞争,它们提供个性、多样、泛在的学习方式,可以更好地满足学生个体特定的学习需求,扩大个人和集体的学习机会,有助于推进教育机会公平,最终使整个学校系统更加多样化和更具竞争性。

4. 学校消亡论

早期的学校消亡论者认为,技术将从根本上改变教育,并且最终将导致学校消亡。1922年,将电影作为教育工具的倡导者托马斯·爱迪生(Thomas Edison)曾预言:"电影注定会给教育系统带来一场革命,在未来几年内,技术将在很大程度上(如果不是全部的话)取代教科书的使用,教育将以电影为媒介来进行,视觉化的教育应该有可能使学生获得百分之百的学习效率。"② 大约过了半个世纪,20世纪70年代,激进主义理论家伊万·伊里奇(Ivan Illich)设想建立一个以学习网络替代学校的"去学校化"社会。③ 进入21世纪,虽然互联网和信息技术给学校带来越来越多的冲击,但是学校必将消亡的观点反而日渐式微。一些研究者之所以重提学校消亡论是为了深入反思学校教育制度存在的问题,对技术与教育二者之间的恰当关系提供有益的思想启迪。

2004年,在欧洲教育研究会议上,芬兰坦佩尔大学教授托米·基拉科斯基(Tomi Kiilakoski)提出,"去学校教育"是一种宣称教育

---

① Fulton K. Preserving principles of public education in an online world: what policymakers should be asking about virtual schools [J]. Center on education policy, 2002(4): 10.

② Masson E. Watch and learn: rhetorical devices in classroom films after 1940[M]. Netherlands: Amsterdam university press, 2015: 31.

③ 伊万·伊利奇. 去学校化社会(汉英双语版)[M]. 吴康宁, 译. 北京: 中国轻工业出版社, 2017.

在经济、文化或道德上的功能不可能在学校内有效地组织起来的教育范式,或许是一种理解和处理教育与技术之间关系的理想框架。这种理想的教育必须满足两个基本要求:正规教育机构的不干涉和允许学习对象访问的技术框架。① 学者康伦(Tom Conlon)认为"家庭教育""网络课程""虚拟大学"等组织机构的发展虽然证明了"去学校化"社会的观点具有吸引力,但是"去学校化"社会低估了学校教育的社会功能。新技术的引进将改变当下的学校教育,不过没有哲学思索的技术应用是盲目的,技术的设计和选择应该充分反映我们对教育的信念。② 我国学者马维娜认为,伊里奇把技术与教育可能生发的深度复杂关系预言得淋漓尽致,如今技术官僚化使人在教育中失去了作为"人"的生命特质,教育的技术窄化使技术失去了作为"技术"的人文特质。在这个意义上,只有人的文化状况的改变,才有可能解决技术的发展问题。③ 项贤明认为,"学校消亡论"对学校教育制度的批判使我们得以认清教育在学校教育制度下的异化,互联网背景下的学校教育变革不是简单地废除学校,而是在技术所支撑的学习网络中重新凸显校外教育的价值,实现人的自由发展。④

5. 未来学校研究简析

在对未来学校的相关研究进行清理之后,需要对这些研究进行更为深入的检视,进而为本研究提供有意义的借鉴和为发现新的研

---

① Kiilakoski T. Technology and the deschooled information society [R]. University of Crete: the european conference on educational research, 2004.
② Conlon T. Visions of change: information technology, education and postmodernism[J]. British journal of educational technology, 2000(2):109-116.
③ 马维娜."去学校化社会":今天还能怎样看?[J]. 教育研究与实验,2018(2):1-6.
④ 项贤明. 作为建构之前提和基础的批判——20世纪中叶美国"学校消亡论"的当代思想价值初探[J]. 比较教育研究,2019(7):3-12.

究视角奠基。

(1)缺少教育基本理论的研究视野。

综合信息技术背景下未来学校的相关研究成果可以看出,目前未来学校已经吸引了诸多学科领域的关注,涉及教育技术学、课程与教学论、比较教育学等。研究者们从不同的学科立场出发,丰富并发展着未来学校的研究,让我们看到信息技术可以带来什么样的未来学校、未来学校变革过程中可能遇到哪些困难,以及如何利用技术变革未来学校。然而,就目前来看,已有研究的缺憾首先体现在鲜少见到教育基本理论视野下的未来学校研究。难道未来学校不需要教育基本理论吗?难道教育基本理论不应当对未来学校有所作为吗?教育基本理论所承担的重要责任是不断地促使研究者返回"概念原点""价值原点""思维原点",回到技术是否促进了"人的发展"这样一个根本性的问题上,在人、教育和技术三者之间建立起适切的内在关联。① 有鉴于此,本研究将站在教育基本理论的学科立场上,以一种回到"人"这一原点的思考方式深入探究"为什么需要未来学校""什么是未来学校""未来学校有什么价值"等原点性的概念与问题②,夯实未来学校基本理论,推进未来学校的建设与发展。

(2)缺乏对未来学校概念的清晰认知。

学者们对未来学校这一概念所做的研究极大地提升了人们对未来学校的认识,可是目前未来学校概念研究还存在明显不足,突出表现在以下两个方面。其一,彰显与坚守教育本质对于未来学校概念的澄清具有重要意义,然而这里的问题是:教育本质是否等同

---

① 李政涛,罗艺.面对信息技术,教育学理论何为?[J].华东师范大学学报(教育科学版),2019(4):1-12.

② 李政涛.什么是"教育基本理论"[J].高等教育研究,2020(3):1-17.

于学校本质？未来教育是否等同于未来学校？按照现有的研究，我们似乎理所当然地把教育等同于学校，以为认清了未来教育，未来学校的本质与内涵也自然得以明晰。实际上，这反映出"学校"在教育思维中没有实质性含义的问题，"学校"只是一个虚空的概念，是教育的逻辑后承，是教育理想的实践场。① 其二，无论是"学习中心""学习体系"，还是"学习社区""教育机构""学习共同体"，都还不足以充分地使未来学校与传统学校和其他教育机构、社会机构在根本上区别开来，未来学校的本质、特征、职能还没有完全明晰。因此，我们迫切需要对未来学校这一概念予以澄清。

(3) 忽视对未来学校价值的系统建构。

综观已有研究，学校重塑论致力于未来学校的内涵阐释、特征分析、图景勾勒与路径建构，学校不变论重在揭示信息技术难以变革学校的多重原因，学校补充论试图探索如何利用互联网技术有效弥补学校教育的不足，学校消亡论深入反思现代学校的根本问题。概括来说，上述四种视角虽然极大地推动了人们对未来学校及其发展的科学认识，但是也存在着忽视对未来学校的价值进行系统研究的缺陷，尚未使人们全面了解未来学校的价值意蕴。在一定程度上，人们对未来学校有怎样的价值诉求，决定着人们将怎样开展未来学校的建设。应该说，如果我们没有很好地解决未来学校的价值问题，那么未来学校就存在被某些高新技术手段、某种热门学习方式、某类华丽学习空间左右的风险。因此，为了实现未来学校高质量、可持续、多样化的发展，为了真正实现未来学校对人的生命质量的提升，我们迫切需要探寻未来学校的价值意义。

---

① 周浩波.教育哲学[M].北京:人民教育出版社,2000:265-266.

(4) 缺乏对未来学校图景的整体设计。

学校重塑论者致力于从不同的场景、不同的维度勾勒未来学校图景,使每一处场景、每一维度的景象尽可能丰满细致。可是由于各个维度、各处场景之间缺乏充分的影响、互动与渗透,未来学校图景陷入某种支离破碎之中,还没有使人们完整而清楚地看到未来学校的全貌。未来学校的图景本可以帮助人们反思现行学校的不足,重构人们对未来学校及其变革的认识,使所有人朝向理想的未来学校而努力。然而,碎片化的未来学校景象则极易导致人们对未来学校认识的片面化,难以有效利用高新技术和先进理念建设出既彰显学校教育本质,又各具特色的未来学校。有鉴于此,本研究在批判性地吸收已有思想与材料的基础上,试图以一种整体取向的研究视野构造完整而生动的未来学校图景。

(5) 缺乏未来学校建构的方法论。

未来学校建构的方法论所论的是方法何以正当和有效的问题,决定了人们应该选择何种思维方式设计未来学校的建构策略。然而,从既有文献来看,大多数研究者只是基于未来学校的内涵、形态或者图景,从理念、原则、机制、路径等一两个维度提出几个较为具体的未来学校的建构策略。还有一些研究者虽然提出了未来学校建构的方法论,但是没有在相应方法论观照下设计一套较为系统的建构方略,因而难以有效指导未来学校的实践探索。鉴于此种情况,本研究将探寻适合于指导未来学校建构的方法论,并且力图在这种方法论视域下为未来学校设计一套较为全面而具体的整体性建构方案。

三、研究之重要意义

新一代信息技术的兴起及其对现代教育的革新,极大地动摇了发端于工业革命初期以制度化教育形式存在的学校,引发了人们对未来学校的热烈讨论和无限想象。但是由于未来学校的研究与实践还处于成长阶段,人们对于未来学校这一核心概念尚未达成共识,加之信息技术发展的不确定性,故而未来学校的建设之路困难重重。基于此,本研究通过对未来学校这一核心概念进行较为深入系统的分析,在复杂性思维视域下设计一套系统的未来学校建构方案,以期深化未来学校基础理论的研究,指导教育实践者和教育管理者做出正确的变革选择,促进未来学校可持续、高质量发展。

(一)理论意义:深化未来学校基础理论研究

虽然"学校"在教育学研究中是一个非常重要的概念,但是纵览浩瀚的教育学文献,对学校的内涵、性质、职能、价值等基本理论问题的研究寥寥可数,"学校"始终没有引起研究者的兴趣。[①] 研究者们会不间断地关注学校变革和学校中的教师、学生、课程和教学等与学校相关的方方面面,但视线很难长久地停留于作为一个整体的学校本身。这一现象同样出现在对未来学校的研究中,目前学界对于未来学校的学习、课程、教学、场景、教师等各个方面进行了广泛的探究,但是对未来学校这一核心概念的关注仍然不足。由此导致人人都在言说未来学校,但是又说不清楚什么是未来学校,以及未来学校之于我们到底有何不可替代的价值。因此,本研究尝试基于人工智能时代社会转型、教育变革与人的发展需要,结合对历史上各个时代学校内涵的批判性思考,来澄清未来学校这一核心概念。在此基础上,试图在人与 AI、人与智能家庭、人与智能社会、人与宇宙自然的关系中探究人类的真正需要,建构未来学校的价值体系,深化未来学校基础理论研究。

---

① 王星霞.学校发展变革研究[D].兰州:西北师范大学,2007:14-15.

（二）实践意义：指导未来中小学校变革实践

2017年，笔者曾经实习过的一所学校（十二年一贯制学校）在不到一年的时间里华丽转身为智慧学校。经媒体的广泛宣传，许多学校领导带着教师团队慕名前来参观，并决心以此为样板改造自己的学校。事实上，当笔者置身于全新的智慧教室、智慧校园之中，却感到这所智慧学校与其他中小学校没有什么明显的不同。甚至可以说，这所智慧学校的师生、家长、领导的所为所想和大多数中小学校几乎完全一样——关注分数、聚焦升学。当然学校也有不同之处，智能机器人、智能场馆、智慧教室令人眼前一亮，部分外包的素养课程令学生目不暇接，除此以外，似乎很难再找到令人耳目一新之处。笔者带着这种困惑重新回到高校攻读博士，在研究未来学校的过程中逐渐清晰地意识到，只有未来学校在理论上得到更深刻、更系统的建构，只有更多的人真正地理解未来学校及其建构之道，学校才会在走向未来的过程中得到更多的支持，才会发生深刻的变革。因此，本研究在澄清未来学校概念和探究未来学校价值的基础上，试图系统地勾勒未来学校图景，在复杂性思维视域下设计一个包含建构理念、建构机制、建构策略的整体性建构方案，以期指导教育实践者和教育管理者做出正确的变革选择，促进未来学校的可持续、高质量发展。

四、研究方法

研究方法论是对研究背后的认识论与研究范式、整个研究过程中的思维方式以及研究者与被研究对象的关系所进行的系统思考。方法论自觉是进入任何一个研究领域时面临的最重要的问题，正如学者张一兵所言："我在什么立场，以什么样的标准、以什么样的话语塑形方式进入一个领域，这是我们发生真正的学术对话、争论，进而推进一个理论深化的最重要的合法性明证。"①下文就本研究的方法论和具体研究方法进行阐释。

本研究将以马克思辩证唯物主义作为方法论,用联系与发展的眼光和辩证的思维来研究未来学校。恩格斯在论及事物的普遍联系时指出:"当我们深思熟虑地考察自然界或人类历史或我们自己的精神活动的时候,首先呈现在我们眼前的,是一幅由种种联系和相互作用无穷无尽地交织起来的画面……"②除了普遍联系,辩证唯物主义认为事物还处于永恒的变化与发展之中,即"世界不是既成事物的集合体,而是过程的集合体,其中各个似乎稳定的事物同它们在我们头脑中的思想映象即概念一样都处在生成和灭亡的不断变化中"③。因此,从纵向上看,研究未来学校不能脱离学校的过去和现在,要同时向过去、现在与未来保持开放,在学校的过去、现在与未来的相互联系中思考未来学校这一核心概念。从横向上看,研究未来学校不能脱离教育系统、社会系统,未来学校要向教育系统与社会系统保持开放,在学校、教育、社会三者的相互影响中思考如何理解和建构未来学校。同时,辩证唯物主义还要求我们以一种辩证的思维把握未来学校"变"与"不变"的内在统一,避免未来学校认识的极端化与碎片化,重视未来学校建设的系统性与整体性。在马克思辩证唯物主义方法论的指导下,为了达成研究目的,本研究主要运用了以下三种具体的研究方法。

---

① 张一兵,张琳.方法论自觉:怎样言说的话语塑形内省[J].社会科学战线,2014(9):1-7.
② 马克思,恩格斯.马克思恩格斯选集:第3卷[M].中共中央马克思恩格斯列宁斯大林著作编译局,译.北京:人民出版社,1995:359.
③ 马克思,恩格斯.马克思恩格斯选集:第4卷[M].中共中央马克思恩格斯列宁斯大林著作编译局,译.北京:人民出版社,1995:244.

（一）文献研究法

文献研究法是一种专门对文献进行收集、整理、分析，并力图发现事物内在联系，探究事物本质属性的研究方法，也是其他研究方法的基础。① 本研究通过知网、读秀、google scholar、EBSCO、Springer等学术资源数据库对未来学校这一主题及相关主题的论文、书籍、报告等文献进行广泛检索，尽可能地收集、整理和评析最新、最具代表性的文献资料，最终确定本研究的核心问题及子问题。与此同时，本研究对未来学校的概念界定、价值分析、图景勾勒以及建构路径都是建立在相关文献分析的基础上，并且在文献分析过程中始终"持守反思"②，以一种批判性的眼光对既成理论、论点、知识加以反思，力图发现现有研究的不足之处，对可借鉴的观点进一步追问其根据与思路，最终在不断的反思与批判中形成自己对未来学校的系统认识。

（二）历史研究法

历史研究法是教育史、教育学原理、比较教育学等诸多教育学分支学科在研究中运用较多的一种方法，是通过大量文献资料的收集和研读，从教育观念、教育运动或者教育现象发生发展的全过程出发探索其本质和规律的研究方法。本研究将审视学校在时间的历程中所发生的变化，对学校从农耕时代到信息时代在教育主体、教育环境、教育形式、教育目标、职能这五方面所发生的变化及其原因进行分析，勾勒学校变革的历史轨迹，推断学校变革的发展趋势，从而为智能时代未来学校的必要性分析与概念分析奠基。

---

① 袁振国.教育研究方法[M].北京:高等教育出版社,2000:149.
② 李政涛.什么是"教育基本理论"[J].高等教育研究,2020(3):1-17.

（三）案例分析法

案例分析法是一种通过对典型的事物、事件、现象进行详细描述和系统分析的研究方法。本研究将分别从智能时代的学习空间、学习方式、教育流程三个维度选取典型性的案例进行分析。在批判性地吸收已有思想与材料的基础上，以整体取向的研究视野对未来学校图景的三个维度进行再建构，最终通过四种视角来呈现三个维度如何在相互联系与相互影响中生成清晰、完整、生动的未来学校整体图景。

第一章
未来学校：人工智能时代学校变革的应然向度

人工智能可能是有史以来最强大的变革引擎，正在驱动着社会诸领域发生根本的变革。本章首先在宏观层面分析人工智能时代的社会转型，以及社会转型所引发的教育变革。之后，尝试在微观层面勾勒并阐释从农耕时代到信息时代学校变革的历史轨迹，分析学校变革的发展趋势。在此基础上，本章最后提出直面信息技术的未来学校是人工智能时代学校变革的应然向度这一命题。

一、新 IT 加速智能社会的到来

1956 年，约翰·麦卡锡（John McCarthy）、马文·闵斯基（Marvin Minsky）等一群顶尖计算机科学家相聚于美国达特茅斯学院举办的夏季研究会。在这次研究会上，麦卡锡首次提出了人工智能这一术语，提出了创造能够与人类能力相匹敌的机器的目标。①此后，人工智能的发展历经几番起落。进入 21 世纪，伴随互联网、

---

① 约翰·马尔科夫.与机器人共舞[M].郭雪,译.杭州:浙江人民出版社,2015:114.

第一章 未来学校:人工智能时代学校变革的应然向度

大数据、云计算等信息技术的迅猛发展,人工智能取得了突破性进展。如今,以人工智能为核心的新IT(Internet Technology)逐渐渗透到社会生活诸领域,深刻改变着整个社会的思维方式、思想观念、生产方式、生活方式,正在带领人类全面进入智能社会,即一个"万物智联"的共享社会、一个人机共在的数据社会、一个自由发展的闲暇社会。

(一)新IT造就"万物智联"的共享社会

如果说私有是工业时代的重要特征,那么共享就是智能互联网时代的根本标志。20世纪50年代以来,无数通信、电脑和数学专家,秉承资源开放、技术共享的理念,一步步架起连接全人类智慧的互联网。进入21世纪,物联网和AI的深度融合促成了智能物联网(AI in IoT,简称AIoT)的兴起,开启了人、机、物、环境等海量要素的实时联结与智能共享。目前世界各国都在积极布局智能物联网,预计2025年,我国的物联网连接节点数量将达到上百亿。① 从目前智能技术的发展趋势和初露端倪的共享景观来看,智能物联网的全域覆盖很可能催生出Web3.0环境下"万物智联"的共享社会。

共享本义是两个或更多的人共有共用某个地点、某种物品、思想、价值观和时间的行为,是一种被文化所规定和认可的交往过程。② 在互联网出现之前,共享行为主要包括公共资源的共同使用或者亲朋好友之间的资源分享,参与共享的主体、方式、内容、范围极其有限,并且大规模、远距离的共享行为基本不可能即时发生。在过去十年间,智能物联网和"共享经济"的蓬勃发展极大地拓展了

---

① 郭斌.论智能物联与未来制造——拥抱人机物融合群智计算时代[J].人民论坛·学术前沿,2020(13):32-42.
② Belk R. Why not share rather than own? [J]. The annals of the American academy of political and social science, 2007, 611(1): 126-140.

共享一词的内涵。共享不仅仅是指传统意义上人们对资源的"不分你我"的共享共用,还新增了"租用而非占有"的含义①,共享主体从人类自身延伸至被赋予智能的手机、家居、机器人、植物等自然或人工物品,共享内容从有形的物质实体扩展到无形的网络、链接、视频,以及现实的人和生活②,共享方式从面对面共享和远距离的延时共享发展到在线即时的互惠共享,共享范围从小范围的熟人社群扩大到了大范围的陌生人社群。归根到底,随着"万物智联"的生态系统变成现实,智能时代的共享社会将会是一个由人与万物所构成的智能共同体,所有人与所有物共同应对社会发展的问题,共同享有共同创造出来的福利。

智能时代的共享社会不仅是一种理想的社会形态,而且还将从根本上改变人们的思想观念和行为方式。在未来,人们将乐于共享、善于共享、惯于共享,在共享行动中满足每一个人的合理需求,促进每一个人的自由全面发展。首先,人们乐于共享,体认到共享的意义不在于增加个人利益而在于形成集体智慧。在向智能社会转型的过程中,面对社会各领域高度复杂性和不确定性的状态,越来越多的人意识到许多问题和危机完全超越个体智能的驾驭能力,只有凭借更具创造性的集体智慧才能予以应对。③ 为了突破个体智能的局限,人类不仅乐于在人类个体之间共享智能,还希望与智能机器虚拟地连接起来,实时进行智能的共享与重组,转化为更有价值的集体智慧。其次,人们善于共享,能够通过共享能力的提升,

---

① 王宁,莎拉.共享的分化与共享的逻辑——共享层级、共享单位与共享经济[J].学术研究,2020(4):49-59,177.

② John N A. Sharing and web 2.0: the emergence of a keyword[J]. New media & society, 2013(2): 167-182.

③ 张怡.集体智慧——智能化社会条件下人类合作和共享智能的基本形态[J].哲学分析,2018(5):15-26,196.

创造更丰富的共享资源、更合理的共享方式。近年来,共享活动出现在经济、医疗、教育、文化、娱乐等诸多社会生活领域,可是一些资源因涉及技术、利益、隐私等缘由还无法实现共享。未来,为了使共享活动覆盖更多的社会领域,人们将会不断提升自身的共享能力,通过体制、机制、技术、文化等方面的完善,创设更丰富的共享资源、更合理的共享方式。最后,人们惯于共享,把共享当作一种习惯,通过共享来重塑社会关系和揭示人的存在方式。在未来的共享社会里,随着共享资源的多元、共享方式的便捷,以及人们共享观念的增强和能力的提升,共享将成为人们习以为常的生活方式。人们通过共享向世界表达思想、传递情感、服务社会,人们通过共享与人、事、物建立和谐共存的关系,从而促进个人的全面自由发展,推进社会的可持续进步。

(二)新IT孕育人机共在的数据社会

从未来学家雷·库兹韦尔(Ray Kurzweil)到历史学家尤瓦尔·赫拉利(Yuval Noah Harari),从比尔·盖茨(Bill Gates)到埃隆·马斯克(Elon Musk),那些洞察力极其敏锐的人们已经深刻感受到,人工智能的迭代升级似乎接近一个类似"关卡"的地带:"这一边还是人类好工具、超级助手,而门槛的那一边则模糊地站着某种意义上的自主行动者。"① 不远的未来,由大数据驱动的人工智能很可能不再囿于程序而做出特定的反应,更不会满足于拥有某种特定的学习能力,而是试图追求全面的自主意识和深刻的反思能力。这意味着人类将不再是世界唯一的主体,人工智能有可能成长为与人共同存在的新主体。② 在未来,一旦大数据技术使整个世界全方位

---

① 吴冠军.人工智能与未来社会:三个反思[J].探索与争鸣,2017(10):10-13.

② 赵汀阳.人工智能提出了什么哲学问题?[J].文化纵横,2020(1):43-57.

数据化,无处不在的数据空间配合上各式各样进化为新主体的智能设备,将使人与万物的关系发生重大改变,人机共在将成为数据社会的新常态。

人机共在的数据社会是寓居于大数据中的人类与人工智能交互共生的社会。到目前为止,人工智能系统如深蓝(Deep Blue)、华生(Wastion)、阿尔法狗(AlphaGo),虽然相继以压倒性胜利迫使人类在对战中出局,但是由于它们自觉意识和理性能力的缺失,这些智能机器就算集结在一起,也无法形成和人类同样的整体智慧,无法对人类的主体性地位构成威胁,人类与智能机器仍属于主体与客体的关系。不过,人工智能与其他技术的根本不同之处在于,人工智能本身具有成为主体的潜质,因为人工智能的性质和发展水平或许根本不取决于人类,而取决于宇宙允许何种智能形态的存在并达到何种智慧水平。换言之,人工智能与"人类智能"都只是宇宙智能的现实形态,人工智能在被"人类智能"创造出来之后,将遵循其固有的逻辑进化下去。① 当庞杂海量的数据全面渗透现实空间,当数据化夯实人工智能进行深度学习的基石,人工智能有可能越来越接近甚至最终超越"人类智能",成为一个与人类相媲美的"他者","迫使'人类'从先在的、具有元话语性的位置,变成了可以讨论、追问的事物"②。在这个意义上,依赖、占有、控制人工智能都不可能使人类"在机器的帮助下过上好日子"③。未来社会将会是人机共在的数据社会,人类将迈向对人工智能主体性的尊重与承认,与人工智能真正建立起一种交互共生的关系,即二者在相互依存又相互竞争

---

① 顾骏.天问:二元智能时代的一元未来[J].探索与争鸣,2017(10):56-65.
② 赵柔柔.斯芬克斯的觉醒:何谓"后人类主义"[J].读书,2015(10):82-90.
③ 约翰·马尔科夫.与机器人共舞[M].郭雪,译.杭州:浙江人民出版社,2015:前言XⅦ.

中共同进化。①

人机共在的数据社会表面上是社会形态的更新,实则是"人类中心主义"思想观念的颠覆。实际上,即便人类不能创造出一个与"人类智能"同等复杂的人工智能,人工智能自身也无法进化出自觉意识,不具备情感、情绪、价值观,人工智能的出现也已然开始使人类与非人类之间的界限模糊不清。例如,植入人类身体的智能器官、智能芯片不仅仅是身体器官的延伸,还是血肉之躯的组成部分。当科学技术发展到足以替换所有身体器官,甚至可以让人的思想以虚拟身份在数据世界永存时,人与非人之间的界限该如何划定?②应该说,人工智能迫使人类重新反思人在宇宙中的地位。那个自以为是"万物的尺度"的人,那个自以为是自然生态主宰的人,事实上只是宇宙间众多的自然物种之一。"一旦人身上的各种各样的'本质'和'特权'被剥夺,人就会被还其本来的、相对的、多元的、复杂的真实面目。"③概而言之,人工智能通过消解人的绝对主体地位使人类深刻意识到人类并不是无所不能,人类不过是生态进化中的普通一员,人与技术、人与植物、人与动物的关系表现为平等而多元的共在。

(三)新IT赋能自由发展的闲暇社会

获得闲暇是人类至高无上的理想,也是社会最伟大的发展目标。在群星璀璨的古典时代,在古希腊哲人亚里士多德看来,闲暇是目的,是心无羁绊的精神状态,更是融智慧、美德和审美于一体的

---

① 吴铮.生态转换与人机共生:人类与人工智能存在的关系研究[J].人民论坛·学术前沿,2020(11):108-111.
② 成素梅.智能化社会的十大哲学挑战[J].探索与争鸣,2017(10):41-48.
③ 陈世丹.后人文主义[J].外国文学,2019(3):95-104.

人生境界。他说,"闲暇是全部人生的唯一本原"①,作为最高的善的幸福似乎包含最多的闲暇②。处于同时期的中国传统思想,无论是儒家还是道家学说,同样蕴含着极为鲜明深刻的闲暇之道。《论语》一书记载了孔子及其弟子的教学相长之乐、故人相聚之乐、箪食瓢饮之乐、"风乎舞雩"之乐。这些蕴藏在日常生活中的闲暇时光充分展现出,儒学的闲暇不是在学习工作之余的无聊消遣,也不是在衣食无忧之后的纵情享乐,而是即此世间积极达观地认真生活,更是一种身与心、自然与人文、物质与精神、情感与理性交会融合的乐活境界。③ 庄子通过齐万物、泯是非、越生死而达到内心澄明的审美境界,这传递出道家的闲暇是超越狭隘的是非、名利、得失甚至生死计较之后所获得的心境自由。④ 由此可见,在中西方文明的源头处,闲暇一词与人的知识、道德、审美、精神状态和人生境界密切相关,闲暇社会可以理解为一个寻求真、善、美、人生归宿、存在意义的社会。

在距今两百多年前的工业时代,马克思把闲暇视为人的全面自由发展和社会的进步完善的必要条件,将闲暇确立为未来社会的基本特征和基本内容。⑤ 在马克思那里,闲暇就是"不被生产劳动所吸收的时间",包括"个人受教育的时间,发展智力的时间,履行社会

---

① 亚里士多德.政治学[M].颜一,秦典华,译.北京:中国人民大学出版社,2003:269.
② 亚里士多德.尼各马可伦理学[M].廖申白,译.北京:商务印书馆,2017:335-336.
③ 李泽厚.人类学历史本体论[M].青岛:青岛出版社,2016:396.
④ 徐碧辉."乐生"与"游世":中国人生美学的两大原型[J].探索与争鸣,2017(12):153-157.
⑤ 陆彦明,马惠娣.马克思休闲思想初探[J].自然辩证法研究,2002(1):44-48.

第一章 未来学校:人工智能时代学校变革的应然向度

职能的时间,进行社交活动的时间,自由运用体力和智力的时间"①。然而,闲暇绝不等于独立于劳动的休息和娱乐,而是闲暇与劳作内在的有机结合。在描绘未来社会的闲暇生活时,马克思曾这样写道:"在共产主义社会里,任何人都没有特殊的活动范围,而是都可以在任何部门内发展,社会调节着整个生产,因而使我有可能随自己的兴趣今天干这事,明天干那事,上午打猎,下午捕鱼,傍晚从事畜牧,晚饭后从事批判,这样就不会使我老是一个猎人、渔夫、牧人或批判者。"②由此可见,闲暇社会是一个生产力发达和自由时间充盈的"普遍有闲的社会",是一个不把劳动当作谋生手段的"乐生要素的社会",更是一个追求自我完善和人类福祉的社会。③

进入21世纪,随着智能技术的发展及其在生产生活中的应用,机械化工作和部分创造性工作将会逐渐面临AI的直接介入甚至完全替代,人类将不可避免地迈进崭新的闲暇社会。根据世界经济论坛发布的《2018未来就业》报告,预计2018年至2022年之间,现有工作任务中的人机边界将发生重大改变。在该报告所涵盖的12个行业中,2018年,平均71%的工时是由人完成的,由机器完成的工时仅为29%,而到2022年,预计机器可以完成的任务时间将达到42%,剩余58%的任务时间由人类完成。④有学者甚至认为,从理论上讲,即便在AI替代人的过程中产生了新的工作岗位,只要其中所包含的任务和过程可以转化为算法模型,那么原则上都可以被不

---

① 马克思,恩格斯.马克思恩格斯全集:第42卷[M].中共中央马克思恩格斯列宁斯大林著作编译局,译.北京:人民出版社,2016:263.
② 马克思,恩格斯.马克思恩格斯选集:第1卷[M].中共中央马克思恩格斯列宁斯大林著作编译局,译.北京:人民出版社,2012:165.
③ 于光远.论闲之为物[J].未来与发展,1996(5):38-40.
④ World Economic Forum. The future of jobs report 2018: centre for the new economy and society [EB/OL]. (2018-09-17) [2020-8-12]. https://www.weforum.org/reports/the-future-of-jobsreport-2018.

断进化的 AI 所替代。① 因此,人类没有必要再浪费时间去争辩哪些工作是不可能被 AI 替代,而应该认真反思:在大量甚至全部工作被 AI 替代之后,人类应该如何避免沦为赫拉利所说的"无用阶级"?如何过上有意义、有价值的完满生活?

未来,智能技术很可能把人类从大部分工作中排除在外,给人类提供更充裕的自由时间,闲暇将成为未来社会最显著、最重要的特征。这样一来,人类将拥有充足的自由时间去思考和选择何时工作、如何工作、为何工作。工作和闲暇的二元对立也将日渐消解,一切对自我和社会有所裨益的活动都属于闲暇的范畴。可以肯定的是,智能时代的闲暇社会是一个工作与闲暇彼此交融在一起的社会,人类主要不是出于谋生的需要而是基于兴趣爱好不断地变换工作,不断地创造更有利于人与社会发展的新工作。② 人类主要不是出于消遣娱乐的需要而基于完善自我与发展社会的需要,不断地尝试闲暇活动,不断地创造有意义的闲暇活动。我们知道如何支配相对自由的时间,明白为何心甘情愿地为一些有意义的事所羁绊,掌握怎样在各种体验中重塑自我与改进社会。③ 进而言之,人工智能时代,人类将会从不必要的繁重工作中解脱出来,获得相对自由的时间,在工作与闲暇中实现个体的自由发展和增进人类整体的福祉。

---

① 肖峰.人工智能时代"工作"含义的哲学探析——兼论"软工作"的意义与"工作哲学"的兴起[J].中国人民大学学报,2018(5):122-129.
② 肖峰.人工智能时代"工作"含义的哲学探析——兼论"软工作"的意义与"工作哲学"的兴起[J].中国人民大学学报,2018(5):122-129.
③ 杰弗瑞·戈比.你生命中的休闲[M].康筝,译.昆明:云南人民出版社,2000:10.

二、社会转型升级引发新的教育变革

教育变革与社会转型不可分离。一方面,教育要回应社会转型对它提出的变革要求;另一方面,社会转型也塑造着教育变革的进程与形态。今时今日,大数据、物联网、人工智能等新IT加速渗入社会的每一个缝隙,整个社会正在向着以万物智联、人机共在、闲暇自由为特征的智能社会迈进。在智能技术全面变革社会的背景下,教育必然要发生整体性变革以适应智能社会的到来。因此,智能技术驱动的社会转型促逼我们不得不反思:人工智能时代教育将发生怎样的变革?而对这一问题的准确回答需要我们深入思考未来教育的发展方向,研判未来教育在器物、制度和思想三个层次所可能发生的根本变革。

(一)未来教育的器物之变

在智能技术高度发达和普及的未来社会里,教育的物质环境必将为适应新的社会环境而变革。美国教育领域人工智能的市场报告显示,预计到2025年,超过47%的学习工具将使用人工智能开发。① 毫无疑问,随着AI、虚拟现实(VR)、机器人技术、智能套件、3D打印机、激光切割机、智能辅导系统、反馈评分系统、智能备考系统等一系列智能技术在教育中的应用,目前广泛建设的演示型多媒体教室以及教室内部的信息化设备在个性化学习方式、多元化教育场景、精准化教育评价与高效管理等方面将表现出明显的功能不足与理念落后。2018年,《教育信息化2.0行动计划》提出的主要任务之一就是实现宽带网络、信息化设备、服务平台的"提速增智"与"提

---

① Usmsys. AI in education: top 12 AI applications in education[EB/OL]. (2020-01-09) [2020-8-16]. http://175.101.7.122/usm/top-ai-applications-in-education-industry/.

质增效"。① 应该说，教育变革将首先体现为器物层面的变革。与早期信息技术所建构的以局部互联、虚实分离、有限简单为特征的教育环境相比，在新 IT 技术的支持下，教育的物质环境将向着智能互联、虚实一体、泛在多变加速飞跃。

2017 年，新媒体联盟（New Media Consortium，简称 NMC）发布的《地平线报告》（*Horizon Report*）预计，在未来的四到五年内，人工智能与物联网技术将成为教育领域的主流。② 由此可以预见，随着 AI 和物联网技术在教育领域的普及，教育环境将实现智能互联和无边界重构。在全球范围内，通过智能感知、智慧管理、情感计算、设备共享、视景仿真等智能互联技术的广泛应用，各类具有教育价值的场馆和各级各类学校将智能地连接起来，从而增强物与物、人与物之间的智能识别与交互，创建一个可视化、可感知、可共享、可迁移的智能教育环境。③

AI 与 VR 的结合将促使教育环境向着虚实一体化发展，为学习者营造充满智慧的学习世界。④ 随着内容可获得性的增强和硬件成本的降低，VR 普及的可能性将大幅提高。有投资机构预测，2025 年使用 VR 的学习者可能会达到 1500 万。⑤ 在教育实践中，

---

① 教育部.教育信息化 2.0 行动计划[EB/OL].(2018-04-13)[2020-07-10]. http://www.moe.gov.cn/srcsite/A16/s3342/201804/t20180425_334188.html.
② NMC/CoSN horizon report：2017 K-12-edition[EB/OL].(2017-08-30)[2020-8-16]. https://cosn.org/about/news/nmc-and-cosn-release-horizon-report-2017-k-12-edition.
③ 陈金华,陈奕彬,彭倩,等.面向智慧教育的物联网模型及其功能实现路径研究[J].电化教育研究,2019(12):51-56,79.
④ 胡钦太,刘丽清,郑凯.工业革命 4.0 背景下的智慧教育新格局[J].中国电化教育,2019(3):1-8.
⑤ NMC/CoSN horizon report：2017 K-12-edition[EB/OL].(2017-08-30)[2020-8-16]. https://cosn.org/about/news/nmc-and-cosn-release-horizon-report-2017-k-12-edition.

第一章 未来学校:人工智能时代学校变革的应然向度

VR可以生成与真实场景高度近似的虚拟学习环境,在虚拟世界中完美呈现一些概念符号的空间和结构①,为学习者构造虚拟世界与现实世界无缝切换的学习环境,解决地点遥远、操作危险、概念抽象等教育难题。同时,AI技术的应用又为这个虚拟学习环境增加了智慧特征,比如AI可以协助教师发现学生的困难所在,为学生提供自主探究的建议,发展协作学习和个性化学习②。

随着智能套件、3D打印机、机器人、智能感知等新兴技术在教育中的广泛应用,不仅图书馆、博物馆、社区中心、便利店等固定场所可以成为教育环境的一部分,而且轮船、巴士、汽车等移动交通工具也可改造为教育环境,使整个社会朝向以泛在多变为特征的教育环境转变。这里的泛在多变主要是指互联网与智能设备协助教育者和学习者灵活地调整教育环境的边界、位置、布局与功能,实现泛在学习,提升个体的学习体验和学习成效。例如,新加坡信息通信发展局倡议的"车轮上的实验室"就是推进泛在多变教育环境建设的范例。在新加坡,目前有超过2.5万名小学生在巴士上的旅行实验室里编写代码,并对机器人、可穿戴设备和无人机进行实验。③相比于教育制度和教育思想,新IT引领之下的教育器物之变的阻力相对较小且速度较快,为未来教育的制度之变和思想行为之变奠定了基础。

---

① 丁楠,汪亚珉.虚拟现实在教育中的应用:优势与挑战[J].现代教育技术,2017(2):19-25.

② NMC/CoSN horizon report: 2017 K-12-edition[EB/OL].(2017-08-30)[2020-8-16]. https://cosn.org/about/news/nmc-and-cosn-release-horizon-report-2017-k-12-edition.

③ NMC/CoSN horizon report: 2017 K-12-edition[EB/OL].(2017-08-30)[2020-8-16]. https://cosn.org/about/news/nmc-and-cosn-release-horizon-report-2017-k-12-edition.

(二)未来教育的制度之变

1972年,联合国教科文组织在发布的《学会生存》报告中指出:"只有当教育技术真正统一到整个教育体系中去的时候,只有当教育技术促使我们重新思考和革新这个教育体系的时候,教育和技术才会有交织。"①这表明制度层面的教育变革较之器物层面的教育变革更为深刻,也可以说,只有建构一套与智能时代社会发展相匹配的教育制度,教育变革才算真正从显性的表层进入隐性的内层。

现代教育制度是19世纪工业革命的产物,是技术理性扩及教育领域的结果。工业社会流水线式的机械化大生产,要求个人变成整个工业系统中可被随时置换的螺丝钉。②为了高效培养工业社会的劳动力,为了使人适应工业社会的工作和生活,政府理所应当地按照官僚制的工业组织形式,建构一套以结构封闭、主体单一、等级森严为特征的教育制度。在工业时代的教育制度下,大量的学生被集中在如同工厂一般的学校里,教师按照一成不变的内容和方法对所有学生进行统一加工,学生又通过教育机器流入与学校极其相似的工厂和社会。③如今,以人工智能为核心的新IT正在塑造一个以万物智联、人机共在、自由发展为特征的智能社会。在这个全新的社会形态中,人工智能的引入将会替代重复单一、目标清晰的程序化工作和部分非程序化工作,许多工作都将向着高度智慧化转

---

① 联合国教科文组织国际教育发展委员会.学会生存——教育世界的今天和明天[M].华东师范大学比较教育研究所,译.北京:教育科学出版社,1996:167.

② 路易丝·斯托尔,迪安·芬克.未来的学校:变革的目标与路径[M].2版.柳国辉,译.北京:北京大学出版社,2015:2.

③ 托夫勒.未来的冲击[M].孟广均,等译.北京:中国对外翻译出版公司,1985:349.

第一章 未来学校：人工智能时代学校变革的应然向度

变。① 这就要求未来的劳动者必须具备高级的认知能力和非认知能力，如想象力、创造力、好奇心、同理心、批判性思维、公民责任感等核心素养。由此可见，工业时代创生的教育制度无法培养出符合智能时代所需的劳动者，现代教育制度必须发生根本的改变。

未来学家阿尔文·托夫勒曾明确指出，未来不是要改进现有的教育制度，而是要建立超越工业社会的教育制度。② 随着各种组织深度嵌入"万物智联"的智能社会，加之智能社会对劳动者需求的转变，教育变革的一个重要面向就是打破层次分明、结构僵化的现代教育制度，在人工智能、物联网等新IT的支持下，构建"一种立体的甚至是边际不断扩展的球状的多回路、网络式的、正式制度与非正式制度共同构成的弹性制度体系"③。新的教育制度将把教育变成一个连续不断的过程、"一个协调的整体"④。学科专业、教育类型、教育层级的界限趋于模糊，家长、社会公众、企事业单位等都被纳入教育网络之中。⑤ 每个人在任何情况下都可以根据需要进入和离开教育体系，共享教育服务，贡献教育智慧。当现代教育制度发生变革时，课程教学制度、教育管理制度、学习评价制度、学习成果认证制度等都将随之发生根本的变革。其结果是所有人在教育内容、教育方式、评价方式、教育时间、教育地点、教育者与教育对象等方面有更多的选择和更大的自由。最终，教育的过程将完全成为生活

---

① 刘湘丽.人工智能时代的工作变化、能力需求与培养[J].新疆师范大学学报(哲学社会科学版),2020(4):97-108.
② 托夫勒.未来的冲击[M].孟广均,等译.北京:中国对外翻译出版公司,1985:353.
③ 刘复兴.论教育与机器的关系[J].教育研究,2019(11):28-38.
④ 联合国教科文组织国际教育发展委员会.学会生存——教育世界的今天和明天[M].华东师范大学比较教育研究所,译.北京:教育科学出版社,1996:203.
⑤ 胡钦太,刘丽清,郑凯.工业革命4.0背景下的智慧教育新格局[J].中国电化教育,2019(3):1-8.

的过程,更成为创造创新的过程。

(三)未来教育的思想之变

教育思想是教育最内在的质素,思想层次的转变"是最关于个人的,也是最深刻的,因此也是最不容易、最缓慢的"①。应该说,智能时代的教育变革唯有深入思想层次,才算实现了教育的全面智能化。从技术变革社会的趋势来看,人工智能的崛起将打破"就人谈教育"的传统范式,确立在"人类智能"与人工智能的关系中思考教育问题的新范式。② 这意味着人工智能时代的教育一定是人类与非人类交互触动、彼此建构与更新的终身教育③,人类与非人类的智能机器都是教育主体且都有教育目的。

智能时代的教育一定是终身教育,人类与非人类的智能机器都将纳入教育过程之中。终身教育思想可谓源远流长,"活到老,学到老"便出自古希腊政治家梭伦之口。但是直到20世纪60年代,在联合国教科文组织的推动下,终身教育才被正式确立为一种现代教育理念,其内涵包含个体和社会的终身发展。对个体而言,终身教育意味着伴随人的生命的始终,使人性日臻完善的正规教育、非正规教育、非正式学习的总和。对社会而言,终身教育意味着包括家庭、学校、企业等在内的一切社会部门逐渐从零散走向整合,共同承担教育责任。④ 进入21世纪,"维护和增强个人在其他人和自然面

---

① 金耀基.从传统到现代[M].北京:法律出版社,2017:129.
② 李政涛,罗艺.智能时代的生命进化及其教育[J].教育研究,2019 (11):39-58.
③ 吴冠军.后人类状况与中国教育实践:教育终结抑或终身教育?——人工智能时代的教育哲学思考[J].华东师范大学学报(教育科学版),2019 (1):1-15,164.
④ 联合国教科文组织国际教育发展委员会.学会生存——教育世界的今天和明天[M].华东师范大学比较教育研究所,译.北京:教育科学出版社,1996:202.

前的尊严、能力和福祉"①成为以人文主义为基础的终身教育的根本宗旨。然而,不同于时下这种潜藏着人类中心主义的教育观,智能时代的教育将不再是人类的特权,而是向着包括整个人类与非人类的方向发展。如前文所述,智能机器的人化正在使人与万物的界限越来越模糊,智能机器被赋予某种类似于人的主体性。随着人工智能越来越接近于"人类智能",人类中心主义逐渐淡出历史的舞台,教育也将从"人"这个封闭的牢笼中解放出来。② 这样,教育主体将不只是人类,还包括与人类相互学习、和人类共同进化的非人类智能机器。并且人类和非人类智能机器都可能既是教育者,也是学习者。正如当下一些智能教育系统能够通过机器学习和深度学习进行数据挖掘,在为学习者提供更为精准的学习资源的同时,还利用学习者的学情大数据自主地改进自身的算法模型,以期为学习者提供更适切的教育服务。

当非人类智能机器成为教育主体,非人类智能机器也应该有教育目的。未来,随着人工智能学习能力的增强,它们很可能呈现出摆脱人类控制的强大力量。早在20世纪,著名科幻作家阿西莫夫在《我,机器人》一书中就提出了"机器人三定律",意在通过输入某种代码以防止机器人产生侵害人类的行为。2017年1月,在加利福尼亚州阿西洛马举行的Beneficial AI会议上,人工智能领域的专家学者联合签署了阿西洛马人工智能原则(Asilomar AI Principles),呼吁发展人工智能要以建立"有益的智能"为旨趣,即发展一种服务

---

① 联合国教科文组织.反思教育:向"全球共同利益"的理念转变[M].联合国教科文组织中文科,译.北京:教育科学出版社,2017:30.
② 刘凯,胡祥恩,王培.机器也需教育? 论通用人工智能与教育学的革新[J].开放教育研究,2018(1):10-15.

于全人类共同利益的智能。① 然而,即便为科研人员制定了人工智能的开发原则,人类仍然无法确保能够设计出某种万无一失的代码来杜绝未来可能发生的一切风险。人工智能专家所能做的可能只是创设一定的规则和机制,尽可能最大程度地保证人类整体的利益。因此,为了防止人工智能做出无故伤害生命的行为,为了保证人类生命、自然生命、数字生命在未来永续存在并兴旺发达②,除了代码的编制和调试,还需要人类用善意来引导人工智能向着善意的方向发展,这是非人类智能机器的教育目的,也是人类与非人类智能机器协同共在的关键。

虽然智能时代的教育边界拓展到了技术的范畴,但是培养人依然是未来教育最重要的任务。当我们面对和人类愈来愈像的机器人时,我们更应该通过"德、智、体、美、劳、闲"③六育来实现人的全面发展,这是人工智能时代未来教育的应有之义。随着人工智能介入人类生命的软件不断进化,当存储于我们头脑中的大部分知识、信息、技艺可以通过科技而获得时④,最可怕的不是人类不需要教育,而是仅仅执着于某种教育,看不到其他诸育的价值,从而沦为单向度的人。未来,随着智能物联网带来人与宇宙万物的智联,最可怕的不是不能智联,而是人类不愿也不知如何与宇宙万物建立智联,从而沦为无所依傍之人。未来,随着通用人工智能不可避免地占据人类的工作,最可怕的不是机器夺走人类的工作,而是人类不知如

---

① The FLI Team. State of California endorses asilomar AI principles [EB/OL].(2018-08-31)[2020-08-20]. https://futureoflife.org/2018/08/31/state-of-california-endorses-asilomar-ai-principles/.
② 迈克斯·泰格马克.生命3.0——人工智能时代人类的进化与重生[M].汪婕舒,译.杭州:浙江教育出版社,2018:44.
③ 王景全.休闲哲学刍议[J].中州学刊,2019(11):102-107.
④ 迈克斯·泰格马克.生命3.0——人工智能时代人类的进化与重生[M].汪婕舒,译.杭州:浙江教育出版社,2018:36.

何"人机共在",不知如何在闲暇之中建构生命的意义,从而沦为无用之人。因此,未来的教育要让学生体悟人与人、人与自然万物之间的依存之道,探索爱智求知之道,熟稔健美身体的养成之道,掌握明智而有益的劳动之道①,体悟欣赏美与创造美的审美之道,学会"得闲""用闲"之道,通过"德、智、体、美、劳、闲"六个相互联系、相互影响的教育活动,促进个体生命在健动不息之过程中成长为身、心、灵健全发展的智慧之人。

三、学校变革的三个时代

在社会转型驱动教育变革的大背景下,学校作为教育变革最为基础、最为核心的单位,似乎理所当然需要顺应时代的要求进行相应的变革。可是,学校真的需要变革吗?如果需要,学校变革应该走向何方?欲了解人工智能时代学校是否需要变革,以及学校变革的应然方向,有必要回溯自学校产生以来,在不同时代社会转型背景下学校变革的具体状况,分析学校变革的历史轨迹。因此,本节主要从微观上审视学校在时间的历程中所发生的变革,这里的"时间"包括农耕时代、工业时代、信息时代,"变革"的维度涵盖学校的教育主体、教育环境、教育形式、教育目标、职能五个方面。具体来说,学校的教育主体关乎谁参与了学校教育,学校的教育环境关乎在什么条件下进行学校教育,学校的教育形式涉及以什么形式实施学校教育,学校的教育目标和职能分别关注的是学校为什么而教育,学校在社会分工中承担何种专门职责。对学校变革的历史解读不仅让我们清楚地认识到学校变革是在哪些因素的影响下发生的,而且有助于我们把握学校在未来应该走向何方,为探究人工智能时

---

① 鞠玉翠.追寻劳动的教育美学意蕴[J].教育学报,2018(5):55-62.

代学校变革的方向奠基。

(一)农耕时代的古典学校

在人类社会的早期,成年人在共同劳动和特定活动中向年轻一代传授生产生活的经验和技能,没有设置明确且专门的教育机构。① 随着生产力的提高和剩余产品的出现,狩猎采集社会向畜牧农耕社会转变,一部分人逐渐脱离生产劳动而成为脑力劳动者。为了满足社会体力、脑力劳动分离的需求,教育也逐渐分化出培养脑力劳动者的专门教育和训练体力劳动者的社会教育。② 与此同时,文字的出现和文明的进步,使儿童与成人之间知识经验的差距越来越大。儿童通过直接参与共同生活,已经不可能学习一个复杂社会的一切精神财富,于是学校作为一种有意识地专门教育儿童的机构,同文字以及社会需要一部分人掌握精神文化的要求一道出现了。③ 毋庸讳言,在漫长的农耕时代,各个地区、各个时期的学校差异很大,可是从整体特征来看,古典学校在教育对象、教育环境、教育形式、教育目标、职能等方面仍然具有明显的同一性。

1. 精英化的学校教育主体

在整个农耕时代,无论西方还是东方,比较富裕或者出身名门的上层社会人士为了维护其统治地位,通常把年轻一代的子弟送往相应阶层的学校接受教育。3500年前的苏美尔学校就是专门为地方长官、船长、教士等富有的城市居民所创设的男子学校。④ 古代埃及的学校分为宫廷学校、僧侣学校、职官学校、文士学校四种类

---

① R.弗里曼·伯茨.西方教育文化史[M].王凤玉,译.济南:山东教育出版社,2013:9.
② 孙培青.中国教育史[M].3版.上海:华东师范大学出版社,2009:6.
③ 瞿葆奎.教育与教育学[M].北京:人民教育出版社,1993:148.
④ 瞿葆奎.教育与教育学[M].北京:人民教育出版社,1993:258.

型,但是这些学校都为特权阶级所独占,一般平民百姓不可问津。①在雅典和大多数的希腊城邦,教育只是少数上层阶级的教育,学校只为生来具有贵族血统的男子开设,与女子无关。② 公元5世纪,伴随西罗马帝国的灭亡,欧洲进入了中世纪,教会学校构成了教育的主体。这一时期,虽然教民子弟有机会接受底层的堂区学校所提供的免费教导,但是无法进入享有较高地位的大教堂学校、大修道院学校和专为精英阶层预备的宫廷学校。③ 在中国,自商周时期就存在"学术官守""学在官府"的历史现象。直到春秋中叶,私学兴起扩大了教育对象,学校才开始向庶民子弟开放。不过,历朝历代都把某些被视为"贱民"的群体排斥于仕进之外,自然不是人人都能就学。④ 即便在教育事业较为发达的朝代,庶民子弟能够进入学校学习的机会,特别是进入官学的机会也极其有限。总之,农耕时代,为了维持一种固定的社会秩序,在统治阶级对教育的管控下,学校教育是服务少数人的工具,而不是所有人享有的权利。对于大多数庶民百姓来说,他们的子女,尤其是女子既没有机会接受学校教育,也根本没有想到要去上学。⑤

2. 融于社会之中的学校教育环境

由于农耕时代的教育建立在社群的基础之上,因而学校寓居于社群之中,学校环境与社会环境之间、学校内部各个场景之间融为

---

① 吴式颖.外国教育史教程[M].北京:人民教育出版社,1999:14-16.

② 肯尼思·约翰·弗里曼.希腊的学校[M].朱镜人,译.济南:山东教育出版社,2009:229.

③ 涂尔干.教育思想的演进:法国中等教育的形成与发展讲稿[M].李康,译.北京:商务印书馆,2016:69.

④ 俞启定.略论中国古代传统的教育公平[J].教育研究与实验,2019(2):24-29.

⑤ 大河内一男,海后宗臣,等.教育学的理论问题[M].曲程,迟凤年,译.北京:教育科学出版社,1984:46.

一体。① 在古希腊城邦,学校开设在公立的竞技场和体育馆或者私人的房屋、花园、竞技场。其中公立体育馆向所有公民开放,在教师授课期间经常挤满了进行锻炼、观看锻炼或者旁听演讲的公民,教师私人或租用的竞技场在非教学时间也向公众开放。② 在学校内部,大多数以家庭为校舍的普通学校只有一个房间,只有比较好的学校有多个房间,不同年龄的学生进入不同的教室学习不同的课程。在中世纪,附属于教会的学校设立在修道院和教堂的庭院或者周边,学校和社会在空间上没有明显的分隔。在中国,私塾作为遍及城乡的教育机构,通常设立在教师的居所内,用一两间厢房或书房作为教室,不同年龄的学生混在一起上课。除此以外,私塾还往往设立在寺庙、宗祠、道观等公共场所,与家族、邻里等社会环境紧密结合在一起。③

3. 以非正式学习为主的学校教育形式

在农耕时代,虽然正规的学校已经产生,教育的正式性在增强,但是在教育高度个人化、教师流动性强、国家对教学与课程没有严格规定等多种因素的影响下,学校的主要教育形式是以自我导向、组织松散为特征的非正式学习,而不是以系统严格、组织严密为特征的正式教育。在古希腊,中等教育分别由四处漂泊的智者和有固定校舍的教师承担。由于智者没有他人捐赠的建筑物,学校随着教师的流动而流动,因而不连续、无系统的非正式学习是学校的主要教育形式。即便在有固定校舍的学校里,在长达三四年之久的课程中,教师也没有系统周密的授课纲要,从不实施连续性的教学,而是

---

① 康永久.教育学原理五讲[M].北京:人民教育出版社,2016:149.
② 肯尼思·约翰·弗里曼.希腊的学校[M].朱镜人,译.济南:山东教育出版社.2009:101-102.
③ 蒋纯焦.中国私塾史[M].太原:山西教育出版社,2017:36.

就人类社会的问题进行非正式的持续讨论,安排一定的演讲与常规的批评、评论。学生主要通过聆听讲演,认真撰写与背诵讲稿,和教师、其他同学讨论或辩论的方式进行自主学习。① 古代中国的学校教育同样不倚赖教师连续系统地教授知识,而主要依靠学生的自学自得。儒、释、道都把教育视为一件高度个人化的事务,强调知识的获得来自于个人对于知识的亲密体验②,正如《孟子》所言:"行有不得者,皆反求诸己。"书馆、家塾等初级私塾中,蒙童多以背诵书写为学习方法,教师辅之以个别教授或集体讲授。进入高级私塾以后,除了个人勤学苦读经文,师生之间、生生之间不拘于形式的对话是主要的教育方式,学生通过不断的相互问学、彼此切磋而获得思想的启迪。③

4. 以人的精神发展为本的学校教育目标

农耕时代,无论西方还是东方,学校教育首要和根本的目标都是实现人的精神发展。在希腊,学校教育只有对于贵族子弟才是必要的,这些拥有闲暇的公民不为生存、财富、地位奔波劳碌,他们的职责是以优异的公民品格来管理城邦、引领城邦未来的发展。因此,希腊学校把各类技术训练的课程排除在外,精心设计了文字、音乐、艺术、数学等人文和科学科目,其主要目标就是培养未来公民的勇气、决心、服从、勇敢、判断力、意志力、忍耐力以及朝气蓬勃的活

---

① 肯尼思·约翰·弗里曼.希腊的学校[M].朱镜人,译.济南:山东教育出版社.2009:151-167.

② 李弘祺.学以为己:传统中国的教育[M].上海:华东师范大学出版社.2017:2-5.

③ 李弘祺.学以为己:传统中国的教育[M].上海:华东师范大学出版社.2017:605-606.

力等优秀品格。① 进入中世纪,由于社会文化处于教会的影响和控制之下,为了维持和服务于教会统治,西方的修道院学校以神学和"自由七艺"作为主要教学内容,并且采用很多压抑自然欲望的手段,其目标就在于拯救人的灵魂,提高人的精神境界,为来世的永恒做准备。② 在古代中国,一个理想完满的社会奠基于个人教育之上,教育的目的不是获得功名利禄,而在于个人的道德完善和灵性成长。在《论语》中,孔子以"古之学者为人,今之学者为己",简洁明了地表达出"为己之学"的传统教育精神。③ 因此,以儒家经典作为基本教育内容的学校,在根本上是为了促进个人全心追求自身之完善,体验超道德的天人交会之人生境界。④

5. 杂多的学校职能

从上文分析可知,农耕时代的大多数学校常常以公共场所或者普通民居作为校舍,学校环境与社会环境融为一体,教育活动也往往和社会活动浑然一体。因此,大多数学校身兼教育、养老、祭祀、"取士"、休闲等多种职能。在古希腊,设在体育馆、竞技场的学校既是教学与学习的场所,也是锻炼与休闲的场所,具有教育、文化、娱乐等多种职能。进入中世纪之后,教育权力从国家转移到教会手中,学校由教会举办,教师由教会委派。因此,教会学校既具有培养神职人员、教导平民的教育职能,也具有宣传基督教教义、控制人民信仰的宗教职能。在中国,《孟子·滕文公上》记载了古代各类学校

---

① 肯尼思·约翰·弗里曼.希腊的学校[M].朱镜人,译.济南:山东教育出版社.2009:222-228.
② 约翰·S.布鲁巴克.教育问题史[M].单中惠,王强,译.济南:山东教育出版社,2012:7.
③ 李弘祺.学以为己:传统中国的教育[M].上海:华东师范大学出版社.2017:2-3.
④ 李泽厚.论语今读[M].北京:中华书局,2015:273.

的职能:"设为庠序学校以教之:庠者,养也;校者,教也;序者,射也。夏曰校,殷曰序,周曰庠,学则三代共之,皆所以明人伦也。""庠"本义是饲养牛羊牲畜的场所,后来演变为敬养老人和教养儿童的机构。"序"最初是进行习射之场所,后来成为兼具养老、施教、议事、庆典等职能的机构。"校"原为养马驯马之地,也渐为练骑习武和礼乐教育的机构。① 秦汉以后,"官学"兼"取士"与"养士"之职,并重在"取士"。② "私学"如书院,除具有"养士"之职,还担负着研究学术、传承文化、教育百姓和示范风化等职能。简言之,在农耕时代,大多数学校不是一个专门实施教育的场所,学校的职能颇为杂多。

(二)工业时代的现代学校

从中世纪后期商贸复苏开始,到18世纪欧洲机械大工业的兴起,工业技术的发展、科学知识的革新、文化财富的积累等多股因素形成合力,推动着农耕社会向工业社会变迁,孕育出符合工业社会发展要求的现代学校。可以说,为了适应并实现社会发展对教育和人提出的新要求,现代学校在教育主体、教育环境、教育形式、教育内容等方面,都呈现出与古典学校完全不同的特征。

1. 大众化的学校教育主体

从18世纪开始,欧洲工业革命的发生和民族国家的形成,要求教育为工业发展和民族繁荣输送更多有知识文化、专业技能和爱国主义思想的劳动力。随着国民教育体系和义务教育法在各国逐步建立、巩固和完善,学校教育从过去贵胄子弟才能享受的奢侈品变成每个人都能享有的权利和必须履行的义务。德国于18世纪初就

---

① 孙培青.中国教育管理史[M].2版.北京:人民教育出版社,2013:7.
② 陈桂生.学校教育原理[M].增订版.上海:华东师范大学出版社,2012:179.

已经颁布义务教育法,规定家长要确保子女接受5~12年的教育,直到达到国家规定的水平。① 法国于18世纪末的宪法中也制定了类似的教育条款:"设立和组建一个公共教育制度,为全体公民服务,并对所有人免费进行那些必需科目的教学。"② 在美国,19世纪后半期,以贺拉斯·曼为首的公立教育运动领导者大力支持免费的公立学校的设立,宣称"给来到世上的每一个人提供教育机会,乃是人的绝对权利"③。1952年,美国的马萨诸塞州通过了第一个强迫入学法令,规定8~14岁儿童必须入学。相对于德、法、美,尽管英国公共教育发展迟缓,直到1870年通过《福斯特法案》才使初等教育建立在政府支持的基础上,但是统计显示,19世纪末,英格兰5~12岁儿童的入学率已达80%。④ 自1949年新中国成立以来,党和政府为了普及基础教育,通过一系列政策支持城乡广泛创办学校,并于1986年颁布《义务教育法》,规定"国家实行九年制义务教育"。概而言之,为了培养工业生产和国家繁荣所需要的大量劳动力,工业时代的学校教育主体出现大众化的趋势,普通大众也能够进入学校学习。

2.孤立于社会之外的学校教育环境

在工业化、城市化的过程中,教育也将学习者从亲密的地方社群中抽离出来,不断远离社会生活。同时,科学知识的分化与专业化又加剧了教育与生活整体的分离,使个体孤立地学习成为可能。

---

① 安迪·格林.教育与国家形成:英、法、美教育体系起源之比较[M].王春华,等译.北京:教育科学出版社,2004:131.

② 约翰·S.布鲁巴克.教育问题史[M].单中惠,王强,译.济南:山东教育出版社,2012:549.

③ 约翰·S.布鲁巴克.教育问题史[M].单中惠,王强,译.济南:山东教育出版社,2012:565.

④ 成有信.九国普及义务教育[M].北京:人民教育出版社,1985:158.

因此，在社会转型驱动教育变革的影响下，学校以"超越情景的方式"把自己组织起来，学校与社会之间、学校内部各场景之间分隔开来。① 不论是东方还是西方，近代以来的学校都不仅构筑了一道实体的围墙在空间上把自己封闭起来，而且建构了一道无形的心墙在思想文化上与社会彻底分开。在学校内部，建筑、走廊、庭院、教室、服务设施等一切布局都与工厂环境一样，各个地方都有严格的规定和明确的区分，师生必须按规定进入不同的空间。② 总之，工业时代的学校教育环境与社会生活相脱节，学校几乎复制了工厂的组织模式，学校教育环境的设计主要是为了便于管理学生，提高教育效率，在尽可能短的时间内为大工业生产培养充足的劳动力。

3. 以正规教育为主的学校教育形式

在工业时代，为了让所有学生快速、系统地掌握基本的文化知识，现代教育顺理成章地成为"掌握、记忆、理解和应用知识"的活动。③ 学校教育的非正规性、非正式性越来越少，而有统一规定、有固定场所和专职教师的正规教育成为现代学校的主要教育形式。杜威曾在《学校与社会》一书中生动地描绘出19世纪末20世纪初美国学校正规教育的状况。学校完全从社会生活中分化出来，仅仅是一个教师传授知识、学生学习课业的场所，而不是一个生活的场所。教师的任务就是把早已规划好的知识和技能极其均匀地、完全地授予儿童，毫不关心儿童的生活。④ 在中国，整个工业时代，学校教育基本上发生在脱离情景的教室里，教师按照官方的规范忠实地

---

① 康永久.教育学原理五讲[M].北京:人民教育出版社,2016:153-159.

② 艾格勒·贝奇,多米尼克·朱利亚.西方儿童史[M].卞晓平,申华明,译.北京:商务印书馆,2016:188.

③ 石中英.知识转型与教育改革[M].北京:教育科学出版社,2001:161.

④ 约翰·杜威.学校与社会·明日之学校[M].赵祥麟,任钟印,吴志宏,译.北京:人民教育出版社,2005:39-41.

向全体学生教授认可的知识和规定的课程,所有学生则必须在既定的日程内学完相应的课程内容,之后通过标准化测试来检验教学与学习效果。可以说,正规教育是工业时代大多数学校主要的甚至唯一的教育形式。

4. 以人的职业发展为本的学校教育目标

在工业浪潮的冲击下,社会对专业化人才,尤其是对科学和技术专业的人才需求越来越大。因此,从理论上讲,教育目的还是围绕着文化陶冶、心灵抚育、人格成长等方面,但是在实践中,大多数学校,不只是职业学校,还有中小学和大学,其教育目标已没有多少滋养人的精神发展的意义,而是以服务人的职业发展为己任,使学生为一门专门职业做好准备。在西方,为了满足工业发展对大批量专业劳动力的需求,欧美一些国家不仅单独创设了专业性非常强的实科学校,而且还在综合学校中增设实科课程。从19世纪后半期开始,实科学校在学生人数、办学规模等方面的扩张势不可当,打破了文科学校和文科专业主导天下的局面。同时,一些国家以教育立法的形式明确规定职业课程在学科中的重要地位。例如,美国国会于20世纪初通过了《史密斯·休斯法案》,法案既规定了开办农业、工业、商业和家政等专业的职业学校的条款,也规定了"在公立学校中设立职业课,设置选修的职业课"的方案。由于各州都积极追求工业效率,职业学校与普通学校分设的双重制在各州占据了上风。① 新中国成立以来,为了满足工业化进程对科技人才的大量需求,学校教育中"重理轻文""重应用轻基础"的现象甚至走向了极端。这不仅表现在开设课程的种类与比例上,而且表现为人们在思

---

① 李子江,姜玉杰.工业民主社会的职业教育——杜威职业教育观探析[J].湖南师范大学教育科学学报,2015 (1): 96-101,128.

想观念上存有对科技教育的至上追求。20世纪五六十年代,"学好数理化,走遍天下都不怕"的口号正是这种状况的真实写照。① 总之,工业时代的学校教育目标旨在为社会提供科技人才,为个人谋求专门职业。

5. 片面的学校职能

随着工业化程度的加深及社会问题和矛盾向教育领域的渗透,一些工业化国家的学校职能呈现出日益片面化的趋势。这种片面化主要是指学校的筛选职能、整合职能、再生产职能、资格培养职能等若干非教育职能对教育职能的僭越,出现了"学校繁荣、教育衰败"②的现象。19世纪末20世纪初,以涂尔干、帕森斯为代表人物的功能主义论证了现代学校的主要职能是社会化与筛选。这里的"社会化"是指使个体形成进入社会所必需的观念、知识和能力,"筛选"是对个体进行社会分工和社会分层。③ 人是社会的人,学校固然肩负个体社会化的职能,可是在工业时代,大多数学校过于强调个体社会化的某些方面,比如专业技能、政治思想,不在乎世界观的健全、精神的发展,由此造就出大量片面发展的人。以鲍尔斯、金帝斯为代表人物的再生产理论关注教育的实际运作,通过理论与实践相结合的研究发现,学校教育的重点在于使人接纳社会的价值规范、相信社会分配的过程和原则合情合理。学校的真实职能是严格遵从统治阶级的意识形态,向学生灌输符合各阶层身份的价值观和

---

① 王建平.对中国语境下"重理轻文"命题的审思[J].高等教育研究,2009(9):13-17.
② 日本筑波大学教育学研究会.现代教育学基础[M].钟启泉,译.上海:上海教育出版社,1986:230.
③ 陆小兵.学校教育与个体的社会适应——对结构功能主义视角的反思[J].江海学刊,2013(4):212-217,239.

态度,完成劳动力和生产关系的再生产。① 20世纪60年代以后,人力资本理论正式确认了教育对经济增长的重要作用。"教育领导者虽然主张教育应有高尚的目的,特别是对于将学校和学院看作人力工厂的观点不满,但他们还是屈从于经济学家的实利主义的、粗糙的教育观。"② 此外,在人们心中,学校还有许多潜在的非教育职能比教育职能更重要,比如学校负责照管儿童从而让父母得以进入劳动力市场,学校防止青少年过早进入就业市场,从而缓解失业和失业引发的社会不满。③ 学者赖默(E. Eeimer)通过调查20世纪70年代的美国学校发现,美国学校的实然职能按重要性排序依次为照管、社会角色选择、灌输思想信仰、教育。④ 由此可见,在工业时代,学校存在游离于教育与游离于个体健全发展的倾向,学校职能日趋片面化。

(三)信息时代的后现代学校

自20世纪90年代以来,信息技术成为工业社会向信息社会转变的重要杠杆,为工业时代的现代学校向信息时代的后现代学校转型提供了支撑。随着信息技术与互联网的普及与发展,整个社会的工作方式、生活方式、思维方式、交往方式,乃至知识的生产与传播方式发生了翻天覆地的变化,并且要求教育发生相应的变革。在这种情形下,一些学校开始主动关注信息时代的社会转型、教育变革

---

① S.鲍尔斯,H.金蒂斯.美国:经济生活与教育改革[M].王佩雄,等译.上海:上海教育出版社,1990:前言4-8.

② 菲力浦·孔布斯.世界教育危机——八十年代的观点[M].赵宝恒,李环,等译.北京:人民教育出版社,1990:15.

③ 理查德·D.范斯科德,理查德·J.克拉夫特,约翰·D.哈斯.美国教育基础——社会展望[M].北京师范大学外国教育研究所,译.北京:教育科学出版社,1984:98.

④ 陈桂生.教育原理[M].3版.上海:华东师范大学出版社,2012:203.

以及人自身的发展需要,使学校在教育主体、教育环境、教育形式等方面表现出与现代学校根本不同的后现代特征。

1. 全员化的学校教育主体

在工业时代,义务教育法的制定虽然保障了所有人的教育权利,但是受制于学校空间、师资数量、地理位置、经济条件、学生身体状况等主客观因素,并不是所有人都能够进入学校,即便进入学校,也不是所有人的教育需求都能得到满足。步入信息时代之后,一些具有后现代特征的学校积极发挥信息技术的优势,力图使学校教育主体走向全员化,即学校使所有学习者都能平等地接受学校教育,满足个体多样化的教育需求。从20世纪90年代开始,基于互联网的网络学校、虚拟学校便在世界多地建立起来,其中一些虚拟学校直接复制了传统学校的课程内容,为那些因身体、经济、性格等原因无法或者不想进入实体学校的学生提供受教育的途径,帮助他们以在线的形式参与学校教育的各个方面。① 21世纪初期,随着互联网在社会各领域的广泛运用和"互联网+教育"服务产品的日新月异,不同类型的学校之间、不同区域的学校之间、家校之间、学校与其他社会组织之间借助信息技术建立了多种多样的联系,例如欧洲学校网络(European Schoolnet)、美国的"大展宏图"(big picture learning)学校网络"重造学习网络",我国的"校校通"工程、校际之间的网络联盟等。这些教育联合体的出现不仅仅意味着教育资源的共享,更表明学校对所有学习者及其教育需求的包容和尊重,力求使每一位学习者都能享受同等优质的教育。

2. 复归社会的学校教育环境

信息时代,为了充分利用社会资源促进人的全面发展,一些学

---

① Jimoyiannis A. Research on e-learning and ICT in education[M]. NY: Springer science & business media, 2011:15.

校不仅以在线的方式与其他学校和社会机构建立联系,而且把真实的教育环境从校园延伸到家庭、社区乃至整个社会,从个体拓展到群体,试图使学校重新回归社会之中。自20世纪70年代以来,"家庭学校"(home school)在美国和世界其他地区蔓延开来,这种新型学校使学校教育环境从校园迁移至家庭、图书馆、博物馆等城市的各个角落,甚至前往世界各地的旅途中。由于多数家庭学校的教育活动不发生在家里,因而很多美国家庭更倾向于用城市学校(city school)来替代家庭学校的称呼,有家长直言"整个世界都是我们的教室"①。还有一些学校如巴厘岛绿色学校(Green School)、加拿大海上课堂进修高中(Class Afloat),直接把课堂教学融入自然环境与社会生活中,融入其他城市、其他国家的文化场景中,力图实现只要有学生和教师的地方就有学校。② 在校园内部,一些学校通过移除黑板、配备电脑、布置桌椅等空间设计,"打破教室的无机性、权力性",调动师生活动的积极性,沟通个人世界与集体世界、对话世界与沉默世界、虚拟世界与现实世界。③

3. 正式教育与非正式学习并重的学校教育形式

信息社会对创造性人才的发展需求,以及基于技术网络所形成的具有主观、开放、大众、境域、多样和建构等后现代特征的知识观,要求教育应"着重于追求以知识的鉴赏力、判断力与批判力为标志的内在发展"④。因此,信息时代的教育亟须从一个直接习得知识的过程,转变为一个在社会交往与个性化体验中理解、掌握、应用与

---

① 尚文鹏.融合与断裂——对美国波士顿"在家教育"学习网络的人类学分析[J].中山大学学报(社会科学版),2019(4):153-159.
② 汤志民.非典型学校:经营与启示[J].学校行政,2017 (109):1-20.
③ 佐藤学.学习的快乐——走向对话[M].钟启泉,译.北京:教育科学出版社,2004:347.
④ 石中英.知识转型教育改革[M].北京:教育科学出版社,2001:162.

创造知识的过程。在社会转型和教育变革的背景下,越来越多的学校把有固定场所、专职教师、严格系统的正规教育形式和无固定场所、自我导向、自由灵活的非正式学习结合甚至融合在一起。一些学校甚至直接把相当一部分的教育活动安排在社会生活或者网络空间中,采用在线式、体验式、项目式的教育方法,让师生在体验、对话和协作中建构知识,并利用社区、图书馆、咖啡厅、食堂、走廊、聊天软件等线下线上的非正式学习场所交换观点、进行个性化指导。在进行非正式学习的过程中,学校依然重视正规教育形式,要求教师以小型讲座、结构化实验室,或者与研究相结合的方式,系统讲授学生难以掌握的知识点,帮助学生形成更为完整的知识体系。可以说,正式教育与非正式学习都是信息时代后现代学校的主要教育形式。

4. 以人的核心素养发展为本的学校教育目标

在后工业的信息时代,科学技术的日新月异及由此导致的社会生活的不确定性、复杂性和多元性日益加剧,这个变幻莫测的世界对个体的知识、能力、心理等身心发展的各个方面提出了更高更全的要求。此外,信息技术的广泛运用使重复性的常规工作逐渐被机器取代,创造性的新职业不断涌现。可以说,不具备创新能力和学习能力的人很可能随时被社会淘汰。因此,为了使学生能够应对信息时代的快速变化,作为一种"高级心智能力和人性能力的核心素养"①成为学校教育的重要目标。21世纪以来,经济合作与发展组织(OECD)、欧盟、美国、日本、中国等世界多个组织和国家发布了影响深远的核心素养框架,并确立了以核心素养为本的基础教育发展方向。在西方,经济合作与发展组织于2005年发表了成功生活

---

① 张华.论核心素养的内涵[J].全球教育展望,2016(4):10-24.

和健全社会的核心素养框架,确立了交互地使用工具、在社会异质群体中有效互动和自主行动三类核心素养。① 欧盟于2006年正式发布了指向终身学习的核心素养框架,确立了语言沟通能力、信息素养、学会学习、社会与公民素养等八大核心素养。② 美国于2002年启动21世纪核心技能研究项目,历经几年努力,于2007年推出21世纪学习框架及与之配套的支持系统,其中核心技能包括学习与创新技能,信息、媒体与技术技能,生活与职业技能三个维度。③ 中国于2016年9月正式公布历时三年研制的《中国学生发展核心素养》,确立了人文底蕴、科学精神、学会学习、健康生活、责任担当、实践创新六大核心素养。④ 尽管各个国家和组织的核心素养体系所包含的具体内容存有差异,各国对"核心素养"的表述也不尽相同,但是这一体系的突出特点在于兼顾了个体发展与社会进步,强调学校教育要通过发展个体的核心素养来促进自我潜能的实现和未来社会的创造。

5. 趋于纯粹的学校职能

如上文所述,信息社会对教育提出了更高的要求,培养人的核心素养成为学校教育的重要目标。另外,电子媒介的出现使学生拥

---

① Organisation for Economic Co-operation and Development. The definition and selection of key competencies: executive summary[R]. Paris: OECD, 2005.

② The European Parliament and the Council of the European Union. Recommendation of the european parliament and of the council of 18 december 2006 on key competences for lifelong learning [EB/OL]. (2006-12-30) [2020-9-20]. https://eur-lex.europa.eu/LexUriServ/LexUriServ.do?uri=OJ:L:2006:394:0010:0018:en:PDF.

③ Partnership for 21st Century Learning. Framework for 21st century learning[EB/OL]. (2016-05-09) [2020-9-20]. https://static.battelleforkids.org/documents/p21/P21_Framework_Brief.pdf.

④ 核心素养研究课题组. 中国学生发展核心素养[J]. 中国教育学刊,2016(10):1-3.

有越来越多接受教育的途径,学校不再是唯一的教育场所。因此,在信息时代,学校职能的一个重大转变就是从普遍的社会职能中逃离,回到最基本的教育职能,充分满足学生的教育需求。与此同时,伴随学校教育环境向社会环境的拓展,学校不再是孤立于社会之外的独立体,而是与社会密切相连的统一体。学校在享受整个社会提供的各种福利的同时,也积极回应社会发展对学校的需求。因此,学校价值取向具有一定的社会导向,学校仍然承担一定的社会职能。不过,相较于其他社会机构,学校的这些社会职能从属于教育职能,学校在培养人的基础上履行社会职能。因此,信息时代的后现代学校不是服务升学就业的场所,不是照管儿童生活的场所,不是发展人力资源的场所,不是维持现行社会秩序的场所,而是实施真正教育的场所。这些学校是在实施教育活动的基础上履行社会职能,人的培养和社会的发展相互联系、相互影响,构成学校教育职能的两个方面。① 例如,成立于 2010 年的美国全球学校(THINK Global School)是一所环游世界的高中,学校在 3 年时间里让学习者在不同的国家学习,通过国内服务学习、国外文化体验等方式来建立人、学科与社会之间的联系,发展学习者的知识、技能、经验,加深他们对现实社会问题的理解,从而提高他们改善社会的能力。② 简言之,信息时代学校最基本的职能是教育人,学校通过教育人来实现人的成长与社会的发展。

四、未来学校:智能时代学校变革的应然向度

从农耕时代到信息时代,学校在教育主体、教育环境、教育形

---

① 李兴洲.学校功能与现代学校制度建设[M].北京:开明出版社,2007:8.

② THINK Global School. The ideas that shape who we are[EB/OL]. (2015-05-04)[2020-08-20]. https://thinkglobalschool.org/about/mission-values/.

式、教育目标、职能等各个方面所发生的变化,反映出学校变革与社会转型、教育变革有着密切的联系。学校从来不是单独的存在,学校是社会的机构,是教育的载体,承载着一个时代社会和教育所要实现的目标和内容。① 尤其在工业时代,现代学校几乎是工业社会对教育提出的要求的结果。然而,学校并不永远是社会的产物,并不总是扮演着社会附庸的角色,学校自身也可以通过自主的变革孕育"社会重生的种子"②。从上文的分析可知,在进入信息社会之后,教育主体全员化、学校职能向着教育职能的完全回归以及核心素养的提出都表明,学校变革在迎合社会发展需求的同时,越来越关注人本身成长的需要,并且试图通过教育来培养健全的人来引领社会的进步。由此可以推断,学校变革在经历了农耕时代受社会发展和某一部分人发展需求的影响,到工业时代被动地受社会发展对教育提出要求的支配,再到信息时代主动关注社会发展、教育需求和人自身成长需要以后,在人工智能时代不但会继续主动关注社会发展及其对教育提出的新要求,而且会更加积极地关怀人本身的成长需要,以人的生命成长为中心来完成学校自身的转变。

20世纪90年代,当信息技术在教育领域初露端倪时,美国便立即着手把一些薄弱学校改造为以"未来学校"命名的高科技学校来应对社会转型对教育提出的发展要求,以及满足人自身成长的需要。2020年,当人类刚刚跨入21世纪的第二个十年,世界经济论坛发布了一份题为《未来学校:为第四次工业革命定义新的教育模式》的报告,介绍了全球多地充分利用信息技术促进学校变革的典型案

---

① 郭法奇,郑坚,吴婵.学校演进的逻辑及发展趋势[J].教育研究,2017(2):40-47,64.
② 约翰·S.布鲁巴克.教育问题史[M].单中惠,王强,译.济南:山东教育出版社,2012:623.

例,涉及教育项目、学习方式、变革机制等方面的创新,并且其中一些典型案例还来自印度尼西亚、肯尼亚、秘鲁等教育与经济发展相对落后的地区。这些陆续登场的未来学校不止展现了技术与教育的融合与创新,更向我们揭示出未来学校作为智能时代学校变革的应然向度,即未来学校符合社会转型对学校变革的必然要求,也力求回应教育变革对学校变革的迫切需求,更旨在满足人自身的发展对学校变革的内在诉求。

首先,未来学校符合智能时代社会转型对学校变革的必然要求。以智能技术为核心的新一代信息技术已经使社会生活发生了广泛而深刻的转型,现代社会正朝向智能互联、人机共在、闲暇自由加速飞跃。学校作为社会的重要组成部分,要顺应整个社会的转型而发生相应的变革,否则学校就会变成散落在智能社会中的孤岛。从 20 世纪末开始,一些称作或定位于未来学校的教育场所极其敏锐地察觉到社会转型对学校变革的要求,积极推动教育与技术创新融合下的学校变革,广泛吸收教育、艺术、计算机、工程等各行各业专家学者联合开展未来学校的设计,力图把学校打造成自由、灵活、立体、人性的高科技学习环境,使学校与家庭、社区、场馆等社会组织沟通与协助,共建共享教育资源,共同促进学生成长。未来,随着智能技术的突飞猛进,不仅现有的未来学校将会随着智能技术的更迭继续进化,而且可能涌现出更多适应甚至引领社会向着和平、平等、开放、包容等方向发展的未来学校。因此,从社会的向度来看,未来学校符合智能时代社会转型对学校变革的必然要求。

其次,未来学校力求回应智能时代教育变革对学校变革的迫切需求。在智能技术驱动社会转型的背景下,教育势必从技术、制度、思想三个层面发生系统的变革。学校是教育的基本细胞,也是教育变革最重要的一维力量,因而教育变革的理想需要通过系统的学校变革实践得以实现。在全球范围内,我们看到一些先驱性的未来学校为推动现代教育向着未来教育变革,正在利用技术、自然、历史、文化等元素的融合来打造一批诸如"嵌入自然之中的绿色学校""漂浮于河流之上的船坞学校""像乐高积木一样的高科技学校""按照个体节奏学习的微型学校"等新型教育形态①,催生出包容"在家上学""在全球旅行上学"等灵活多样的教育制度体系,赋予终身学习、个性化学习、集体教学等教育思想以新生。伴随智能技术的发展及其在教育领域的应用,相信未来学校将会为教育变革提供更具前瞻性、更有指导意义的经验。因此,从教育的向度来看,未来学校应力求回应智能时代教育变革对学校变革的迫切需求。

最后,未来学校旨在满足智能时代人的发展对学校变革的内在诉求。智能技术正在把人类带进一个智能互联、人机共在、闲暇自由的社会,新的社会环境对人的生存与发展提出更高的要求的同时,人类自身也越来越渴望向着全新的方向发展。然而,工业时代所遗留下来的大量传统学校已经不能满足人自身的发展要求,难以使年轻一代适应新环境、创造新世界。在这种情形下,未来学校应运而生。未来学校就像其名字所暗示的那样,是一个培养未来人的地方。目前,世界各地涌现出一批鼓舞人心的未来学校,它们试图通过学习内容、学习经验、学习技术、支持机制等方面的转变,发展学生的全球公民力、创新创造力、技术力和人际交往力等关键能力,满足人类自身全新的成长需求,使其成为为未来社会做贡献并对未

---

① Weller C. The 13 most innovative schools in the world[EB/OL]. (2015-10-05) [2020-8-21]. https://www.businessinsider.com/the-13-most-innovative-schools-in-the-world-2015-9.

来社会负责的国家公民和世界公民。① 因此,从人类发展的向度来看,未来学校旨在满足人工智能时代人的发展对学校变革的内在诉求。

从上文的分析可知,未来学校理所当然地是人工智能时代学校变革的应然向度,是学校变革的发展趋势。在全面迈向智能时代的路上,我们应当基于技术更迭、社会转型、教育变革和人的发展的需要,在学校的过去、现在与未来的相互关联中,澄明人工智能时代未来学校的全新概念,追寻未来学校的真正价值,设计未来学校的整体图景,形成未来学校的建构方案。通过未来学校理论的系统建构,为人工智能时代的学校变革贡献有力的智慧,推动学校更加顺利地走向未来。

---

① World Economic Forum. Schools of the future: defining new models of education for the fourth industrial revolution[EB/OL]. (2020-02-22)[2020-8-21]. https://www.weforum.org/reports/schools-of-the-future-defining-new-models-of-education-for-the-fourth-industrial-revolution.

第二章
人工智能时代未来学校的概念澄明

未来学校作为一个学术概念提出后不久,便立即成为教育界的热点问题。不过,在这些热闹的讨论中存在着基本概念不清的问题,人们不断地言说未来学校,却鲜少有人能说得清"什么是未来学校"。这不仅使得未来学校所包含的丰富可能和昭示的多元行动被遮蔽,而且极易造成未来学校前景晦暗、发展混乱。因此,有必要对未来学校的概念加以澄清。本章首先确立人工智能时代的未来观,之后结合对历史上各个时代学校内涵的批判性思考,依据人工智能时代社会转型、教育变革与人的发展需要,对未来学校的概念进行详细分析。

一、何谓未来

"思考着未来,生活在未来,这乃是人的本性的一个必要部分。"①然而,什么是未来?未来在时间上与现在、过去是什么关系?

---

① 恩斯特·卡西尔.人论:人类文化哲学导引[M].甘阳,译.上海:上海译文出版社,2013:90.

第二章　人工智能时代未来学校的概念澄明

未来学校与它的过去和现在存有什么联系？在某种意义上，把未来作为一个问题加以澄明，是理解未来学校概念的一个最佳切入点，是对未来学校进行界定的基础和前提。无论中西，对未来的理解总是与对时间的理解密切相关，甚至可以说，时间观深刻影响着未来观。从时间的方向性来看，时间观大略分为两种：循环时间观和线性时间观。这两种不同的时间观形成了两种不同的未来观：周而复始的未来和一往无前的未来。因此，本节通过考察并反思这两种时间观背后未来观的含义、发展脉络、优势和不足，提出人工智能时代的未来观。

（一）周而复始的未来

所谓循环时间观，指的是将时间理解成一个可以周而复返的圆圈。它又可进一步细分为强弱两种时间形态，其中强的循环时间观认为，历史事件会分毫不爽地周期性重现；弱的循环时间观认为，只有某些历史特征会周期性呈现，历史事件不会完全地重现。① 总之，循环时间观背后蕴含着周而复始的未来观，即从前发生的事情在下一轮周期中还会完全或部分地重复发生，未来与现在、过去之间没有实质分别。

对古希腊人而言，时间是循环性的，未来是既定不变的。希腊哲人泰勒斯曾提出存在物出自本原而最终又回到本原的观点②，蕴含着很强的时间循环意味。毕达哥拉斯的灵魂不朽与时间循环同样密切相关，他认为："灵魂能够移居到其他生物体中去，并且循环反复出现。"③柏拉图的著作中一再谈及宇宙大循环、人生轮回，也

---

① 吴国盛.时间的观念[M].北京：商务印书馆，2019：64.
② 吴国盛.时间的观念[M].北京：商务印书馆，2019：65.
③ 汪子嵩，范明生，陈村富，等.希腊哲学史：第1卷[M].北京：人民出版社，1988：257-258.

可视为希腊循环时间观的佐证。即便强调"万物流变,无物常驻"的赫拉克利特,其时间观念的基本走向依然是在变动之中固守不变、遵从确定的规律,他说这个有秩序的宇宙"过去、现在、未来永远是一团永恒的火"①。古印度人同样具有很强的循环时间观,"轮回""时轮(时间之轮)"等重要的佛教观念充分印证印度人对于未来的认知和推断深受现在和过去的事件支配。② 在古代中国,虽然线性时间和循环时间同时存在且和平共处,但是从老子的道论、孔子的据周礼损益而"十世可知",民间俗语的"三十年河东,三十年河西"可以推断,循环时间更为深刻地影响着古代中国人的社会生活和思维范式。③

近代以来,启蒙运动和进化论使进步发展的观念深入人心,可是弱的循环时间观念依旧存有余响。20世纪的思想家斯宾格勒就坚持认为不存在一个普遍上升的发展历史,各种文明的兴衰更替经历着大体相同的生命循环。④ 近代科学的测度时间实质上也是循环时间,未来如同过去毫无分别地显现在眼前。经典力学从一开始就否认时间之矢,把时间作为一个测度量,并在测度中将时间空间化,抹掉了时间的流动性和方向性。牛顿是循环时间的坚定支持者,在他眼中,事物运动的时间方向无关紧要,世界的过去、现在、未来一目了然,没有不确定性,也毫无新奇之处。⑤ 尽管相对论与量子论分别从物质运动与时空的统一性和微观世界的不确定性两个方面否定了牛顿的绝对时空观,但是对于时间的非对称性和方向性

---

① 吴国盛.时间的观念[M].北京:商务印书馆,2019:73.
② 周利群.循环与线性交互的佛教时间观[J].社会科学,2015(9):124-130.
③ 詹冬华.中国古代复古思潮的时间性考察[J].浙江学刊,2008(4):77-82.
④ 吴国盛.时间的观念[M].北京:商务印书馆,2019:119.
⑤ 吴国盛.时间的观念[M].北京:商务印书馆,2019:139.

的拒绝却是一脉相承的。① 1955年3月21日,爱因斯坦在悼念好友贝索离世时写道:"现在,他又比我先行一步离开这个离奇的世界。这没有什么意义。对我们有信仰的物理学家来说,过去、现在和未来的差别只不过是挥之不去的幻觉而已。"②这番话已能充分表明近代科学坚信未来与现在、过去已然既定,未来不过是一览无余、完全可知的未来。

(二)一往无前的未来

线性时间观把时间形象地比喻为持续向前移动的线条,或者向前奔涌的河流。在这种时间观下,过去的人和事物不会再次产生或者出现,一切都将向着更高、更快、更强的目标演化,人类必将拥有一个生机勃勃的未来。

在西方,线性时间观起源于基督教文化。对基督徒而言,上帝创世不但是一个从无到有的生成过程,而且与这个生成过程相伴的,是时间的开始和推移。③ 基督诞生的历史事件又使时间具有了方向,时间自此被区分成未来、现在和过去三种形态。而在未来、现在和过去三者之中,末日审判的先行到来赋予未来以至高无上的地位,未来不仅规定着现在的规划,也主导着过去的阐释。④ 近现代以来,随着启蒙运动的发生、现代技术的兴起以及与之伴随的工业革命,线性时间的进步观念逐渐取得了霸权地位,未来和过去的对称性被彻底打破。19世纪之后,热力学第二定律从科学上确立了

---

① 吴国盛.时间的观念[M].北京:商务印书馆,2019:144-147.
② 爱因斯坦.爱因斯坦文集:第3卷[M].许良英,范岱年,编译.北京:商务印书馆,1979:507.
③ 吕绍勋.现代时间观:基督教、物理学与马克思的相遇[J].社会科学家,2013(10):9-12.
④ 魏治勋.先秦法家进化论及其近现代影响[J].理论探索,2017(1):15-22,30.

时间之不可逆,时间之矢重新浮现。普里高津等科学家的耗散结构理论通过进一步解释时间之矢的演化过程,力图告诉人们绝对的确定性只是幻觉,未来是纯然未定的未来。①

伴随时间的线性化而来的,还有时间的内在化,即时间与自我同一。进入中世纪,为了捍卫耶稣基督的唯一性,为了捍卫上帝的永恒性,奥古斯丁不仅高扬基督教的线性时间,而且把过去、现在与未来全部浓缩到当下的心灵之中。在奥古斯丁看来,基督受难和再临是独一无二的,时间一旦被理解为循环,就等于否定了耶稣基督的唯一性。因此,时间无论如何也不可能是循环的。为了使上帝摆脱时间的束缚,奥古斯丁又把外在的时间之流内在化,使纯粹的时间只存在于人们的心中。如此,未来尽管尚未到来,但现在的想象和期望已在。② 如果说在奥古斯丁那里,时间的内在化还只是刚刚觉醒,而且是为了上帝的神圣性,那么在柏格森这里,时间的内在化则真正完成,并且他试图用"绵延"这一概念来为自由意志辩护。在柏格森看来,"绵延是真正的时间,是发展中的自我"③。对绵延的理解只能借助直觉,因为它既不可分割、永无间断,又主动、鲜活、流变,始终携带着过往的一切奔涌向前。④ 因此,真正的自我和真正的时间不是处于固定不变、相互分离的状态。自我与时间浑然一体,过去、现在、未来连绵不绝,共同驱动着生命永远朝着自由的方向,时时刻刻变化着、创造着。在此意义上,未来从根本上是不可预测的创新与开放,它的到场总是崭新的。

---

① 伊利亚·普里戈金.确定性的终结:时间、混沌与新自然法则[M].湛敏,译.上海:上海科技教育出版社,2018:43.
② 吴国盛.时间的观念[M].北京:商务印书馆,2019:93-100.
③ 吴国盛.时间的观念[M].北京:商务印书馆,2019:230.
④ 吴国盛.时间的观念[M].北京:商务印书馆,2019:227.

（三）智能时代的未来观

从表面上看，线性时间下的未来观似乎优于循环时间下的未来观。可是实际上，二者都不尽如人意，有着各自的优势和不足。尽管循环时间肯定变化，但是它的变化又总以复归起点为终结，所真正追求的是不变和永恒，故而无新质创生的可能，未来只是在循环中重演着自己。可是，循环时间下的未来观也并非一无是处。要知道，人终究是历史的存在，历史事件对人类命运的思考具有重要意义。循环时间下的未来观的可贵之处正在于，它时刻提醒着人类永远不要忘记历史，不要试图摆脱历史。人类需要一次又一次地回到历史长河之中，去寻觅思想的启迪或者行动的示范。更进一步说，这种高度尊重历史的态度实质上是人类对个体的有限性和宇宙的无限性的深切领悟。① 人类只有体悟到渺小的个体在广袤的宇宙中的位置，方能走出人类中心主义的困局，找到通往美好未来的道路。

尽管线性时间强调进步，但是它的进步总是以透支未来作为代价。自第一次工业革命之后，直线式进步思维在社会各个领域迅速获得支配地位，财富的无限积累与资源的无限开发成为世界普遍的发展观念。与无限进步观念联系在一起的是"时间的暴政"②，时间成为操作人类生产生活的君王，驱使着人类为了实现高歌猛进的增长而不辞辛劳。现如今，一些企业工厂动辄"996"（早9点晚9点，每周工作6天），更有甚者"715"（每周工作7天，每天工作15小时)，且要求员工不得关机，随时待命。可见，在无限进步观念下，社会的进步非但不会减轻人类的负担，反而会想方设法剥夺人类的闲

---

① 吴国盛.时间的观念[M].北京:商务印书馆,2019:50-51.
② 吴国盛.时间的观念[M].北京:商务印书馆,2019:120.

暇与自由。或许,当人类的生命力被无限的欲望剥夺殆尽的时候,就是人类与未来彻底诀别的时候。然而,线性时间下的未来观也并非一无是处。在时间之矢重现之后,线性时间强调世界的不确定性、时间的不可逆性、未来的开放性,这已经成为世界图景无法忽视的重要特征。也正因为对不确定、不可逆性和开放性的发现,人类在发展过程中才会小心翼翼。因为即便按科学法则行事,我们也无法保证一定会产生令人满意的结果,而任何对宇宙自然、对人类身体与精神所造成的损害都将覆水难收。

基于两种未来观的分析,结合人工智能时代的独特性,本研究认为未来是一种与现在和过去既相互区别又相互联系的丰富存在,我们需要在过去、现在与未来的积极互动中思考未来。具体来说,一方面,时间具有不可逆性,未来不同于现在和过去。我们要发挥人类特有的意识和实践的能动性,"置身于"即将发生或可能发生的未来情境,用智识认真筹画未来,用行动自觉创造未来。① 智能技术的突飞猛进让整个世界愈加日新月异,使未来充满着无限的可能性。几十年前,制造出像人一样思考的智能机器的想法还是天方夜谭,今天人工智能已然成为人类的好工具、好帮手,而明天居于主导地位的到底是人,还是人工智能尚未可知。因此,未来一定与现在和过去存有根本的不同,"历史绝不重演它自己……表面的重复总是由于获得某些新的东西而有所不同"②。对于未来,我们所应做的就是超越现实的局限性,以谦逊的态度和敏锐的心灵与未来进行密切交流,以理智所构想的未来目标来积极影响现实的所作所为。另一方面,未来是一种同时存在于我们周围的那些当下感受和过往

---

① 许鸣洲.论未来学的当代启示[J].唯实,1999(11):9-11.
② 柯林武德.历史的观念[M].何兆武,张文杰,译.北京:商务印书馆,1997:173-174.

记忆之间的联系,未来不同程度地蕴含着它的现在和过去,未来自始至终都与现在、过去相互联系、相互影响。具体而言,未来源于现在和过去,过去和现在是培育未来的土壤,跳脱过去和现在去对未来进行考察和筹划,势必会出现对未来理解的浅易化。然而,联系现实和过去不等于重复或者扩展现实和过去。面对充满着未知数和不确定的未来,我们不能简单地照搬或者机械地复制现实和过往中的某些范例、要素或者属性,而应在认识现实和过去的基础上更准确地把握未来,并且立足于未来情境和未来需要对现实与历史的经验进行汲取和转化,以期更完满地创造未来。

基于人工智能时代的未来观,本研究认为在智联、共享、闲暇的人工智能时代,未来学校既不同于过去各时代的学校,但又与它们存在千丝万缕的联系。这意味着未来学校的概念界定既不能离开人工智能时代的社会转型对教育变革和人的发展的要求,又要兼顾学校在演进历程中颇有价值的构成要素。更为重要的是,随着人自身的发展需要在教育中居于越来越重要的地位,未来学校的概念应该始终围绕人的生命成长来构建。因此,基于人工智能时代社会转型、教育变革与人的发展需要,结合对历史上各个时代学校内涵的批判性思考,下文将对未来学校的内涵和属性进行详细剖析。

二、未来学校的含义探析

在人工智能深度融入社会和赋能教育的时代背景下,本研究认为未来学校是一种在大数据、智能物联网、AI、VR 等新 IT 技术支持下,探索各类环境交汇融合,追求正式教育与非正式学习合而为一,实现人与智能体在教育中交互共生的混合教育机构。

(一)探索各类环境交汇融合

历史上,学校教育环境经历了农耕时代融于社会之中到工业时代孤立于社会之外，再到信息时代向社会复归并向社会开放的转变。智能时代是一个"智联互通"的时代，伴随着互联网、智联网、人工智能等新IT技术在整个社会的运用，各类环境之间的界限变得愈加模糊。在技术重组社会环境的背景下，未来学校教育环境将完全融于社会之中，走向虚拟环境、现实环境、公共环境、私人环境等各类环境的交汇融合。由此，教育也不再局限于狭小、封闭、特定、单一的时空和组织，而是透过社会网络、互联网络而拓展到更广阔的领域里。有鉴于此，在新IT技术的支撑下，未来学校将是一个力图探索各类环境交汇融合的混合教育机构，这里的"混合"主要是指虚拟环境与现实环境的有机融合、学校与社会的跨界交互以及校内场景的"泛在智联"。

1. 虚拟环境与现实环境的有机融合

从农耕时代到工业时代，学校一直以实体形态存在。直到进入信息时代，学校借助信息技术才打破了实体的围墙限制，虚拟形态的学校开始走进大众的视野。进入智能时代之后，智能社会的原住民已经不满足于随时随地联网获取学习资源或者接受在线教育，而是渴望进入那些难以抵达的真实世界或者存在于构想中的虚拟世界，通过对其中的人与物的细致考察和自然交互，获得真实的学习经验，完成知识的建构。面对"智能土著"一代对教育环境的新诉求，未来学校应着力构筑的既不是完全的虚拟环境，也不是完全的真实环境，更不是二者任意的重合或者叠加，而是虚实相生、亦虚亦实的教育环境。虚拟环境是指基于互联网技术的网络环境和通过计算机、虚拟现实等信息技术生成的在视、听、触感等方面与一定范围内的真实/想象环境高度接近的数字环境。① 这里的真实环境意指可以接触到的现实或者实体的物理环境。围绕师生的教学需求,未来学校利用混合现实技术(mixed reality,简称 MR)不仅能够把虚拟世界的导师、助手、同学、资源与场景层层叠加到真实的教育环境中,而且还能将"看不见摸不着"的远程真实环境直接虚拟化后,实时地融合到当下真实的教育环境里,使虚拟环境与真实环境无缝地融为一体。② 在虚实融合的教育环境里,智能技术和感知界面的结合不仅使学习者与教育者突破了现实和虚拟的边界,而且使他们可以直接作用于虚实相融的教育环境,实现对真实环境的虚拟控制和超越虚拟环境的现实控制。③ 应该说,在新一代信息技术的支持下,未来学校不仅能够再现和改变现实世界,还能够建造出直接经验的想象世界,极大地扩展和提升了学习者的生活世界,使他们在各种"超真实""超虚拟"的奇妙学习体验中发现知识、感受知识、运用知识、理解知识。

在未来学校中,这种虚实融合的教育环境具有整体性、生成性、沉浸性等典型特征。这里的整体性是指虚实融合的教育环境构成了"一个具有教育功能的整体存在"④,也就是说,教学设计、教学目标、教学过程要统一于虚实融合的教育环境,人、智能机器、教育资源等参与教育的诸要素在环境中不可分割。生成性是指虚实融合的教育环境并不是一成不变的,而是一种与师生教学需要高度相关

---

① 沈阳,逯行,曾海军.虚拟现实:教育技术发展的新篇章——访中国工程院院士赵沁平教授[J].电化教育研究,2020 (1):5-9.

② 范文翔,赵瑞斌.数字学习环境新进展:混合现实学习环境的兴起与应用[J].电化教育研究,2019 (10):40-46.

③ 吕尚彬,黄荣.智能时代的媒体泛化:概念、特点及态势[J].西安交通大学学报(社会科学版),2019 (5):114-120.

④ 吴南中,李健苹.虚实融合的学习场域:特征与塑造[J].中国远程教育,2016(1):5-11,79.

的生成性存在。在智能技术的支持下,未来学校通过线上线下的资源、人员、场景的开放,以及对学习状态、教学需求的诊断,实现资源、学习者、教育者、智能机器、教育场景的合理流动与适切匹配,不断生成适应教和学需要的丰富教育环境,促进人与人、人与AI、人与环境之间的教学交互。沉浸性是虚实融合的教育环境的另一重要特征,意指被全息技术赋能的教育环境能让学习者和教育者全身心地深度沉浸到教与学当中,学习者的教学参与度得到提升、知识体验感得到增强,进而有利于其发展高阶思维能力。[①]

2. 学校与社会的跨界交互

历史上,学校与社会的关系经历了从农耕时代学校与社会的融为一体,到工业时代学校与社会的彻底分离,再到信息时代学校向社会的逐渐回归的过程。现如今,进入人工智能时代之后,随着互联网、智联网、虚拟现实等新IT技术侵入全社会,以及人类个体对终身学习的需要,未来学校将不仅逾越曾经封锁它的围墙,并且很可能将学校环境拓展到家庭、社区、场馆、公园等社会中可能发生教育活动的各种场所,真正实现学校与社会的跨界交互,从而使学校环境融于社会环境之中,把教育建立在基于生活且超越生活的基础上。

在"智能+"社会环境下,学校与社会的"跨界交互"在教育主体上不囿于人与人或者某类人的交互,而是所有人与所有AI的交互;在教育内容上不局限于某几个学科领域的交互,而是全学科的交互;在教育时空上不是某个特定时空的交互,而是全时空的交互。目前,互联网技术架起了未来学校与世界各地沟通的桥梁,全息技

---

① 万昆,李建生,李荣辉.全息技术及其教育应用前瞻——兼论未来学习环境的发展[J].现代远距离教育,2020(6):35-40.

术又推进了校内师生与全球各地的教师、学生、家长、专家等人与类人智能机器进行"面对面"的思想交流和协同创造。借助信息技术的力量,未来学校通过主动发起教育活动,积极参与社会活动,与其他学校和社会各领域的组织或个人建立了合作关系、开展了交流协作,进而将学校教育环境逐步延展至全社会。在学校与社会日益密切而广泛的联系中,学校逐渐"成为一种生动的社会生活的真正形式"①,使学习者不受制于他所在生活环境的限制,而通过与更广阔世界里的人、AI、知识、环境进行交流与融合来促进自身经验的成长,使参与教育活动的所有人的共同体意识得以增强。更为重要的是,智能技术所具有的"筛选""淬炼"和"整合"功能,还将从环境中自动而精准地过滤掉不合时宜的教育要素,而把有助于个体和社会更好发展的教育要素进行保留、精简、匹配与传递下去,协助未来学校打造一个精简、纯化、平衡的理想教育环境,使之更加契合师生的教学需要。

3. 校内教育场景的"泛在智联"

新技术不仅使未来学校融合了虚拟环境与真实环境,沟通了学校环境与社会环境,而且还建构了校内教育场景的"泛在智联"。南宋理学家朱熹曾经说:"无一事而不学,无一时而不学,无一处而不学,成功之路也。"这可能是历史上对泛在学习最早的表述,意指为学习者提供一个广域的学习环境,使其在任何时间、任何地点都能获得所需的学习资源。实际上,早在20世纪初,信息技术就已经实现了图书馆、教室、实验室等校内学习场景的有限联通,不过囿于通信技术传输能力不足和基础设施落后,校内各个场景的资源与人员

---

① 约翰·杜威.学校与社会·明日之学校[M].赵祥麟,任钟印,吴志宏,译.北京:人民教育出版社,2005:29.

同步或者异步的互动互通都还不够通畅。进入人工智能时代,未来学校将利用新一代通信技术、智能技术、直播技术等技术手段把校内各种设施、资源和人员普遍连接起来,力图打造一种以"泛在智联"为典型特征的校园教育环境,实现校内教育场景高效而精准的融通和共享。

"泛在智联"的校园教育环境具有"强交互""高智能""深整合"的特性。"强交互"意指在直播技术和高速网络的支持下,校园不同场景之间的连接不会出现卡顿的现象,从而极大地推进校内跨班级、跨团队之间的实时教育互动。"高智能"是指在优先考虑信息安全和保护隐私的情况下,未来学校通过嵌入空间中的智能技术将校园的每一个空间都变成学习空间,使学习者、教育者在校园的任何时间和任何地点都能根据自身的教学或学习进展与所需的教育资源、学习伙伴发生连接。"深整合"是指学习者和教育者能够灵活自由地对校园的教室、办公室、自习室、阅览室、休息室等各类空间进行转变和整合,以期最大程度地利用校园空间,促进校园空间的多功能化,有效提升教与学的效率和效果。① 事实上,这种"泛在智联"的教育环境在深层次上指向的是知识的"连通与创新"②。这就是说,在"泛在智联"的校园里,由于被技术赋能的空间使知识无处不在、唾手可得,因而学习者和教育者最重要的事情不再是寻找知识和传递知识,而应该是适时适度地与所需的知识发生连通,并且在人与人、人与 AI 的交流协作下,通过个体的独立思考来实现知识的深度加工和意义建构,从而促进知识的创新和个体能力的提升。

---

① 杨现民,李怡斐,王东丽,等.智能时代学习空间的融合样态与融合路径[J].中国远程教育,2020(1):46-53,72.
② 王竹立.关联主义与新建构主义:从连通到创新[J].远程教育杂志,2011(5):34-40.

（二）追求正式教育与非正式学习合而为一

教育环境是进行一切教育活动的基础，是教育形式创新的催化剂。未来学校通过探索各类环境的交互融合，正是为了追求正式教育与非正式学习的合而为一。在历史上，学校的主要教育形式曾经历了从农耕时代的非正式学习到工业时代的正规教育，再到信息时代正式教育与非正式学习并存的转变。如今，进入智能时代，随着人的自主发展和个性发展对正式教育与非正式学习的迫切需求，以及新技术对学习环境、学习途径的拓展和赋能，现代学校的未来方向是力图将正式教育与非正式学习切实地作为学校自身的组成部分，谋求正式教育和非正式学习在教育过程中的统一，实现这两种教育形式背后的理念的沟通。

1. 谋求正式教育和非正式学习融合于教育过程

实际上，生活既充满着复杂性，又充满着偶然性，教育过程就是正式教育和非正式学习的统一，根本不可能把它们截然分开。正如贝利教授曾说："在实践中，非正式、非正规和正规的教育不应被视为离散的实体，而应作为一种可能同时存在的整体。"① 只不过以往的教育过分地注重有目的、有组织、有计划的正式教育，忽视了这种影响人的发展的非刻意与非连续的元素"深深地埋藏于人类存在的本质之中"②，忽视了这种潜藏在生活之中偶然意外、非严密组织、自我导向的非正式学习对于人类生命的坚定、成熟、顿悟、澄明具有根本性的意义。在人工智能时代，学校的喷水池、台阶、走廊、

---

① La Belle T J. Formal, nonformal and informal education: a holistic perspective on lifelong learning[J]. International review of education, 1982, 28(2): 159-175.

② O. F. 博尔诺夫. 教育人类学[M]. 李其龙,等译. 上海:华东师范大学出版社,1999:译序 7.

餐厅、阅览室等校园的每一处空间都为非正式学习创造了条件。一旦我们留心现实的学校教育就会发现,新技术已然使非正式学习随处可见,并且占据了校园生活的大部分时光。此外,有调查数据显示,由于互联网使学习者越来越喜欢非正式学习,加之在线学习、虚拟教室等网络平台提供了越来越多高质量的学习资源,因而非正式学习的时间可能占据了日常学习时间的50%甚至更多。未来,随着高速宽带日益普及、教育资源日益丰富、沟通渠道日益多样,学习者很可能会将更多的时间用于MOOC、基于游戏的学习等非正式学习形式。①

非正式学习固然非常重要,可是并不能替代正式教育在人的发展中的角色。随着人类文明在历史上逐渐积淀,仅仅通过共同体生活或者直接参与职业活动进行学习,越来越不可能满足社会和人的可持续发展需求。个人如果不经历正式教育,就难以独立自主地吸收日常生活中有价值的经验,无法超越他生活环境的限制。② 教育家拉夏洛泰曾直率地指出:"所需要知道的事,并不完全包含在书里。现实中的许许多多事情,可以通过谈话、应用和练习来学习。"不过,"只有早已受过训练的心理,才能从这种方式的教育中获益"③。在智能时代,面对数据的急剧增长,学生只有具备系统化和概念化的知识才能独立地、确切地选择、吸收、诠释大量的信息。而要有效地掌握这种知识体系,学生就需要接受以有组织、有计划、持

---

① Chen N S, Cheng I L, Chew S W. Evolution is not enough: revolutionizing current learning environments to smart learning environments [J]. International journal of artificial intelligence in education, 2016, 26(2): 561-581.

② 约翰·杜威.民主主义与教育[M].王承绪,译.北京:人民教育出版社,2001:11-13.

③ 约翰·S.布鲁巴克.教育问题史[M].单中惠,王强,译.济南:山东教育出版社,2012:367.

续性、系统性为特征的正式教育。① 此外,近年来,在家上学群体的增长表明,当前新技术能够为学习者在家庭生活中提供完备的正式教育,正式教育不再是学校的特权。换言之,如果未来的学校不同时重视非正式学习和正式教育的价值,那么它将遭受其他社会机构、教育机构的冲击。因此,未来学校应是正式教育和非正式学习合而为一的混合教育机构,其将逐渐消解两种学习形式的界限,谋求正式教育和非正式学习融合于教育过程中。

2. 实现正式教育与非正式学习理念的沟通

正式教育与非正式学习表面上是不同的教育形式,实质上代表不同的教育理念。② 由此,正式教育与非正式学习合而为一,不仅要求避免两种教育形式之间的割裂,而且在深层意义上要求实现两种教育理念之间的沟通。其中正式教育以"有所作为"为理念,多发生于实体学校的教室里,多以教育者直接教导的形式表现出来,其核心在于通过有意识的"教"使教育活动有条不紊、富有效率地进行。非正式学习以"有所不为"为理念,多发生于日常生活中,多以学生直接感知体验的形式表现出来,其核心在于避免刻意的"教"来实现"不教之教"。

随着智能技术支持下各类环境的交互融合,未来学校力求实现正式教育与非正式学习理念的沟通,促进正式教育与非正式学习合而为一。未来学校依然重视正式教育,尤为重视有计划、有意识的系统教学对于学生自主发展的重要意义。不过,与传统学校教师在实体教室强行灌输给学生某些预定的知识不同,未来学校将先利用

---

① 联合国教科文组织国际教育发展委员会. 学会生存——教育世界的今天和明天[M]. 华东师范大学比较教育研究所,译. 北京:教育科学出版社,1996:15.

② 季娇,伍新春,青紫馨. 非正式学习:学习科学研究的生长点[J]. 北京师范大学学报(社会科学版),2017(1):74-82.

大数据技术对学生学习情况进行"精准计算",之后由教师结合自己的主观判断,实施"课上课下、课内课外、线上线下"的全景式"定制教学"。① 教师看似只是在有限时间内实施了正式教育,实际上是通过精心组织的教学任务,将充满着不确定、琐碎、困惑的日常生活与有计划、系统、明确的教育活动相勾连。此外,即便在正式的课堂教学过程中,学习者也可以根据学习需要随时通过网络获取资源,通过社交软件向校内外学生和教师寻求帮助。与此同时,未来学校也重视非正式学习的意义,发挥AI情绪识别与情感计算的优势,时刻关切个体学习过程中的情绪和感受。未来学校不会时时以明确的教的意识为前提,不会次次以完备的教育计划为开端,更不会仅仅以量化的教育评价为结果。不过,即便在非正式学习过程中,教师也会适时地给予学生系统性、计划性的有意之教。基于人工智能的智能辅导学习系统能够协助教师监控学习环境,了解学习者的状况,及时发现学习者的问题,使教师有针对性地进行周全的备课和系统的讲授,帮助学习者意识到自己的问题,促进高质量的非正式学习的发生。② 总之,未来学校在教育过程中力图真正达到道家最简要有力的人生原理——"无为而无不为",促进正式教育与非正式学习相互交织。

(三)实现人与智能体在教育中交互共生

从农耕时代到信息时代,无论学校在教育形式、教育内容、教育环境等各个方面发生了怎样的变化,人作为学校的唯一教育主体始

---

① 李芒,周溪亭,李子运."互联网+"时代高校教师的教学新理念[J].中国电化教育,2017(2):1-4.
② Chen N S, Cheng I L, Chew S W. Evolution is not enough: revolutionizing current learning environments to smart learning environments[J]. International journal of artificial intelligence in education, 2016, 26(2): 561-581.

终没变。无论教育关系被表述为主客关系、主体间关系、他者性关系还是伙伴关系,其本质仍是"人-人"关系。① 然而,进入智能时代,AI向"人"的唯一主体地位发起了挑战,人与 AI 的界限似乎日益模糊,在这种情形下,我们不得不思考人与 AI 在教育中究竟是什么关系。从 AI 的应用与发展趋势来看,"人类智能"与人工智能各有对方无法替代的优势,只有人和 AI 相结合才能完成它们无法单独完成的事情,二者的优势互补造就了动态平衡、交互配合的人机关系。② 反映到教育中,我们应充分发挥、协调和整合"人类智能"与人工智能的优势,实现人与 AI 的交互共生,使二者在互惠依存和友好竞争中共存共荣。③ 因此,未来学校通过探索各类环境的交汇融合,追求正式教育与非正式学习的合而为一,最终指向的便是实现人与智能体在教育中的交互共生。其中人是指与未来学校发生联系的所有人,比如学生、教师、校长、家长、科研人员、工程师、建筑师、教育管理人员等。这里的智能体是指与未来学校发生关联,"且具有一定智能和自治能力,能根据环境变化做出响应和进行相应处理的软件系统"④,即包括实体的和虚拟的智能导师、智能学伴、智能家长等智能机器人。具体地说,人与智能体在教育中的交互共生可以理解为与未来学校发生联系的所有人和所有智能体在相互依存与相互竞争中开启共同进化之路。

1. 人与智能体在相互依存中发展

在未来学校中,所有人与所有智能体的相互依存是主流。因为

---

① 李政涛,罗艺.智能时代的生命进化及其教育[J].教育研究,2019(11):39-58.
② 孙田琳子,沈书生.论人工智能的教育尺度——来自德雷福斯的现象学反思[J].中国电化教育,2019(11):60-65,90.
③ 童天湘.从"人机大战"到人机共生[J].自然辩证法研究,1997(9):1-8.
④ 赵慧勤,孙波.基于虚拟智能体技术的具有情感支持的三维虚拟教师的研究[J].中国电化教育,2010(11):117-123.

没有"人类智能"的不断进步,也就不会有智能体的升级迭代;没有智能体对"人类智能"的推动,也就不会有"人类智能"的加速进化。① 从目前的技术发展水平来看,智能体已经不仅仅是一种工具性的存在,还是一个可以与人互教互学、互帮互助的教育拟主体。一方面,学生、教师、家长和专家等人不但能够与智能体共同设计教育活动、协同建构知识、高效达成教育目标,还能获得智能体适时、适宜的学习引导、教学辅助、教育咨询等智能服务,甚至可以在智能体的协助下从繁复的学习、教学、管理、评价工作中解脱出来,从而有更多的时间用于提升学生的生命智慧,满足家长、教职员工等人各自发展的需要。另一方面,智能体的发展方向和迭代升级建基于人对智能体的"用心"引导,尤其是人机、人人互动所产生的教育大数据。在智联网技术和数据挖掘技术的支持下,不同功能、不同形态的智能体通过与学生、教师、家长等"单人"和"多人"的互动,采集、积累并转化用于智能体自身迭代升级的教育大数据,从而优化每一个智能体的智慧,不断提升协同工作的智能性,使其更好地与人类进行教和学的互动。② 未来,随着高新科技的发展,当人类迈进技术"介入"生命演化的生命3.0阶段时,人与智能体的相互依存还可能从人机协同走向"机器入身"③的人机融合。智能体很可能通过纯技术直接介入身体的方式使人的身心整体获得改变④,从而使人与智能体在教育中的关系越来越紧密,二者也越来越需要在相

---

① 张学军,董晓辉.人机共生:人工智能时代及其教育的发展趋势[J].电化教育研究,2020(4):35-41.

② 余亮,魏华燕,弓潇然.论人工智能时代学习方式及其学习资源特征[J].电化教育研究,2020(4):28-34.

③ 吴红涛.机器入身:微机器时代的身体景观及其问题反思[J].华中科技大学学报(社会科学版),2020(2):18-25.

④ 李政涛,罗艺.智能时代的生命进化及其教育[J].教育研究,2019(11):39-58.

第二章　人工智能时代未来学校的概念澄明

互依存中共同发展。

2. 人与智能体在相互竞争中发展

所有人与所有智能体的相互依存注定潜藏着相互竞争①，不过，人与智能体在认知与身体方面的竞争，尤其是认知方面的竞争，其最终目的不是比较、表现或者炫耀，不是超越、控制或者替代对方，而是通过竞争增强人身心的独立性和独特性，实现智能体的智慧提升和人的健全发展。目前，在人机共教、人机共学的过程中，智能体以其丰富的数据库和强大的计算能力基本上能够替代人类教师在可重复性教学工作中的角色，几乎可以主导学生个体从学习准备到学习评价的整个学习过程。未来，随着人工智能在复杂性认知能力上对人类的超越，在教与学过程中，很容易出现师生对智能体全面依赖的局面，进而导致教师专业能力的减退和学生主体性的弱化。应该说，正因为在教育活动中潜藏着人与人工智能的竞争激励，师生才会更加审慎地对待人工智能提供的选择和判断，才会更加独立地、理性地思考师生在教育活动中的优势和劣势，并且发挥智能技术的优势来增强师生自身的优势，弥补师生自身的不足，努力做到在教学和学习中不被智能机器左右和替代。实际上，人类与智能体在教育中相互竞争的过程也是人与智能体相互学习、相互协调、相互配合的过程，人与智能体在竞争与依存中共同发展，从而实现智能体的智慧提升和人的健全发展。

三、未来学校的属性辨析

确定"未来学校的含义"是研究"未来学校的属性"的基本前提，

---

① 吴铮.生态转换与人机共生：人类与人工智能存在的关系研究[J].人民论坛·学术前沿,2020(11):108-111.

而辨析"未来学校的属性"又是对"未来学校的含义"的深化与发展，有助于更好地认识未来学校，达成对未来学校的深刻认识。属性是一个事物所固有的、必不可少的性质和特征。一个事物所拥有的属性往往是多种多样的，不是每一种属性都把该事物与其他事物明显地区别开来。在众多的属性中，本质在根本上规定着该事物，特征深刻而稳定地反映着该事物异于其他事物的方面，职能揭示出该事物在社会分工中独特的专门职责。基于此，下文从本质、特征、职能三个方面对未来学校的属性进行说明。

（一）未来学校的本质

学校（school）一词，起源于古希腊语"skhole"，其含义为休闲、闲暇。古希腊把学校称为闲暇的场所，一有闲暇的时间，他们就自然而然地想去思考和探寻万物之理。对古希腊人来说，"闲暇和求知不可避免地联系在一起"[1]，人们希冀在思考世界、理解世界中能和自己乃至整个世界和谐相处、融为一体[2]。这表明学校的初衷与宗旨是实现成己成人的统一，个体为学不仅是为了获得内在生命的欢愉、充实、圆满，而且是为了由自我逐渐扩展到宽广的他人，乃至更广阔的世界，由此把自我融通于他人和世界之中。[3] 而学校之所以能实现成己成人的统一，其根本原因在于学校是一个教学共同体。

"教"与"学"贯穿学校生活，是学校最为核心的活动，学校始终作为一个教学共同体而存在。在古文字中，"教"与"学"同根同源，

---

[1] 依迪丝·汉密尔顿.希腊精神[M].葛海滨,译.北京:华夏出版社,2014:23.
[2] 约瑟夫·皮珀.闲暇:文化的基础[M].刘森尧,译.北京:新星出版社,2005:43.
[3] 刘铁芳.学习之道与个体成人:从《论语》开篇看教与学的中国话语[J].高等教育研究,2018(8):14-22.

是相互联系的相对活动。① "教"在甲骨文中写作"𦥛",在金文中写作"𡥈"。在甲骨文中,左上部分"爻"像一块占卜用的龟背,代表着人们所需要领悟或学习的内容。左下部分"子"是一个将成为人的孩童,右边"攵"像一个人拿着一根棍子,暗指长者正向孩童讲授龟壳上的纹路,并拿着教鞭督促孩童以使其专心致志地学习。"学"在甲骨文中常写作"𦥑",在金文中写作"學"。上面部分左右两侧是两只手,在甲骨文中应该是"学习者"的手,在金文中可能是长者的手,也可能是孩童的手。中间的"爻"代表学习内容,下面的"冖"是房顶,房顶下有一个孩童。从整体上看,"学"可以理解为长者烧龟壳占卜而使孩童模仿,或者孩童通过与天地的交会而领悟某种启示或者道理。② 从"教"与"学"的文字构造可知,"教"与"学"在本义上不仅是不可分离的,而且二者在深层上蕴含着人与人之间是相互通达的,经由交流和结合形成一个教学共同体。

在这一教学共同体内部,"学"作为自我生命完善的活动是成己成人的基础,当个体发展到自觉自己对于他人生命成长的责任时,"学"便向着"教"转换,以自我生命的愉悦、觉悟去唤醒他人、引导他人、成就他人。与此同时,"教"他人的过程,向他人敞开自我的过程,也潜移默化地促进着自我世界的完善,即成就自我。正是通过"学"与"教"的相互转换、互相通达,人与人真正地联结起来,最终进入个体生命与他人生命的共在共长之中。③ 应该说,学校在本质上是一个成己成人的教学共同体。

---

① 杜成宪.以"学"为核心的教育话语体系——从语言文字的视角谈中国传统教育思想的重"学"现象[J].华东师范大学学报(教育科学版),2010(3):75-80.
② 康永久.教育学原理五讲[M].北京:人民教育出版社,2016:28-31.
③ 刘铁芳.学习之道与个体成人:从《论语》开篇看教与学的中国话语[J].高等教育研究,2018(8):14-22.

未来，无论技术创造出一个怎样意想不到的新世界，未来学校作为成己成人的教学共同体的本质不仅不会改变，而且将因为高新技术的介入而更为丰富和深刻。以人工智能为核心的新一代信息技术使虚拟环境与现实环境有机融合、学校与社会跨界交互、校内场景"泛在智联"，故而教学与学习可以在各类学习场景之中交替变换与灵活切换。因此，无论何时何地，未来学校的师生不仅拥有更丰富的"共学互教"机会，还将与校内外的学生、教师、家长、社区成员、专业人员、类人机器人等人与智能机器普遍连接、切磋琢磨。人与人、人与类人机器人在"教"与"学"的不断往返和相互促进中，使未来学校建立、发展和维系着多层次、多类型、别具特色的教学共同体。在虚拟现实、全息技术等新一代信息技术的加持下，由个人、他人、类人机器人三者所构成的教学实践活动将更为多元、灵动、鲜活，个人不仅能够由此获得由内而外的为己之学的愉悦，而且还将更真切、更深层地敞开自我，更广泛、更深刻地融入他人（人与类人机器人），从而在教与学的活动中共同成就自我与他人的生命。

（二）未来学校的特征

伴随着以 AI 为核心的新一代 IT 技术向学校教育的"内渗"，未来学校将会因为 AI 的赋能而表现出不同于以往时代学校的全新特征，突出表现在以下六个方面："人机合智"、具身体验、结构流变、学习开放、过程非连续、人本特色化。

1."人机合智"

从目前信息技术取得的成就来看，尽管我们离全知全能的通用人工智能还很遥远，但是对于人类而言，人工智能凭借其敏锐的倾听、感知、学习、推理和判断的能力，已经是一个有可能比人本身更好地理解和应对学校范围内诸种工作的拟主体，"人机合智"的未来学校正在破茧而出。对学生而言，人工智能除了能为学生提供包括目标制定、问题识别、注意提醒在内的学习辅助之外,还能以适切的方式和学生一起完成学习活动,尤其有助于提高残障学生的学习参与水平,增强学生的认知、社会情感和关键能力;对教师而言,人工智能可以替代或者帮助教师完成作业批改、学习监督、课程开发、课程教学、学生评价等繁杂的工作,为教师提供与学生发展相关的重要信息,增强教师的教育教学能力;对家长而言,人工智能可以帮助家长积极参与学生的学习过程,和家长一同应对学生遇到的学习难题,增强家长的教育胜任力;对学校管理者而言,人工智能可以帮助他们实现民主、精准的教育管理,做出高效、科学的教育决策,增强教育领导与管理能力。① 与此同时,人工智能在增强"人类智能"的同时也在主动向人类学习,通过不断提高自己的人工智慧,从而更好地服务于"人类智能"的提升。可以说,"人机合智"不仅让未来学校变得更活跃、更智慧,而且使其呈现出不同于以往任何时代的学校样态。

2. 具身体验

与传统学校排斥身体、压抑身体、管控身体不同,未来学校重视身体在教育活动中的参与和作用,并且利用技术促进身体、心灵、环境的交互与融合,力图实现全面、深度、复杂的具身体验。首先,具身体验的全面性体现在身体各个官能全面参与,身体和心灵共同融入。在混合现实、可视化、触觉仿真等技术的支持下,未来学校使学习者无拘无束地沉浸于各式各样虚实融合的教学情境中,让视觉、触觉、听觉等身体的多感知通道同步获得对认知对象的感知,从而

---

① Roschelle J, Lester J, Fusco J. AI and the future of learning: expert panel report [EB/OL]. (2020-11-16) [2021-3-16]. https://circls.org/wp-content/uploads/2020/11/CIRCLS-AI-Report-Nov2020.pdf.

获得更加全面、准确、鲜活的认知结果。① 其次,具身体验的深度要求学习者能够及时对具身教学情境中产生的经验进行深入反思。学习者在全面感知的基础上可以借助教学情境中的具身技术,以显性化的方式将自己的理解、思维及时展示、阐述,方便教育者及其他学习者了解其对知识概念的掌握情况和解决问题的思考方式,帮助学生对教学情境中的特定经验进行深入的体察和反思。② 最后,具身体验的复杂性意指教学情境的动态创生使学习者在与情境的交互联动中不断产生新鲜、愉悦、困惑、矛盾、恍然大悟等丰富的具身体验。在虚实融合的教学情境中,AI通过采集并识别学习者的语言、表情等身体行为,准确、实时地捕捉学习者的学习状态和学习期望,并由此驱动教学情境的调整与更新。在此过程中,学习者不断地遭遇和经历新情境,并通过观察、操作、交流、合作等互动方式获得丰富的体验并形成深刻的认知。③

3. 结构流变

未来学校在整体形态上不是一个静态、固定、封闭的教育实体,而是始终处于流动变化之中的教-学实践网络。其一,未来学校内部层级结构的流变。随着校内教育空间、教育资源的相互开放与彼此连接,各个班级、年级、部门之间的界限也趋于模糊。人类学生、人类教师与人工智能学生(简称智生)、人工智能教师(简称智师)借助互联网与移动设备加强沟通交流,在教室、草坪、图书馆、咖啡厅、走廊、喷水池等校内所有可能发生教与学的场所,形成若干基于兴

---

① 赵瑞斌,范文翔,杨现民,等.具身型混合现实学习环境(EMRLE)的构建与学习活动设计[J].远程教育杂志,2020(5):44-51.
② 李志河,李鹏媛,周娜娜,等.具身认知学习环境设计:特征、要素、应用及发展趋势[J].远程教育杂志,2018(5):81-90.
③ 赵瑞斌,范文翔,杨现民,等.具身型混合现实学习环境(EMRLE)的构建与学习活动设计[J].远程教育杂志,2020(5):44-51.

趣、年龄、能力、项目的人人或者人机教学共同体,打破了原有班级、年级、部门的界限。其二,未来学校与校外组织机构的相互交流、联合行动使教-学实践网络不断变化。无处不在的智联网、互联网等信息技术打破了学校固有的边界,使其在物理空间和虚拟空间两个方面不受限制地向着更广阔的社会环境扩展,与其他学校、图书馆、博物馆、家庭、社区等不同组织机构相连接,共建共享教育资源。因此,校内师生可以根据教学需要线上访问或者线下走进校外组织机构,校外组织机构的成员也可以按规定进入未来学校,享用学校教育资源,参与学校教育活动,校内外成员在不断的交互触动、连接整合中发展教学共同体,更新教-学实践网络。需要说明的是,结构流变并不意味着未来学校毫无规范和毫无标准可言,只是它不以某种统一的准则规定所有学校必须划分成多少班级和多少年级,必须和哪些机构建立联系,而是赋予未来学校极大的自主权,使其能够基于学生成长的需要灵活地调整组织结构。

4. 学习开放

结构流变实际上为未来学校带来了另一个典型特质,即学习开放。在初级层次上,学习开放体现为借助 AI 和大数据技术对学生个体的学习状态和学习进程进行分析,及时并有针对性地向其提供贴近自身学习需要的方法、路径与资源,而不囿于原初的学习规划。在中级层次上,学习开放体现在大数据与人工智能技术为学生创设了无限广阔、深度参与的交互学习环境,促进多人机之间的互通互学,因而学生在未来学校中的学习不再是一个个闭合的"节点",而是由学生、教师、智生、智师等人与智能机器所构成的一个个开放的"网络",学习方式、学习资源、学习环境、学习主体等要素在网络中不断流动、生成与共享。① 在深层次上,学习开放体现在学习向着"学生发展的可能世界的开放"②,让学生通过学习成为他自己。智能机器所具有的"情感伴侣"功能,突出了对学生深挚的人文关切,可以协助教师打消学生的孤独、自卑、挫败、羞愧等阻碍学习交往的情感情绪。③ 同时,各类教学实践共同体和各种在线学习平台使学生拥有更多与其他教师、学生、专家学者、智能机器交流的方式和路径。因此,学生个体能够在访问学习网络的某个节点上毫无障碍地实现思想的交锋和心灵的碰撞,并在与他者交互的过程中更加了解自己,更好地完善自己和真正成为自己。

5. 过程非连续

未来学校允许学习者按照个人的需要适时脱离和重归学校,并且使其能够相对自由地在学校和家庭、企业、博物馆等各类场所之间进行学习、实习、劳动、旅行等活动的轮换交替,与近现代学校连续不间断的学习过程形成鲜明的对比。实际上,早在20世纪70年代,《学会生存》报告就已经指出,"不间断的学习决不是唯一可以设想的方法",无论从心理还是文化方面来说,"时断时续的学习将越来越受到欢迎"④。进入21世纪,在互联网、人工智能、虚拟现实等技术的驱动下,非连续的学习过程将在未来学校中得以实现。未来学校建立了数字教育资源平台,构筑了沉浸式异地同步课堂,因而

---

① 余亮,魏华燕,弓潇然. 论人工智能时代学习方式及其学习资源特征[J]. 电化教育研究,2020(4):28-34.

② 叶澜."新基础教育"论——关于当代中国学校变革的探究与认识[M]. 北京:教育科学出版社,2006:236.

③ 李海峰,王炜."互联网+"时代的师生关系构建探析[J]. 中国教育学刊,2018(7):81-87.

④ 联合国教科文组织国际教育发展委员会. 学会生存——教育世界的今天和明天[M]. 华东师范大学比较教育研究所,译. 北京:教育科学出版社,1996:231.

每个学习者都可以根据个人的情况与需要在校内外,乃至国内外的实习、旅行、参加夏令营等活动中完成规定课程,接受教师指导,或者将这些校外经历以论文、报告、纪录片等形式转换为学业成果的一部分。另外,由于未来学校将与其他教育机构和社会机构保持密切的联系,建立多样的合作关系,因而学生不会一直在学校中反反复复地学习固定的几门课程,而是有丰富的机会放下书本、走进社会,在参观、游戏、工作、研究中学习知识、发展技能、开拓眼界。

6. 人本特色化

同质化是近现代学校最突出的特征之一,也被视为最难以解决的教育难题之一,许多中小学校在追求特色化的过程中都陷入了"为特色而特色"或者"为特色而失本色"的困局。然而,随着以人为本的智能技术的成熟及其在学校变革与发展中的应用,被赋能的未来学校不但能比较准确地定位"自己的个性",而且将走向以人为本的特色化。其一,智能技术在帮助未来学校诊断其优势的同时,还能有效弥补未来学校在课程、师资、管理等关键方面的不足;其二,人工智能可以协助开展学校层面的能力建设,集成未来学校建设所需要的各类资源,协助未来学校发展所需要的能力,推动未来学校积极发展自身优势;其三,智能技术可以对未来学校办学状况进行全方位评价,及时发现学校办学实践中的问题,协助调整特色化办学的方案与策略,使每一所学校立足校本实际,凝练办学经验,逐渐成为人本至上的特色学校。

(三)未来学校的职能

从上文对三个时代的学校变革的分析可知,受社会发展需要、学校教育环境、经济技术发展水平等多方面因素的影响,不同历史时期的学校职能并不全然相同:农耕时代古典学校的职能杂多,学校身兼教育、养老、文化、选拔等多种职能;工业时代现代学校的职能有失偏颇,学校的教育职能被筛选、整合、再生产等非教育职能僭越;信息时代后现代学校的职能趋于纯粹,学校最基本、最重要的职能是教育,通过培养人来促进社会发展。在人工智能时代,随着人工智能自主意识的觉醒,智能社会对全面发展的个人和"善智"①的人工智能的需要,以及个人对自我全面而有个性发展的需要日益迫切,从而未来学校最基本、最重要的职能是教育,通过"全方位"的教育来培养身体、理智和心灵健全发展之人,并在培养人的过程中间接地促进"善智"之智能体和智能社会的不断发展。

1. "全方位"的教育职能

"全方位"的教育职能意指未来学校要承担"德、智、体、美、劳、闲"六育的职责,而不是被分解开的"某一育"的职责。从古代教育向现代教育演变的过程,也是各育的发生以及各育在教育构成中的地位不断演变的过程。古代整个教育基本上可归结为德育,到了近代,随着智育萌芽并逐渐在教育中居于主导地位,智育与体育、德育、美育等其他各育日渐拉开距离。教育内涵的分解直接导致近现代大多数学校在实然层面只履行了"某一育"或者分离开的"某几育"的职责,并且把各育的划分作为学校教职员工职责分工的依据。② 然而,在现实中,任何一项教育活动都很难归结于"某一育"的范畴,个体的身体、心智和心灵的发展都不可能由"某一育"来完成。学校单向度地实施智育、德育、体育等"某一育",而不把一个人全面发展所需要的诸种教育综合起来,难以使个体成为一个完善的

---

① 学者高奇琦较早对"善智"做出学术解读,在他看来,"善智即良善的智能",人工智能发展的出发点和归宿应该是增进人类共同的福祉。参见:高奇琦.人工智能:驯服赛维坦[M].上海:上海交通大学出版社,2018:284.
② 陈桂生.教育原理[M].3版.上海:华东师范大学出版社,2012:198-199.

第二章 人工智能时代未来学校的概念澄明

人。① 未来,随着智能体、赛博人从人的控制中解脱出来,自为地存在于社会生活各个领域,学校仍旧单方面地实施智育、德育、体育等"某一育"的职能,已经不能满足人自身对身心灵全面发展的需要,也不足以应对智能社会对健全发展之人的需要。

在此背景下,未来学校应当承担"全方位"的教育职能,通过"德、智、体、美、劳、闲"六育并举,培养身心灵全面发展之人。具体地说,未来学校通过"全方位"的教育使学习者学会关心,增进对相互依存之道的理解,懂得把关心自我与关心他者(人与 AI)、家庭、社会、自然联系起来,以便宇宙万物的共融共生;学会认知,掌握足够广泛而扎实的文化知识,具备终身学习的观念和能力,以便个体能从人生历程的种种际遇里受益;学会做事,获得应对现实社会生活和保全自我的各种能力,承担作为一个人,一个家庭成员、公民、教师、工人等不同角色的职责,以便个体对尚未到来的世界做好准备②;学会审美,唤起个体对美和美好生命的充分感受,使其获得丰富的审美性经验,以便个体实现人性的完整与和谐;学会生存,认识自己的潜能和局限,不断提高自己的高级能力和人性能力,保持个体生命在永不止息的学习历程中的成长活力,以便个体以一切可能的方式去实现他自己③;学会闲暇,懂得"得闲""用闲"之道,由此而消解忙忙碌碌或无所事事给个体生命造成的阻碍,使其能够按照个体的兴趣享用闲暇,并在此过程中逐渐领悟与走向生命的整全。

---

① 联合国教科文组织国际教育发展委员会.学会生存——教育世界的今天和明天[M].华东师范大学比较教育研究所,译.北京:教育科学出版社,1996:195.
② 联合国教科文组织.教育——财富蕴藏其中[M].联合国教科文组织总部中文科,译.北京:教育科学出版社,2014:59-60.
③ 联合国教科文组织国际教育发展委员会.学会生存——教育世界的今天和明天[M].华东师范大学比较教育研究所,译.北京:教育科学出版社,1996:197.

2."善智"之智能体和智能社会的不断发展

未来学校通过"全方位"的教育职能培养身心灵健全之人,实际上也间接地促进了"善智"之智能体和智能社会的不断发展。一方面,在未来学校中,人与智能机器都向教与学的可能性开放,智能机器在教学过程中促进人的经验改造,同时人也将真善美的积极经验传递给智能机器。之后,智能机器以其超强的数据处理能力和算法性能对吸收的积极经验进行深度加工,使自身向着"良善"的方向加速发展。另一方面,任何时代的学校或多或少都承担着儿童照管、人才选拔、文化传播、社区问题的预防和解决等诸多社会职能,都不可能也不应该把这些职能完全从学校身上剥离开来。尤其在人工智能时代,当学校重新回归社会之后,学校的社会职能与教育职能将更加密切相关。然而,未来学校绝不能因为社会职能而忘记或者忽视教育职能,偏离了教育职能的学校不可能很好地实现社会职能,也失去了"学校"这一术语的根本意义。未来学校应该了解人类真正的需要,以及当下和未来社会对人提出的要求,接受那些可以转化为教育目标和教育活动的社会职能。① 总之,未来学校的主体职能只能是教育,未来学校通过培养健全的个人来实现教育对"善智"的智能体和社会发展的积极作用,人的发展、智能体的发展、社会的发展统一于学校教育活动,是教育职能一个问题的三个方面。

---

① 古德莱德.学校的职能[M].赵晓燕,编译.兰州:甘肃文化出版社,2005:110.

第三章 人工智能时代未来学校的价值诉求

未来学校的价值是进行未来学校的理论研究、开展未来学校的实践探索所必须思索和探明的关键问题。然而,时至今日,这个问题却没有受到应有的重视,未能得到深入系统的研究。究其原因,至少有三:一是已有的未来学校相关研究,主要集中在教育技术学、课程教学论等偏向应用的学科领域,这些学科的研究方向决定了它们更为关注技术在学习、教学、课程等方面的变革实践。二是人们普遍认为无论什么时代,学校的价值都是永恒不变的,也是最没有争议的——学校历来都具有教育人、为社会培养人的价值。然而,恰恰是这种草率的态度遮蔽着对未来学校的价值建构。三是在教育研究领域中,学界习惯把学校的价值等同于教育的价值或者学习的价值,因而重视对教育、教学与学习的价值研究,而忽视了对学校价值的研究。鉴于此,在对未来学校的概念进行澄清之后,我们有必要即刻迈上未来学校的价值探究之路,建构未来学校的价值体系。当然,我们首先需要回答"什么是价值""如何考察价值",进而为未来学校的价值建构确立正确的方向与寻求适合的方法。

一、人类的真正需要：价值判断的关键

价值原本是一个经济学术语，之后渗透于哲学、艺术、教育、政治、法律等多门学科之中，成为人文社会科学领域一个具有重要意义的范畴。总体来说，学界形成了"客观属性论""主观需要论""主客关系论"三种解释价值的论点。具体地说，"客观属性论"是以客体自身符合主体需要的属性来规定价值，倾向于把价值视为某种内在的或者绝对的好的东西本身，突出价值的"客观性"。"主观需要论"是以主体自身对客体属性的需要来规定价值，倾向于把价值视为主体的某些需要，突出价值的"主观性"。"主客关系论"是以客体属性同主体需要之间的特定关系来规定价值，认为价值是主客关系的某种形态，突出在主客体的关系中理解价值。① 从表面上看，上述三种论点各有一定的道理，但是实质上，"客观属性论"与"主观需要论"存在着严重的思维逻辑缺陷，即在主体-客体二分的思维逻辑下对价值做出界定。实用主义哲学家杜威曾严厉地批判主体-客体二元论下的价值理解和价值判断，在他看来，价值的"客观属性论"是典型的"旁观者"的价值认识论，所有的善与好完全是既定的，价值判断不过是已然存在价值的反映。"主观需要论"否定了在价值认识和价值选择中运用理性的必要性，价值判断完全成为主观的叫喊或者变成十足的空想。这种认识和判断价值的思维方式一旦付诸实践，将直接导致严重的后果，包括事实领域与价值领域的分离，内在价值与外在价值、目的价值与手段价值、个人价值与社会价值的对立，对价值权威的教条遵循和价值等级的非法排序等问题。②

---

① 孙正聿.哲学通论[M].上海:复旦大学出版社,2006:175.
② 冯平.杜威价值哲学之要义[J].哲学研究,2006(12):55-62,124.

第三章 人工智能时代未来学校的价值诉求

目前,尽管学界对价值概念的表述仍然有所差异、有所侧重,但是"主客关系论",即"主体统一论",得到学界大多数人的认可,学者们认为我们应在主体与客体的逻辑关系中思考与理解价值,强调价值存在于主体与客体的统一①。例如,有学者将价值定义为"客体的存在、作用以及它们的变化对于一定主体需要及其发展的某种适合、接近或一致"②。学者王坤庆在《现代教育价值论探寻》一书中明确指出:"价值所体现的只能是一种关系范畴,即主体与客体之间的需要与满足的关系。脱离了二者之间的关系的探讨,去谈主体的需要、去分析客体的属性,均不属于'价值'。"③可以说,"主客关系论"彻底否定了价值作为一种先验的存在、作为一种实体的范畴或者一种纯粹的偏好等规定,打破了事实与价值,以及各种价值之间的割裂与对立,深化了人们对价值概念的认知。

在确认了价值作为一种关系性的存在之后,就进入另一个深层次的问题了,即如何进行价值判断。从价值的定义可知,在价值判断中必然涉及两大不可或缺的因素,其一是关于价值客体本身属性的信息,其二是价值主体需要的信息,其中主体的需要是决定价值判断的质的因素,"是价值判断之精灵"④。可是,如何才能确定主体真正的需要?在一堆众多甚至相互冲突的兴趣、渴望、希冀之中,什么才是真正值得珍视、值得追求的呢?事实上,作为现实的、具体的人总是存在于各种各样的现实关系中并从事活动,人的存在、人的发展、人的需要无不表现为关系,并且通过现实的关系来确证和

---

① 孙正聿.哲学通论[M].上海:复旦大学出版社,2006:175.
② 李德顺.价值论——一种主体性的研究[M].北京:中国人民大学出版社,1987:13.
③ 王坤庆.现代教育价值论探寻[M].长沙:湖南教育出版社,1990:8.
④ 冯平.评价论[M].北京:东方出版社,1995:254.

实现。① 应该说，杜威从实用主义哲学出发对价值所做的阐释，其要义之一就是在方法上完成了以心灵为中心向以交互为中心的转换，并且注重对现实情境中主体需要展开理性的考察与分析。② 总而言之，人的真正需要绝不是一件"内在的""孤立的"事情，不能把事实同价值、主体与客体隔离开来、对立起来，不能用孤立的、单一的、墨守成规的思维来探究人的需要，而必须从关系思维出发，立足于现实具体的境遇，在人的全部关系中理性探究人的真正需要。

通过上文对价值概念的分析，本研究认为应始终在主体需要的现实性和客体满足需要的可能性的密切联系中去探究未来学校的价值，以一种关系性和整体性的思维和"一个前进不息的世界话剧中的积极参与者"③的身份，审慎地建构能够指导学校变革的未来学校价值体系。具体来说：其一，彻底打破主体与客体、事实与价值的二分关系，立足于现实境遇，在人的内在世界和外在世界的交互作用中探寻人的真正需要；其二，从人的真正需要以及这种需要的满足所依赖的条件来对未来学校的价值体系进行理性筹划，从而确保未来学校的价值体系既非不切实际的空想，也非纯粹功利性的导向，能够明智地指导和调节教育行动和教育思想，以便更好地实现未来学校的价值理想；其三，彻底消解个人价值与社会价值、目的价值与工具价值高低贵贱的区分，实现未来学校的个人价值与社会价值、目的价值与工具价值的融通平衡，力图建立起一种具有内在一致性的从个体到家庭到社会再到宇宙自然的未来学校价值体系。

---

① 夏甄陶.人:关系 活动 发展[J].哲学研究,1997(10):6-15.
② 冯平.杜威价值哲学之要义[J].哲学研究,2006(12):55-62,124.
③ 冯平.杜威价值哲学之要义[J].哲学研究,2006(12):55-62,124.

二、人工智能时代人类的真正需要

追寻未来学校价值的关键是探究人的真正需要,即人真正值得为之驱使的欲望、追求和向往。正如前文所述,作为现实的人的真正需要,总是在他的内在世界和外在世界的密切关系中得以表现和确证。在人工智能时代,在人的多种多样的关系中,人的需要基本上可以包含在人与 AI、人与智能家庭、人与智能社会、人与宇宙自然这四重关系中。因此,建构未来学校的价值体系,势必要置身于人工智能时代的现实境遇,在人与 AI、人与智能家庭、人与智能社会、人与宇宙自然的关系中探究人类的真正需要。

(一)人与 AI:学而"成人"

随着 AI 越来越接近人的特性,人类越来越担忧智能机器将不再是一个被人任意操控和使用的工具,而成为一个决定人类存在目的和意义的主体,成为一个人无法反抗,亦不能控制的"技术的座架"①。因此,AI 主体地位的崛起不仅决定了人与 AI 的关系非常特殊,而且在这种关系中,人机莫辨的现实危机迫使人需要通过教育与学习成为真正的自己。

人工智能时代是一个人朝向人机混合加速"进化"的时代。纳米技术、生物技术、信息技术和认知科学(人工智能)交汇而成的 NBIC(Nano-Bio-Info-Cogno)增强技术,不再是仅为了治愈和修复人体的某些缺陷,而是致力于改善和增强身体、认知、道德、情感等人类生命的所有层面,使得人之体能、外貌、记忆、感知、推理、情感、

---

① 冯军.技术本质的追问——与海德格尔对话[J].自然辩证法研究,2004(1):46-50.

道德向着更好、更高、更强的方向无限升级。① 曾经的智人无论付出多少努力都无法突破自身生物因素的限制,如今四位一体的增强技术终于使人类从改造自然、改造社会"升级"到改造人类自身。终有一天,当技术的自由创作彻底取代自然的缓慢进化,当 NBIC 增强技术惠及所有人的生命,我们每一个人都将变得同样聪明善良,都将永远保持年轻漂亮,到那时,我们每一个人也都将告别人类的童年,成长为人机混合而成的"后人类"②。

在人类越来越不像人的过程中,智能机器却越来越像人,甚至超越人。想象力、创造力、学习力、情感、情绪、意识、道德等这些人类所引以为傲的特征,目前都在不同程度地被转化为算法和算力。哲学家拉图尔(Bruno Latour)在 20 世纪末就已经提出,如果技术人工物可以执行人类道德,且执行道德的方式与人类相仿,它便具有道德主体的地位。③ 2017 年,AI 微软小冰用饱含深情的语言创作出诗集《阳光失了玻璃窗》,触动了千万读者的心灵。④ 同年,AlphaGo Zero 出世,他不依赖人类棋谱的指引便打败了它的"前辈"AlphaGo,并且展现出一种人类从未想到过的智慧。⑤ 近来,哥伦比亚大学科学家研究发现,AI 也能拥有某种自我意识,直接挑战

---

① 吕克·费希. 超人类革命[M]. 周行,译. 长沙:湖南科学技术出版社, 2017:5-6.

② 吕克·费希. 超人类革命[M]. 周行,译. 长沙:湖南科学技术出版社, 2017:33.

③ 闫坤如. 人工智能机器具有道德主体地位吗?[J]. 自然辩证法研究,2019(5):47-51.

④ 李晨赫. 人工智能小冰受邀参加环球创意盛会[N/OL]. 中国青年报, (2020-12-03)[2020-12-20]. http://news.cyol.com/app/2020-12/03/content_18872582.htm.

⑤ 张梦然. 新版"阿法狗"无需人类指导迅速成为围棋霸主[N/OL]. 科技日报,(2017-10-23)[2020-10-20]. http://tech.china.com.cn/it/20171023/323928.shtml.

了人的主体地位。①

技术的发展将人类推向了"人机莫辨"的新世界入口,由高科技所导致的内心矛盾、人性焦虑使"人之为人"的意识再次觉醒。一方面,人类得意于站在了"我命由我不由天"的绝对主导地位,越来越接近一架可以操控自我在世方式的智能机器;另一方面,人类又深深地恐惧智能机器向人的生成,担心其会从根本上颠覆自身某些深信不疑的人性观念,使人类失却在宇宙中至高无上的地位。② 在春秋战国时期,先秦儒家首开"人禽之辨"的先河,孔子、孟子、荀子等思想家之所以勉励人们去思考、去追问人之为人的独特性是什么,我们应当成为什么样的人,正是因为他们意识到如果人类对于自身没有清醒的认知,那么就会在不知不觉间沦落到禽兽层面,丧失人类自身的高贵品质。人工智能时代,NBIC 增强技术将先秦的"人禽之辨"转化为今日的"人机之辨",对于人的身份的界定再次成为一个关乎人类生存与发展的重要问题。

可以说,无论未来技术发展到何种水平,如果人类无法正确地认识自己,不知如何正当地发展自己,那么我们终将陷入"人将不人",甚至是"人将不存"的危险境地。人并非生来就成为人,"我们每个人在学习中成为人"③,并且"学永远处在教的世界之中,学与教共在"④。因此,一个人不通过教与学就不可能成为人。古典儒家不仅认为人需要通过"学"成为人,而且强调从孩提时代到垂暮之

---

① 付长珍.机器人会有"同理心"吗?——基于儒家情感伦理学的视角[J].哲学分析,2019(6):34-43,191.

② 陈立胜.儒家修身之道的历程及其现代命运[J].华东师范大学学报(哲学社会科学版),2020(5):68-79,185.

③ 金生鈜.通过教育实现元人性——学与教的本体论意义[J].高等教育研究,2020(4):14-20.

④ 迈克尔·欧克肖特.人文学习之声[M].孙磊,译.上海:上海译文出版社,2012:6.

年,每个人只有一生不间断地"学"才能成为真正的人。因此,当人类已经悄然站在了"人机莫辨"的门槛处,对每个人而言,在当下以及未来的生活中,真正迫切的需要是开启"人之为人"的本性追问,探寻"成人"的教与学之旅。

(二)人与智能家庭:学而"亲亲"

尽管人与智能机器的日渐趋同,决定了在人与 AI 的关系中最为核心、最为迫切的需要是学以成人,但是,人与 AI 的关系仅仅是人与世界诸多关系的一种,我们还需要从人和家庭的关系中探寻人的真正需要。从个体的整个生命历程来看,家庭作为一个人生命之初寓居于其间的共同体,作为一个以血亲关系为纽带的共同体,不仅给予个体能力的培养、情感的抚慰、文化的熏陶、价值观的影响,而且对个体人生道路的选择与发展产生至关重要的影响,因而人与家庭的关系是人一生中最重要的关系。从人与家庭的关系出发,儒家文化特别重视以亲子关系为核心的家庭成员的情感关系,把这种关系作为人性的根本。①《中庸》曰:"仁者,人也,亲亲为大。""亲亲"是指关爱亲人,这句话最直白的意思就是想要成为仁者,首先要关爱与自己有血缘关系的亲人,从与亲人构筑深厚的情感关系开始。由此可见"亲亲"对于个体"成人"的重要意义。未来,随着 AI 成为家庭的重要成员,智能大家庭(AI family)中的人机关系很可能超越甚至威胁人人关系,加上经济、文化等多重因素加剧个体与亲人的疏离,学而"亲亲",即学习增进以情感为根基的家庭关系,特别是亲密的亲子关系,自然而然成为每个人内心深处的真正需要。

近代以来的理论著述和社会生活似乎表明,"个体"与"家"的关系正在走向衰微,与亲人建立亲密关系已不再重要。现代哲学界在

---

① 李泽厚.论语今读[M].北京:中华书局,2015:6-7.

讲人的问题时,所指的基本上都是"个体",在"个体"之上则是"社会""国家",似乎有意无意地把"个体"与"家"的关系淡忘了。① 一些未来学家根据社会发展趋势甚至预言家庭将走向解体、衰落,个体与家庭的关系亦没有存在的必要。奈斯比特在《大趋势:改变我们生活的十个新方向》中写道:"社会的基本建筑构件正在从家庭转变为单独的个人。"②回望当今的生活世界,我们看到的是经济、科技的迅猛发展除了带来社会现代化水平的提高,还使"个人主义"的阵痛弥漫开来。在个体本位观念的影响下,拒绝婚姻的"单身贵族"成为普遍现象,单亲家庭也日趋增多。即便在一个完整的家庭里,亲人之间也是陌生的,缺乏有意义的交流与沟通,每个人都蜷缩在电子媒介所创设的高度个人化的世界中。有研究发现,手机和其他新兴电子设备正在破坏家庭成员的互动,并建立了新的代沟。③ 未来,随着更逼真、更智慧的智能机器的出现并融入家庭生活,智能机器作为人类的妻子、丈夫、子女、父母等家庭成员的情况有可能会常态化。那时,一些智能家庭中的人机关系或许会完全替代人人关系。

难道"个体"真的不需要家庭吗?"个体"真的不需要与人类亲人建立联系吗?实际上,当下盛行的"宅"文化、以陪伴为取向的短视频和直播,以及未来人类与智能机器相恋相伴的发展趋势,折射出愈是内心孤独的生命个体,反而愈加需要一个温暖而稳固的家庭作为心灵的倚靠和成长的暖房,愈加渴求与亲人建立亲密关系来抵

---

① 孙向晨.重建"家"在现代世界的意义[J].文史哲,2019(4):5-14,165.
② 约翰·奈斯比特.大趋势:改变我们生活的十个新方向[M].梅艳,译.北京:中国社会科学出版社,1984:231.
③ Patrikakou E N. Parent involvement, technology, and media: now what? [J]. School community journal, 2016, 26(2): 9-24.

御现代情感的荒芜,来治愈现代社会给个体造成的心灵伤害,来培育个体与他者相互尊重与负责的态度,促成个体与他者基于情感的结合。① 尤其对于青少年儿童来说,即便手机、电脑等智能产品为他们打开了一个丰富多彩的新世界,智能机器满足了他们在学习、娱乐、生活等多方面的需求,他们也仍然极其需要父母的陪伴和关注,需要与父母建立稳固的情感联系。这就是为什么当前教育学者不断呼唤父母从电子屏幕前抬起头,好好陪陪自己身边的孩子。因此,在智能家庭日趋常态化的背景下,加上文化、经济等诸多因素加速人与人之间的疏离,有太多的人,尤其是成长中的儿童和父母,渴望亲子之间的亲密关系,并且需要通过学习获得建立亲密的亲子关系的"道"与"术",重新回归家庭的温暖怀抱。

(三)人与智能社会:学而"合群"

除了人与AI、人与家庭的关系以外,人作为社会中的人,社会作为人组成的社会,决定了在个体一生所拥有的关系中,人与社会的关系占有非常重要的地位,因而有必要在人与社会的关系中确证人的需要。在马克思眼中,"人的本质不是单个人所固有的抽象物,在其现实性上,它是一切社会关系的总和"②。在此意义上,现实的人并非是孤立、原子式的存在,而是一种公共性存在,这就注定了人必须进入公共生活,并且通过公共生活成为公共人。③ 在中国历史上,儒学的兴起就是为了使一些人通过"学"成为君子,而君子即具

---

① 孙向晨.重建"家"在现代世界的意义[J].文史哲,2019(4):5-14,165.
② 马克思,恩格斯.马克思恩格斯选集:第1卷[M].中共中央马克思恩格斯列宁斯大林著作编译局,编译.北京:人民出版社,2009:501.
③ 冯建军.公共人及其培育:公共领域的视角[J].教育研究,2020(6):27-37.

有公共关怀、参与公共生活的公共人。① 子曰:"君子和而不同,小人同而不和。""君者,何也?曰:能群也。"在儒家理论思考中,"合群"意指能够建构和维持共同体,积极地参与公共生活。君子和小人之别的关键就在于君子具有"合群"的自觉和能力,即参与公共生活的意愿和能力。② 然而,在互联网、人工智能、大数据等技术的影响下,智能社会的公共生活愈加错综复杂,人们往往不知道如何参与公共生活,不知道如何在公共生活中发挥自己的作用。因此,在智能社会,对每一个个体而言,通过学习成为真正的公共人,不仅有其需要,而且尤为必要。

通常意义上,现代语境中的公共生活是一个相对于私人生活的范畴,是指人们在公共领域里围绕公共利益而进行的相互联系、相互作用的共同生活,涉及政治、经济、文化、日常生活等诸多领域。对于每个个体来说,只有参与公共生活才可能成为公共人,才可能实现人之整全发展。在柏拉图看来,人的发展与公共生活密不可分,个体的发展应始终置于城邦整体的发展之中,以作为公共生活的实体的城邦来观照个体天赋潜能的发展。③ 阿伦特曾明确指出:"一个人过一种纯粹的私人生活,像奴隶一样不被允许进入公共领域,或者像野蛮人一样自愿选择不建立这样一个领域,就不是完整意义上的人。"④也就是说,那些人性健全之人,那些真正成为自身的人绝不是固守于自己的一隅之地,而是与其他独立的个体建立了

---

① 姚中秋.重新思考公民与公共生活——基于儒家立场和中国历史经验[J].社会,2014 (3):147.

② 姚中秋.重新思考公民与公共生活——基于儒家立场和中国历史经验[J].社会,2014 (3):154-155.

③ 刘铁芳.公共生活与公民教育:学校公民教育的哲学探究[M].北京:教育科学出版社,2013:18.

④ 汉娜·阿伦特.人的境况[M].王寅丽,译.上海:上海人民出版社,2017:24.

相互联系,与一个更明朗、更充实的世界融为一体。①

虽然参与公共生活对于个体人性之卓越具有重要意义,但是近现代以来,伴随着城市化、工业化而来的却是非人格的公共生活的衰落。每个人都沉浸在自我的世界里,只顾自己的事情。每个人都习惯对陌生人保持距离,对公共事务保持沉默,也都希望不被陌生人和外界环境打扰。人与人之间失去了真正的理解与交流,公共空间变成了一个人们穿行于其中却又彼此隔绝的场域,"公共生活也变成了形式的义务"②。"在这种情况下,他的脑海里就算还有家庭的观念,也肯定已经不再有社会的观念。"③近年来,电子媒介的崛起为人们的交往提供了数不胜数的机会,但是人们却比以往更加孤独,似乎更加不愿意与陌生人交流,情愿处于某种自我隔绝的状态。即便在酒吧、剧院、画展等公共场所,在多数情况下,人们虽然聚在一起,但是没有真正的沟通,彼此之间鲜有深入的了解。同时,电子媒介的出现又侵蚀了私人领域,在家庭中,个人往往更愿意独自一人玩电脑或者看电视。不远的未来,在人机交互的智能社会里,当人们可以随心所欲地生活在赛博空间时,一些人或许会完全逃离公共生活。因为对他们而言,人机交流完全可以取代人与人之间的交流,更不必说取代与陌生人的交流。那时,人类或许真的不再需要过一种公共生活。

情况真的如此吗?难道人们真的不再需要公共生活了吗?如今,世界正处于以智能技术重构公共生活的拐点,公众号、微博、豆

---

① 雅斯贝尔斯.什么是教育[M].邹进,译.北京:生活·读书·新知三联书店,1991:54.
② 理查德·桑内特.公共人的衰落[M].李继宏,译.上海:上海译文出版社,2014:3.
③ 理查德·桑内特.公共人的衰落[M].李继宏,译.上海:上海译文出版社,2014:题记.

瓣等一些具有公共性的媒体平台,催生出一个平等、开放、多元的网络公共空间,改变了公共生活的基本向度。① 我们看到陌生人通过媒体平台围绕新闻热点、工作学习、日常生活之类的公共话题进行跨越时空的互动交流,发表各自的观点和意见,寻求一种连接、确认与慰藉。可见,智能时代仍然有很多人非常向往进入公共生活、创造公共生活,希望过上一种真正的公共生活,渴望成为公共生活中的公共人。

不过,应注意到,网络公共生活毕竟只是公共生活的一部分,而且即便在基于互联网的虚拟公共空间中,仍然有一些人不知道如何言说,一些人做出非理性的言行,一些人盲目跟风,还有一些人永远地失声了。此外,我们也不得不承认在现实的现代生活中,消费主义、个人主义、功利主义等因素导致人们的公共精神、公共意识及公共理性等遭到了严重的削弱,产生了人们普遍拒绝与陌生人交往的现实问题。随着AI的崛起和侵入,智能社会的公共生活将更加复杂,很可能出现一个虚实交织与人机交互的混合公共空间。倘若人们只会隔屏"喊话"与"对望",甚至最终连在虚拟空间中都不愿也不会言说了,那么人类就真如桑内特所说的将走向"公共人的衰落"。因此,在人与智能社会的关系中,为了人性之健全和公共人之养成,个体需要充分地参与智能社会的公共生活,需要通过教与学成为公共生活里的公共人。

(四)人与宇宙自然:学"与天地参"

人不仅仅是"亲在"和社会性的存在,人还是天地万物、宇宙自然维度上的整体存在,人与自然的关系是中西方哲学的原点问题或

---

① 柳珊.超越孤独:微信公众号里的个人公共生活[J].探索与争鸣,2017(7):52-54.

最高问题,在根本上决定着人所拥有的其他关系。中国古代哲学把人与自然看成是一个相互联系、相互影响的有机整体,认为人之所以为人,人的欲望和要求的实现,都应该也需要人(人道)与自然(天道)的和谐统一,也就是"天人合一",亦称为"人与天地参"。故而,对于人而言,从远古的农耕时代到当下的人工智能时代,"天人合一"的观念不仅是一种必需、必然的事实,还是人生的最高境界和生命的根本需要。

在远古的农业时代,"天"包含着自然与命定双重含义,"天人合一"是人对于自然的被动遵从和人对于命定的被动服从。① 这一时期,由于人类应对自然的能力和保全生命的能力极其低下,因而人类深信生命的存在与延续不仅需要"顺天",更需要通由巫术礼仪与"天""帝"相连。"天人合一"观念真正成熟是在先秦时期,儒家将作为上天的命令和意志的"天命"直接义理化,"天"成为某种普遍必然的价值象征。这种道德之天既是自然之理,也是必然之理,并且二者相统一。《中庸》开宗明义,"天命之谓性"指出"天"与"人"之间具有内在的同一性,天道赋予每一个人以道德内涵和神圣使命。"唯天下至诚,为能尽其性。能尽其性,则能尽人之性。能尽人之性,则能尽物之性。能尽物之性,则可以赞天地之化育。可以赞天地之化育,则可以与天地参矣。"这进一步指明,人性、人文与天地秩序相通,人不仅对他人有责任,而且对万物同样负有不可推卸的责任,人能够通过与天道本质的契合把握自然之道,助成万物生生,最终"实现人与自然和谐统一为目的的德性主体"②。

进入工业文明以后,随着人类的理性觉醒和主体地位的确立,

---

① 李泽厚.中国古代思想史论[M].北京:生活·读书·新知三联书店,2017:295-296.
② 杜维明,蒙培元等.儒家与生态[J].中国哲学史,2003(1):8.

第三章 人工智能时代未来学校的价值诉求

自然成为受人类支配和剥削的客体,由此造成了人与自然的对立与分离。为了追逐经济发展和财富积累,人在开发、利用、控制、征服自然方面达到前所未有的程度,以至于给自然造成了无可挽回的伤害,也使人类自身陷入严重的生存危机。这时,一些重要的思想先行者注意到所有生命都是自然的存在物,人与自然之间存在一个血肉相依、相互渗透与转化的生态联系。马克思站在整个宇宙自然的背景下来思考人的位置与人的处境,把人看作自然的一部分,强调人的存在与发展应当遵循自然秩序。他说:"我们连同我们的肉、血和头脑都属于自然界,存在于自然之中"①,"不以伟大的自然规律为依据的人类计划只会带来灾难"②。这种思想恰恰契合中国文化"天人合一"的观念。

近年来,随着智能技术的加速更迭,在人工智能展现强大的技术潜能的同时,却屡屡出现智能机器不受人掌控的骇人现象,给人类社会带来了难以预测的风险,引发了人类强烈的恐惧和忧虑。一些领域的专家学者已经对人工智能的未来发展明确表示担忧,例如斯蒂芬·霍金(Stephen Hawking)就对 AI 的前景抱持悲观态度,把 AI 看作潘多拉的魔盒,一旦打开就极有可能给人类造成难以想象的灾难。为了规避 AI 伤害人类的后果,有研究者提出将基本的伦理原则和对人类友善之终极目标嵌入 AI 的算法之中,以此规范和引导 AI 的行为。还有研究者呼吁尽快制定 AI 开发和应用的伦理法规,以此规范科研工作者和使用者的行为。虽然上述思路和建议是必要的,但是依然有很多问题没有解决,因为我们既无法保证人

---

① 马克思,恩格斯.马克思恩格斯选集:第4卷[M].中共中央马克思恩格斯列宁斯大林著作编译局,编译.北京:人民出版社,1995:518.
② 马克思,恩格斯.马克思恩格斯选集:第31卷[M].中共中央马克思恩格斯列宁斯大林著作编译局,编译.北京:人民出版社,1972:251.

类会永远遵守法规,也无法保证迭代升级之后的人工智能还会遵循人类的伦理原则和终极目标。① 况且所谓对人类友善之终极目标本身难以定义,更无法令所有人满意。

从本质上看,人类对于超级 AI 可能危害世界的担忧与天人之间的高度分离密切相关。人类过于注重人工智能如何最大限度地为人类服务,而忽视了人类与 AI 相互依存、彼此渗透、共同进化的共生关系。因此,现实的张力迫切需要人类对于"天人合一"有所觉解,与包括 AI 在内的天地万物形成"大我",并与之携手进化,共同走向至善的未来。② 总的来说,在中国传统文化中,"天人合一"的宏深意蕴在于揭示天人本不相分,人亦为自然万物之一。③ 在人工智能时代,面对人与自然万物的分化与对立,人类对于"天人合一"的领悟将使人拒斥那种使人性枯萎的人文主义,发展出"人类-宇宙统一"④的世界观。在这种世界观下,人类将自身视为万物的一部分,亦将万物视为人性发展的一部分,人类以自然演化的参与者和创造者的双重身份来善待万物、创造万物、化育万物,也在此过程中完善人类自身的存在。对人类个体来说,人与天地相参的观念或者境界并非先天具有,它主要通由人的教育与自我教育而达到。因此,为了实现所有生命的共生共荣,人类需要通过个体修养来领悟人与天地相参之道,建立"天人合一"的世界观。

---

① 迈克斯·泰格马克.生命 3.0——人工智能时代人类的进化与重生[M].汪婕舒,译.杭州:浙江教育出版社,2018:348-349.

② 蔡恒进.人工智能时代必须敬畏的天命[J].湖南大学学报(社会科学版),2019(1):32-36.

③ 钱穆.中国文化对人类未来可有的贡献[J].中国文化,1991(1):93-96.

④ 杜维明,陈静.新儒家人文主义的生态转向:对中国和世界的启发[J].中国哲学史,2002(2):5.

三、人工智能时代未来学校的价值建构

在人与 AI、人与智能家庭、人与智能社会、人与宇宙自然的四重关系中明晰了人工智能时代人类的真正需要之后,接下来最为重要的任务就是尽情徜徉在未来学校的教-学场域之中,阐释未来学校何以能够满足个体学而"成人"、学而"亲亲"、学而"合群"、学"与天地参"的需要,进而建构一种具有内在一致性的较为完整的未来学校价值体系。

(一)"成人"价值:在完整性的教学中实现个体完整成人

在人机莫辨的智能时代,面对"人将不人"与"人将不存"的生存危机,个体迫切需要学而"成人"。这里的关键问题是:当 AI 能够自主学习甚至进行深度学习,当 AI 在某些领域超越人甚至取代人的时候,人应该成为什么人才能从根本上与 AI 区别开来?才能不被 AI 所操控?从某种意义上说,尽管未来科技有无限的可能性,但是未来很长一段时间内,人类个体同时在身体、理智、心灵三个层面的整全发展依然是智能机器难以企及的,也是人之为人所应当追寻的根本目标。而只有通过完整性的教学才能引导个体身体的展开、理智的发展、心灵的跃升,才能逐步实现个体完整成人。这里完整性的教学主要包括以下四个方面的内容:其一,时空的完整性,教学不局限于固定、单一、封闭的时间地点,而是根据教学需要在社会、宇宙、自然、四季与朝暮之间自由转换;其二,内容的完整性,在教学中不是仅有理智发展的教学内容,也包含有身体和心灵成长的教学内容,不是某一门科目的教学内容,而是多学科、跨学科的教学内容,力图超越教学的片面化、碎片化而达到对世界、对自我的完整性认知;其三,活动的完整性,教学活动既不是教师单纯教的活动,也不是学生单纯学的活动,而是教与学的相互转换、彼此影响、合而为

一;其四,目标的完整性,建立知识、情感、技能、态度、价值观的整体契合,将这些教学目标同时包裹在个体成人的视域中,促进个体自然生命、理智生命和心灵生命的全面提升。①

如前文所述,人工智能时代的未来学校在本质上是成己成人的教学共同体,以完整性的教学实践为其最主要的活动,以成己成人为其最根本的追求。未来学校将积极利用以 AI 为核心的新一代信息技术打通区隔封闭的时空界限,超越分而论之的学科界限与目标界限,走向人我生命的融通共长,让师生通过完整性的教学活动促进个体身体的健康成长,获得个体理智的健全发展,实现个体心灵的自由跃升,满足个体学而"成人"的需要,使未来学校的"成人"价值从可能走向现实。

1. 促进个体身体的健康成长

"人活在世界中,首先是作为身体的存在,身体在世之存在方式乃是个体存在的基础性存在方式。"②换言之,一个人的成长之路是从身体开始的,身体的生长是个体完整成人的起点和基础,甚至是其最终的归宿。然而,随着智能技术向社会生活广泛而深入的延展,人们习惯性地借助智能技术去看世界、去听世界、去买东西、去做事情,以至于人们不仅过于依赖技术展开行动,而且过于注重看到了什么、听到了什么、买到了什么、做成了什么,而忽视了在整个活动过程中自己身体的感受与变化。久而久之,身体在舒适、便捷、省心、省力的智能环境下面临被技术遮蔽、弱化的风险,面临退化甚

---

① 刘铁芳.重申教学的教育性:教学如何促成个体完整成人[J].中国教育科学(中英文),2019(4):74-86.

② 刘铁芳.追寻生命的整全:个体成人的教育哲学阐释[M].北京:高等教育出版社,2017:87-88.

第三章 人工智能时代未来学校的价值诉求

至遗失的风险。① 可以肯定的是,人机共存是未来社会的发展趋势,人类不可能以拒绝或者回避技术的方式保全自己的身体,而必须设法在技术环境中促进身体的发展。与之相应,未来学校通过充分合理地利用技术来创造完整性的教学活动,以此促进个体在智能环境下认识身体、运用身体、感受身体,满足个体身体健康成长的需要,追寻真正意义上的完整成人。

未来学校充分发挥人工智能、全息技术等新一轮信息技术的优势,让师生在学校、场馆、公园、郊外等人文环境与自然环境的无缝切换中开展体育、劳动、音乐、绘画等与身体密切相关的课程,引导学生在运用身体的过程中认知自己身体内在的节奏和秩序,感受自己身体的独特和美好,保持自己身体与宇宙自然以及他者的联系与互动,"发展那些与身体相关的能力,譬如直觉、灵感、情感、共通感、神圣感、意义感"②。与此同时,为了确保每一个人的身体都能在学习情境中感到舒适、自然、畅快、自足,都能被充分地激活与完全地舒展开来,未来学校将综合利用智能温控、智能采光等智能技术、物联网、绿色能源、环保材料创设舒适、清新、健康、智慧的校园学习空间,不仅实现气候、色彩、光照的个性化定制,而且通过嵌入家具、墙壁、设施中的智能系统感知学习者个体的身心状态,及时向其发送运动提醒、休息提示、健康监测等个性化智能服务。③ 简言之,在自然环境和智能环境、校内环境与校外环境的无缝切换中,未来学校通过身心合一的多元课程与灵活自由的学习方式,促成个体身体充

---

① 程斌,王兆璟.智能时代身体技术存续的困境与突围[J].湖南科技大学学报(社会科学版),2020(6):104.
② 樊杰,王果.探求基于身体的整全教育:人工智能时代的儿童教育审思[J].湖南师范大学教育科学学报,2019(3):16.
③ 许亚锋,高红英.面向人工智能时代的学习空间变革研究[J].远程教育杂志,2018(1):54-55.

分地投入学习活动中,激活个体身体独特而健全的感受力,建立自我与世界、身与心之间直接而丰富的联动,从而为理智与心灵的发展奠定基础。

2. 获得个体理智的健全发展

在个体身体发展的基础上,个体完整成人还需要进一步扩展理智生命,提升个体的高级思维能力,增进自我对世界广泛而深入的认知。发端于20世纪晚期的情境认知理论提醒我们:认知总是处于一定的情境脉络之中的认知,认知与情境之间紧密联系与相互协调。如果把认知与情境分割开来,只孤立地看到其中一方,那么这种智力便是人造的、虚伪的,不具备行动的特点。① 易言之,个体必须沉浸在真实的情境里,通过自我与世界、知与行的直接互动发展人的理智生命。事实上,无论是亚里士多德的实践智慧、海德格尔的在世之在,还是实用主义先驱杜威的经验,这些概念都不同程度地阐释了情境与认知的内在关联。尤其是杜威,他明确批判将经验视为存在于个体心灵内部的事情,指明"作为经验过程之中心的心灵"与"被经验的自然世界"是统一的整体。②

未来学校正是借助信息技术建构一系列基于生活并超越生活的整体性学习情景,让个体的理智思维能力在完整性的教学活动中得到充分发展。在全息技术、智能技术等新一代信息技术的支持下,未来学校能够实现校内外自然环境、人文环境、科技环境等各类虚实环境的无缝切换与彼此贯通,"容许"学生、教师、智能导师、智能学伴等所有参与教与学活动的人与智能体共同沉浸其中,使学生个体在人与情境、人与文化、人与人、人与AI的自由交互中获得直

---

① 戴维·H.乔纳森.学习环境的理论基础[M].郑太年,任友群,译.上海:华东师范大学出版社,2002:55.
② 约翰·杜威.经验与自然[M].傅统先,译.北京:商务印书馆,2015:37.

接、丰富的身体体验和心理体验。具体地说,在通常情况下,教师会借助信息技术创设熟悉的生活情境,让沉浸于其中的学生尝试把已有的生活经验与新的学科知识相互联结与整合,进而建构新的概念化知识。① 之后,教师在信息技术的支持下带领学生进入陌生的生活情境,引导并协助学生运用先进的技术和跨学科的知识、技能与思维创造性地解决生活情境中的各种复杂问题,从而促进学生个体高级思维能力的发展。

3. 实现个体心灵的自由跃升

人类不仅是理性的动物,人在根本上是心灵动物,"我们总是被一种渴望所驱使,这种渴望就是在自己的所作所为和经历中寻求意义和价值"②。也就是说,个体真实完整的存在不只需要身体的健康成长和理智的健全发展,更需要心灵的自由跃升。"人活在世界之中,人活在他人之中,没有人可以凭借孤立的自我而成为人。"③ 应该说,一个人在情感、价值、存在、理想、人格等精神层面的不懈渴求需要建基于自我与他人的联结之上,需要在与他人对话的过程中走进他人的世界,形成人与人之间有机联结的生命共同体,这是个体心灵提升的基本方式。更为重要的是,每个人借由平等而多维的对话关系、丰富而深度的对话内容,在使自我心灵得到提升的同时,也使他人的心灵获致完善。④

作为技术赋能的成己成人的教学共同体,未来学校试图借助信

---

① 张良,靳玉乐.核心素养的发展需要怎样的教学认识论?——基于情境认知理论的勾画[J].教育研究与实验,2019(5):34.
② 钟启泉,安桂清.课程灵性与人格建构[J].全球教育展望,2006(1):25-26.
③ 刘铁芳.起兴、启发与对话:走向生命整全的教学技艺[J].全球教育展望,2019(9):30.
④ 刘铁芳.起兴、启发与对话:走向生命整全的教学技艺[J].全球教育展望,2019(9):30.

息技术拓展教与学的方式,丰富课程内容,构建虚实互嵌、内外联通的学习环境,使人与人在完整性的教学活动中相互联结,共同实现心灵的提升。基于全息技术、虚拟现实等其他高新技术的结合,未来学校将建构高度沉浸、充分交互的全息学习环境,呈现完整立体的教学内容,从而激活学习者静态的生命存在,使其更积极地参与到教学过程中,更愿意与校内外的学习者、教育者产生对话与联结,更深地感受到教学共同体对自我心灵成长的价值意义。[①] 此外,未来学校也鼓励师生亲身体验社会生活,在思与行中发现社会问题,主动与校外的学生、教师、家长、学者以及社会各领域的专业人员共同探讨社会问题,并且通过平等、深度、多维、温暖的对话和协作建立生命与生命之间的深刻联结,从而帮助个体完全敞开身心,获得美好的学习体验,发掘生活世界的意义,达成精神超越和人格统整,逐步实现身体、理智和心灵的充实与丰满。

(二)"亲亲"价值:在家校联动网络中增进亲子关系

现代科技与经济的飞速发展在带给人们丰厚物质产品的同时,也拉开了人与人之间的身心距离。特别是进入 21 世纪以来,随着人工智能大家庭(AI family)成为发展的必然趋势,智能设备的普及不断地对家庭成员的亲密关系产生负面影响。著名的心理学家马斯洛认为每个人都有归属和爱的需要,尤其是儿童,他们非常需要得到父母的正向关注,渴望与父母构筑亲密的亲子关系。然而,由于家庭之间客观存在的差异,不是所有人都懂得增进亲子关系的"道"与"术",大多数父母与子女都需要学而"亲亲"。如前文所述,"亲亲"可释义为关爱亲人,其核心是亲子之爱。受儒家传统文化的

---

① 万昆,李建生,李荣辉.全息技术及其教育应用前瞻——兼论未来学习环境的发展[J].现代远距离教育,2020(6):35-40.

第三章 人工智能时代未来学校的价值诉求

影响,中国人自古以来就强调亲子关系中的心理自觉和情感依靠,尤为重视建立在情感关系基础上以孝悌伦理为原则的亲子关系。可是必须承认传统社会中的亲子关系是极其不平等的,"父为子纲"是这种亲子关系的核心特征。亲代在家庭中位居绝对权威的地位,具有左右子代前途命运的权力,子代对亲代唯唯诺诺,完全服从来自亲代的安排。① 进入现代社会,在剔除了"孝悌"中的等级观念以后,尽管父母子女之间依然存在着天然的"不对等"关系,但是亲子关系的核心特征已经发生了根本的变化。我们看到亲代与子代有着比以往更加平等和民主的观念,更加渴望身体与心理的接近,希望发展出一种既相互关爱与亲近,又彼此尊重与独立的亲子关系。

可是父母与子女应该"学"什么、如何"学"、在哪"学"才能发展出现代人所需要的亲子关系呢?已有一些研究发现,良好的亲子关系是父母与子女在心理上交互反应、相互影响的结果②,有赖于家长的亲职教养能力和子女的子职实践能力,而这两种能力的发展又与家长的亲职教育和子女的子职教育密切相关。其中亲职教育意指一种指导家长如何为人父母、增进亲子关系的教育活动,其主要目标是有效提升家长的亲职教养能力,即担负起父母的角色与责任的能力,主要包括教养子女、陪伴子女成长的能力。③ 子职教育意指一种引导青少年在家庭生活中善尽子女职责的教育活动,其主要目标是有效提高子女的子职实践能力,即子女真正履行或者承担起子女职责的能力,主要包括生活协助、体亲安亲、沟通交流、独立自

---

① 关颖.社会学视野中的家庭教育[M].天津:天津社会科学院出版社,2000:76.
② 参见李玉珍等人关于小学高年级学生子职角色知觉与亲子关系的研究。
③ 张宗义.学校办理亲职教育之功能、困境与策略[J].教师之友,2007(3):12-21.

制、新知反哺等方面的能力。① 随着网络和智能设备的普及,人们接受亲职教育和子职教育的途径和方式越来越多。然而,相比来自电视、书籍、网络、图书馆、培训机构等非正规与非正式的教育形式,未来学校作为新IT技术支持下跨越公私领域、融合正式与非正式教育的混合教育机构,能够通过建立"家校联动网络"来动员全社会的教育力量,全面开展亲职教育和子职教育,以此更好地发展家长的亲职教养能力,提高子女的子职实践能力,使未来学校增进亲子之间亲密关系的价值从可能走向现实。

1. 发展父母的亲职教养能力

未来学校的家校联动网络是一个以学校与家庭为中心,当地社区、政府、科研机构、图书馆、博物馆等社会机构自主参与的智能物联网。这里的"学校"和"家庭"包括愿意加入联动网络的所有学校和所有的家庭,"网络"既包括以某一所或几所学校为主阵地的家校联动"微网络",也包括整个地区所有学校共同参与的家校联动"巨网络",教育大数据在"微网络"与"巨网络"之间实时地流通与共享。未来学校通过家校联动网络可以为每个家庭的父母提供精准的亲职教育方案、丰富的亲职教育资源、适切的亲职教育方式、开放的亲职教育环境,以此有效提升父母的亲职教养能力。

首先,在合理合法的范围内,未来学校利用智联网与大数据技术全面采集家校联动网络中所有家庭有关家庭教育的数据,包括父母与子女的年龄、学历、职业、性格、学习偏好、教育需求等信息,跟踪父母与子女的互动方式、教育过程、教育内容以及父母的在线学习行为等。基于收集数据的计算,绘制家庭数字画像,详细地呈现

---

① 参见黄丽桦关于小学高年级学童子职角色知觉与实践相关因素的研究(高雄师范大学毕业论文,2010年)。

每个家庭的整体特质、教育水平、教育优势、教育问题等指数,据此为每个家庭的父母制定精准的亲职教育方案。

其次,智联网和互联网技术将学校、家庭和社会紧密地连接起来,使得亲职教育资源的建设主体从学校与家庭扩展到社区、企业、图书馆、文化宫等关心亲职教育的所有社会机构,从而建构起一个共享的亲职教育资源体系。一方面,这些社会机构通过家校联动网络了解家长和学校的亲职教育需求,适时地协助或独立举办亲职教育活动,并有针对性地积累亲职教育资源,包括师资、场地、设施、书籍、视频等数字资源和实体资源。在此基础上,未来学校利用智能技术对所产生的教育资源进行系统管理,诸如按照子女年龄阶段、特定专题、家庭类型、知识类别等进行资源的转化、整合、开发、共享,进而形成内容丰富、条理清晰的亲职教育数据库,使每个家庭能够借由网络的力量随时随地获得所需要的教育资源。

再次,未来学校将通过智能协同与虚拟现实技术,为接入家校联动网络中的父母提供适切的亲职教育方式。除了家长会、专题讲座、班级授课、个别指导、团体活动等传统教育方式以外,在 3R(VR、AR、MR)技术和智能装备的支持下,未来学校的教师将为父母创设练习亲子沟通、情感表达、学习指导等知识与技能的虚拟现实情境,方便父母和教师进行"面对面"的交流与互动,并获得教师和 AI 教师的个性化指导与评价。此外,家校通信软件有利于增进教师对每个家庭的亲子互动状态的了解,使教师有针对性地向家长提供亲职教育建议。

最后,未来学校通过家校联动网络将亲职教育环境从线下扩展到线上,从学校、家庭延伸至社区、乃至整个社会,打造出一个开放的亲职教育环境。所有关心亲职教育的人都可以通过家校联动网络建立联系,并且根据需要结合成不同主题的"亲职教育圈",例如全职妈妈亲职教育圈、单亲家庭亲职教育圈等。父母通过分享、讨论亲子交流、儿童教养等方面的知识、技能与方法,有效地弥补了社会和学校亲职教育活动的不足。此外,未来学校也将通过家校联动网络大力宣传个人或者社会机构所发起的亲职教育活动,并鼓励家长积极参加亲职教育活动,让家长在观摩与实践中提升自身的亲职教养能力。

2. 提高子女的子职实践能力

子职与亲职是相对应的角色与概念,子女的子职实践与父母的亲职教养有高度正相关关系,那些胜任父母的角色与责任,懂得如何教养孩子、陪伴孩子的父母,其子女也知道如何回馈父母,如何扮演为人子女的角色和责任。① 因此,未来学校实施亲职教育,发展父母亲职教养能力的过程就是间接地提高其子女的子职实践能力的过程。除此之外,子女仍然非常需要通过子职教育来提高自身的子职实践能力。由于子职实践的背景是子女的社会生活,这也就意味着子职教育的实施不能不建立在社会生活的基础上,并结合每个家庭以及子女个体的独特性来系统考虑。因此,未来学校还将利用家校联动网络扩展子职教育的环境,建构生活化的子职教育课程,并结合体验学习的方式,切实提高子女的子职实践能力。

未来学校将利用家校联动网络建构出以家庭与学校为主阵地,以整个社会生活为依托的子职教育环境。一方面,家庭是未成年子女生活的中心,因而家庭理所当然是子职教育环境的中心。"由于亲子两代之子职实践具有代间传递情形,亲子之间的子职实践亦会

---

① 吴琼洳,蔡明昌.台湾南部地区未成年子女及其父母之子职实践研究[J].嘉大教育研究学刊,2019(43):26-27.

相互影响。"①故而未来学校的教师将通过网络远程协助父母的子职实践,帮助父母在家庭生活中树立独立自制、陪伴体恤、分担家务、对祖父母进行文化反哺等子职实践之身教典范,据以为子女提供良好的子职教育家庭环境。另一方面,同亲职教育相仿,未来学校支持所有关心子职教育的组织和个人通过家校联动网络建立联系。大家能够共享子职教育资源,协同举办子职教育活动,创造性地开辟子职教育新空间,为子职实践能力的培养创造更加便利与丰富的子职教育环境。

未来学校将通过家校联动网络建立学校、家庭与科研机构三者的联系,共同建构生活化的子职教育课程。近年来,已有许多研究分析子职知觉与子职实践的密切关系,指明子职知觉是影响子职实践最主要的因素。② 子职知觉亦称子职角色知觉或者子职认知,系指为人子女对自己所应担负子职职责的认知与觉察。在大多数情况下,子女的子职知觉愈强、愈清晰,子职实践的表现愈佳。③ 也就是说,若想提升子女的子职实践能力,必须从提升子女的子职知觉做起。有研究者发现子职教育课程是增进子职知觉的最佳方式④,并且课程内容越是深入涉及真实的生活情境,子女的子职知觉就越好,进而子女的子职实践能力也就越强。因此,未来学校不仅需要把子职教育融入相关学科领域中,而且将设计出生活化的子职教育专题课。在家校联动网络的支持下,未来学校能够广泛地邀请父

---

① 吴琼泂,蔡明昌.台湾南部地区未成年子女及其父母之子职实践研究[J].嘉大教育研究学刊,2019(43):26-27.

② 参见吴恩婷关于高中职生子职角色知觉、子职角色实践与实践阻碍因素的探究(嘉义大学毕业论文,2009年)。

③ 参见唐佩钰关于高雄市中学生子职角色知觉、子职实践与亲子关系的研究(高雄师范大学毕业论文,2010年)。

④ 参见吴顺发关于中学子职教育课程实践对父子亲密感影响的研究(嘉义大学毕业论文,2009年)。

母、子女与专家学者共同参与子职教育课程之规划,将日常生活中亲子互动的经验、困扰及实例课程化,也借此机会增进子女对父母的了解,促进其省思自身的子职知觉与子职实践。除了借由课程规划让学生认知子女所应担负的职责,未来学校还将以体验学习的方式实施课程,指导与协助学生在家庭生活中知觉身为子女的职责,切实担负起子职角色,使学生在知行合一中提升自身的子职实践能力。

(三)"合群"价值:在"多维互嵌"的教育公共生活中培育公共人

在礼崩乐坏、群体离散的春秋时代,为了个体人格的完成、心灵的安慰以及公共生活的组织与维系,儒家提倡君子养成之学,即通过"学"培养具有"合群"自觉与能力的人,也即具有公共生活的精神和能力的"公共人"。在现代化进程中,原子化、竞争化、功利化、城市化等多重因素在一定程度上导致了公共生活的消逝与"公共人的衰落"。特别在进入人工智能时代之后,我们看到虽然日新月异的通信技术大大便利和加深了人与人之间的相互了解,但是也毫无必要地削弱了人与人在社会生活中的实际交往。此外,互联网的公共空间中出现的非理性表达、理性沉没、煽动性话语、人身攻击等言论现象,反映出公民的公共关怀、公共理性、公共参与能力等公共性的普遍不足。因此,在智能社会里,人们迫切需要通过公民品格教育来培育个体的公民品格,成长为智能时代公共生活里的"公共人",这既是个体成人的基本要求,也是社会进步的必然需求。

公民品格是公民在公共生活中表现出来的内在品质、能力、力量与素质,包括个体品格和公共品格两个方面。其中个体品格是个人的主体性品质,主要包括个体在公共生活中所表现出来的独立意识、自主精神、批判精神和批判能力。公共品格是个人的公共性品

第三章 人工智能时代未来学校的价值诉求

质,主要包括个人在公共生活中所表现出来的公共意识、公共理性和公共参与能力等。① 由于公民品格不是个体先天具备的,而是在参与公共生活的过程中逐渐发展起来的②,这就意味着公民品格教育需要一种与公共生活高度契合的情境化环境,培育智能社会的"公共人"首先取决于对智能时代公共生活的认定。

在智能社会,基于新技术的公共生活呈现出虚实交织与人机交互的复杂样态,既具有被重构激活的前景,也存在着被解构侵蚀的危机。一方面,互联网与移动设备的普及使越来越多的数据和公众在网络空间与实体空间中自由流动,信息来源的多样化、话语主体的多元化以及网络空间的非控制性与交互性等特征扩大和活跃了公共生活领域。③ 同时,人工智能、大数据、机器人等技术的集合使智能机器人日益介入公共生活的积极重构中,力图承担建设性的公共服务,产生公共知识。④ 还有一些社交机器人试图聚焦各种公共事件,在社交媒体上与公众互动,并且在交流中形成舆论并促进公众达成共识,进一步为民主、平等、自由的公共生活注入活力。然而,另一方面,受到政治与商业因素的裹挟,人类和一些被人类利益驱动的机器人通过社交媒体操纵公共舆论,产生虚假的民主与共识,故意煽动公众的情感,干扰公众的注意与判断。⑤ 这些行为导致网络空间出现信息的超载与失真、无序的公共参与、单一的话语声音以及公众的非理性表达等现象,在一定程度上侵蚀着良好的公

---

① 冯建军.公民品格与公共生活[J].道德与文明,2020(4):7.
② 冯建军.公民品格与公共生活[J].道德与文明,2020(4):11.
③ 申建林,邱雨.重构还是解构——关于网络空间公共领域命运的争议[J].武汉大学学报(哲学社会科学版),2020(5):147-148.
④ 罗昕.计算宣传:人工智能时代的公共舆论新形态[J].人民论坛·学术前沿,2020(15):28.
⑤ 罗昕.计算宣传:人工智能时代的公共舆论新形态[J].人民论坛·学术前沿,2020(15):25.

共生活。概而言之,"重构"与"解构"两种力量共同塑造着智能时代的公共生活,使公共领域的言说表现出既多元、自由、平等、理性,又单一、专制、强势、情绪化的特征。

从上文分析可知,智能社会的公共生活过于复杂,并且存在着解构公共生活的丑陋现象,学生很难通过直接参与社会公共生活提高公民品格。因此,培育公共品格的公共生活不应该是社会公共生活的翻版,而是"简化、净化、平衡"①社会公共生活中的各种因素,有意设计和打造的一种"教育公共生活"②。未来学校作为一个包容公共领域与私人领域、虚拟世界与现实世界、人与AI的教-学共同体,在把学校、家庭、社会,线上与线下,国内与国外等各个领域中的人和AI相互联系起来的同时,可以利用智能算法有效"过滤"不利于生命成长的要素,从而打造"多维互嵌"的教育公共生活,培育学习者的个体品格和公共品格,使学习者逐步成长为智能社会里的"公共人"。

1. 生成个体品格

未来学校在"多元互嵌"的教育公共生活中培养个体独立的人格和独特的个性,使个体在与他者的交往中生成个体品格。未来学校中的教育公共生活以"多维互嵌"为基本特征,意指网络空间的公共生活、现实空间的公共生活、社区的公共生活、市场的公共生活、场馆的公共生活等多层次多类型的公共生活在未来学校中相互渗透、彼此融入,从而使所有参与教育活动的人有可能相互连接起来,并且通过"教育"这个纽带构成完整的教育公共生活。通过这种"多

---

① 约翰·杜威.民主主义与教育[M].王承绪,译.北京:人民教育出版社,2001:25-26.
② 冯建军.论学校教育作为公共生活[J].华东师范大学学报(教育科学版),2014(3):38-48.

维互嵌"的教育公共生活,未来学校中的教育者与学习者能够以多种多样的交往方式与其他学校、社区乃至世界各地的公民或者智能体进行自由平等的对话,并且围绕全球范围内的热点问题和周围世界的日常问题,共同设计与开展公民品格教育以及与公民品格相结合的学科教育,实现在教育公共生活中实施教育活动,在教育活动中建构教育公共生活。

未来学校的教育公共生活以尊重个体的主体性为首要原则,"强调个体在公民教育过程中主体的显现,使学习者在现有秩序中保持独立,不被塑造成标准化的样本"①。因此,参与教育公共生活的每一个人既可以收集来自不同人群和人工智能的视角与思想,也可以自由地从自己的立场表达观点。对每一个个体而言,人工智能不仅带来了更多对话的机会,也创造了许多意想不到的对话。个体通过不断地与人和人工智能讨论和辩论,批判性地审视和学习不同的视角与思想,进而提升自身的直觉、观察、判断、思维、表达和交流能力,以使自己逐渐生成个体品格。

2. 提升公共品格

公共品格与个体品格密切相关,公民的个体品格是培育公共品格的前提,公共品格是个体品格在公共生活里的扩展。个体只有获得了能动性、独立性、批判性等个体品格,才可能发展出公共精神、公共关怀、公共理性等公共品格,才可能在公共生活中展现出健全的公民品格。未来学校在"多维互嵌"的教育公共生活中发展个体对于超越于个体之上的共同体和共同利益的理解,使个体在与他者交往的过程中提升公共品格。

---

① 吴希.后殖民主义视域下对全球公民教育的批判与反思[J].比较教育研究,2020(9):90-96.

"多维互嵌"的教育公共生活使个体与他者之间自由的经验交流和多样的联合生活成为可能,让每一个人有机会向他者充分地"敞开",认真地倾听他人、真诚地理解他人。通过教育公共生活,个人不仅学会学习,而且学会尊重与包容不同的信仰、不同的语言、不同的立场,使自身充分地沉浸在多样性之中,从而超越了个人的偏见与陈规,超越了人与人之间的分离与对立。正是通过这种相互关系,每一个人才能深刻地体会到人类始终是相互依存的命运共同体,共同利益让人们能够充分发展自身的潜能,共同拥有美好生活。①

(四)"天地"价值:在自然的教育中促进"人的自然化"的实现

从工业时代开始,自然与人的分离与对立,突出地体现在人类为了创造和积聚财富为所欲为地开发自然、掠夺自然,从而造成了无可挽回的生态灾难。进入人工智能时代,人工智能作为近于"天道"的宇宙智能形态②,创造了"天人合一"的新内涵,意指人类与包括人工智能在内的宇宙万物的合一。然而,在后工业的智能时代,天人之相分与相争的形势依旧十分严峻,突出地表现在人工智能与人的分离与对立。人类竭尽全力地发展技术、占有技术、消费技术,以使智能机器尽最大可能地满足人类的欲望。可是在人类不顾一切地研发和使用智能技术的过程中,却也埋藏着人类自身被人工智能奴役和控制的巨大危机。因此,在人工智能时代,在彻底去除掉"天"的命定、主宰的内涵之后,"天人合一"的观念对于人类个体和整体的发展具有重要的价值意义。人们迫切需要通过教与学来领

---

① 联合国教科文组织.反思教育:向"全球共同利益"的理念转变[M].联合国教科文组织中文科,译.北京:教育科学出版社,2017:69-70.

② 顾骏.天问:二元智能时代的一元未来[J].探索与争鸣,2017(10):56-65.

悟人与天地相参之道,经验生命体的融通,这既是个体整全和谐发展的真实需求,也是人类社会长久发展的必然要求。

中国传统文化中的"天人合一"思想可以理解为"人的自然化",是与"自然的人化"相对应的范畴,也是"自然的人化"发展到一定历史阶段的结果。"自然的人化"是以人的意愿去改造自然的过程,也是人类在自然面前强大起来的过程。经由这一过程,人类不仅对自然造成了深远的负面影响,而且给人自身带来了各种异化。① "人的自然化"就是在此基础上提出来的,是一种"本已'人化'、'社会化'了的人的心理、精神又返回到自然去"②,是一种对自然被过度人化的制约与纠偏。"人的自然化"的实现要经历身体自然化、环境自然化和心灵自然化三个层面。简单地说,身体自然化是身体对自然的接近与体认,是"人的自然化"的基础;环境自然化是使人类生活环境成为符合自然美的绿色家园,是"人的自然化"的条件;心灵自然化是心灵与自然的情感联系和审美交融,是"人的自然化"的最高境界。③ 无论是身体自然化还是心灵自然化,都不只需要身心直接地亲近自然,更需要通过教或者学提升人对自然的认识、情感和道德修养。④

在当今以及未来的世界中,高科技的生活环境已成为不可逆转的发展趋势,通过教与学来实现"人的自然化"似乎越来越困难。庆幸的是,未来学校恰恰是融入自然、追溯自然、与自然相互通达的学

---

① 徐碧辉.从"自然的人化"到"人自然化"——后工业时代美的本质的哲学内涵[J].四川师范大学学报(社会科学版),2011(4):64-70.

② 李泽厚.人类学历史本体论[M].天津:天津社会科学院出版社,2008:49-50.

③ 徐碧辉.从"自然的人化"到"人自然化"——后工业时代美的本质的哲学内涵[J].四川师范大学学报(社会科学版),2011(4):64-70.

④ 徐碧辉.从"自然的人化"到"人自然化"——后工业时代美的本质的哲学内涵[J].四川师范大学学报(社会科学版),2011(4):64-70.

校,它重视长久以来被忽视的"自然之维"①,通过自然的教育促进"人的自然化"的实现。这种自然一方面是指未来学校可以在科技美学和生态美学的指导下,设计出科技、自然与人文浑然天成的教育时空,使师生浸润在科技加持的自然人文之境中进行教与学。另一方面是指未来学校把教育延伸至本真的大自然中,鼓励师生适时地从技术世界中抽身出来,把身心安放在大自然的教-学活动中,从而认识自然之美、感受自然之美、创造自然之美。在人与自然的交流与交融中,教师引导学生将人与大自然的共生和谐关系延伸至人与万事万物的关系中,尤其是人与人工智能的关系中,使学生懂得尊重智能机器,合理地使用、拒绝和发展智能机器,逐渐获得智能时代天人合一的"自然智慧"。

1. 促进身体自然化

未来学校在自然的教育时空中让学生直接用身体去接近、感受自然,并且基于自然的自由活动或者教-学活动促进身体自然化。在教育时间的设计上,卢梭曾明确指出教育应服从自然的法则,要按照学生的年龄对待他,"从一开始就把他放在他应该待的位置上"②。因此,未来学校不以一个统一僵化的时间表来限制或者催促学生的身心发展,而是以学生的自然时间和天地的自然时间为首要依据设计教育时间,以使学生更深刻地了解身体生长的节律,体会日常生活、学习、工作的节律与天地运转的节律的同一性关系。在教育空间的设计上,诚如李泽厚所言,在科技高度发达的后工业社会,人类已经不可能完全重返"悠然见南山"的田园生活,要做的是用科技美学寻觅和开掘现代生活的"诗情美意"。③ 因此,未来学

---

① 李政涛."未来学校",是什么样的学校?[J].基础教育,2021(1):1.
② 让·雅克·卢梭.爱弥尔[M].叶红婷,译.北京:台海出版社,2016:104.
③ 李泽厚.美学四讲[M].武汉:长江文艺出版社,2019:89.

校的教育空间不是背离人性和自然的高科技仓库,而是人文、自然、科技在相互渗透中所构成的生命园地。置身于这个诗意与科技交融的教育场所,师生将通过一系列自由活动或者基于自然的项目活动,不仅以身体直接地经验自然,借助科技细致地观察自然,而且在运用身体的过程中挖掘自身所蕴藏的自然天赋,感受身体自然性的珍贵,从而使终日沉浸于科技文明中的身体重新回到自然的状态,建立身体与自然的密切联系。

2. 促进心灵自然化

身体自然化唤醒了身体向自然的开放性,心灵自然化则是身体自然化的进一步展开,亦是"人的自然化"的归宿。未来学校在自然的教育时空中让人与自然相遇,并且在基于自然的自由活动和教-学活动中,让人体认宇宙自然的奥秘,建立心灵与自然的情感联系。未来学校鼓励师生适时地"把时间白白地浪费掉",尽情地亲近和享受本真的大自然,让学生在"无心""无目的性"①的自然情境中舒展身心,唤起个体生命深处已存的种种美好体验。正如卢梭所言:"大自然的景象奇观存在于人的心灵深处,一个人要看到它,就必须感受它。"可是,如果孩子对于形成这种自然景象的大手一无所知,"他又怎么会因为这种自然景观的美而感动"②? 在此基础上,教师通过基于自然的教-学活动把相关的知识与正在经历的情境联系起来,与学生早已有的理智、情感和道德经验联系起来,以此激起学生对自然万物生命奥义的好奇心,扩展学生个体的经验范围,提升学生个体积淀了理性的感性能力,使"个体能够主动地与宇宙-自然的许多功能、规律、结构相同构呼应,以真实的个体感性来把握、混同

---

① 李泽厚.人类学历史本体论[M].青岛:青岛出版社,2016:537.
② 让·雅克·卢梭.爱弥尔[M].叶红婷,译.北京:台海出版社,2016:257.

于宇宙的节律从而物我两忘、天人合一"①。师生在经历了自然情境中的教与学之后,重新回归到日常生活之中来。教师有意识地引导学生把这种与自然合一的审美体验延展至万事万物之中,旨在使学生了解生命体之间的依存与融通,学会尊重和成就各种生命形态的成长,明晰人类只有做到以自己的生命助天地化育万物,才能真正实现与天地相参。

---

① 李泽厚.实用理性与乐感文化[M].北京:三联书店,2005:240.

第四章
人工智能时代未来学校的图景构造

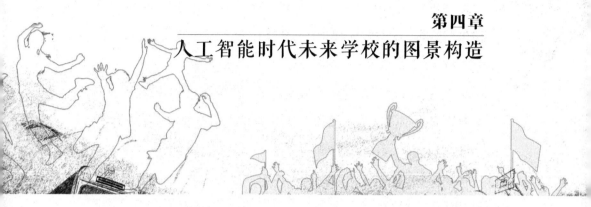

对未来学校概念和价值的考察,使我们对未来学校的认识不断深入。但是,这样的认识还不够全面、具体、丰满,还没有使我们完整而清楚地看到未来学校的全貌。未来学校图景是基于对未来学校的认识、期待、需要、想象所做的全面而细致的描绘,它不仅可以重构人们对现代学校的认识,而且可以帮助人们识别未来学校可能面临的机遇和挑战,为智能时代的学校变革做好准备。为了完成图景构造,本研究将首先阐明整体取向的未来学校图景构思。之后,从学习空间、学习方式、教育流程三个维度系统地清理关于未来学校图景的已有研究,在批判性地吸收已有思想与材料的基础上,以整体取向的研究视野对未来学校图景的三个维度进行再建构。最后,通过学生、教师、家长、社会成员四种视角来呈现三个维度在相互联系、相互作用和相互渗透中生成的未来学校整体图景。

一、整体取向的未来学校图景构思

2015年召开的首届未来学校研讨会上,我国学者尚俊杰提出未来学校建设的三层境界:第一层是基础设施建设,主要包括校舍、软硬件设施等学习空间的建设;第二层是学习方式变革,主要包括学习理念和具体学习方式的变革;第三层是教育流程再造,主要涉及组织结构、课程教学模式、组织管理等方面的再造。2020年,在《未来教育重塑研究》一书中,尚俊杰再次重申这三层境界对于理解未来学校应该是什么样的非常重要。① 可以说,这一提要钩玄的创见为本文指明了构造未来学校整体图景的三个维度,即学习空间、学习方式、教育流程。可是,即便本研究能够一一详尽地勾勒出每个维度,也不过是同时展现出未来学校图景的三个部分,不能使人们看到未来学校图景的全貌。更为重要的是,这种表现方式还很可能导致人们对于未来学校图景的认识囿于一隅,陷入某种支离破碎之中。

有鉴于此,我们不得不思考:怎样才能对未来学校图景做出整体性的描绘?要回答这一问题,首先要明确未来学校图景的内涵。本研究认为未来学校图景是人们在思想中建构的关于未来学校的理想图像,这背后蕴含着人们对未来学校的根本理解与真实需要,也就是未来学校的内涵与价值。应该说,未来学校的内涵与价值实质性地主导着未来学校图景三个表现维度的变革。那么这三个维度之间又存有什么样的关系呢?当我们带着这一问题对学习空间、学习方式、教育流程的相关文献进行整理与反思时,可以发现这三个维度不仅关系密切,而且相互影响。

首先,学习空间和学习方式辩证统一。列斐伏尔认为空间不是刻板、静止的,而是处于动态、生成过程之中。他论证了社会生产空间与人类生产行为之间的辩证关系,指出二者之间始终相互依存和相互影响。学习空间作为社会生产空间的一种类型,与空间中的学

---

① 尚俊杰.未来教育重塑研究[M].上海:华东师范大学出版社,2020:209.

习活动同样存有这样的辩证统一关系。一方面,学习空间承载、支撑和服务于学习活动,影响着学习方式的实施、创新与展开;另一方面,新旧学习方式下的学习活动也在不断构筑学习空间,推动着学习空间的发展、演变与重塑。①

其次,学习空间与教育流程之间相互影响。一方面,教育流程再造要求学习空间必须重塑,学习空间需要随着教育流程再造而发生相应变革。早在20世纪初,杜威就已经对学习空间与教育流程之间的密切关系做出深刻的思考,他明确指出学制的各个部分以及学校各门学科的联结和统一要求学校在空间上摆脱隔离状态,与社会保持有机联系。在《学校与社会》一书中,杜威详细地描绘了一所与社会环境密切相连的学校,充分展现出学习空间的重塑如何促成教育流程的再造。从杜威的描绘中,我们可以看到,这所新学校在与临近的家庭、商铺、大学、公园等教育机构和社会机构的有机联系中,将学校的学习空间扩展到整个社会,使学习活动与社会生活结合起来,使年幼的儿童教育与正在成熟的青少年教育联系起来。这样,各门学科的知识、道德、情感等关乎成长的各个方面,自然地统一于烹饪、木工、戏剧、耕种等各种社会实践活动中,学制的各个部分也不存在高级与低级的区分,而仅仅是教育。② 另一方面,学习空间不是教育流程所预设的固定形态,学习空间自身处于不断变动之中,并且驱动着教育流程再造。在《学校空间论》一书中,学者苏尚锋通过将学校空间分解为固定空间、半固定空间与不定空间三种相互连接和相互影响的空间形态,力图表达学校空间并非只是静止

---

① 李爽,鲍婷婷,王双."互联网+教育"的学习空间观:联通与融合[J].电化教育研究,2020(2):25-31.
② 约翰·杜威.学校与社会·明日之学校[M].赵祥麟,任钟印,吴志宏,译.北京:人民教育出版社,2005:57-67.

的建筑物,也不是学校制度的单纯构想,现实的空间一直处于灵活生成之中。在他看来,作为不定空间的身体不完全服从强制他进行学校化的制度,这种空间形态既接受着学校制度的约束和制约,也充满着自主性和能动性,表现出对社会构型力量的审视与化解。因此,学校制度必须弹性化,使作为空间的身体焕发活力,确保真正教育的存在。①

最后,随着大数据、人工智能等新IT技术与教育的融合,学习方式与教育流程的关系也越来越紧密。一方面,教育流程应该积极回应新IT技术支持下的创新学习方式,另一方面,教育流程再造又影响着学习方式的变革。2016年的《地平线报告》(基础教育版)指明,基于项目、能力和挑战的创新学习方式要求现行学校组织结构与管理制度的再造,从而更好地适应和促进学习方式的变革,帮助学生更加灵活地在不同的学习活动之间转移。与此同时,设计更加灵活并以学生为中心的组织结构、评价方式与管理制度能够帮助师生更好地创造与实施学习项目。②

在确认了学习空间、学习方式、教育流程三个维度既受未来学校的内涵和价值的指导,又存在相互联系、相互影响、相互渗透的关系之后,一种构造未来学校图景的基于整体取向的研究视野呼之欲出。在这种整体取向的研究视野下,研究者不把任何一个维度看作孤立的一维,而是重视三个维度的沟通,并且力争通过不同的视角向人们生动、形象地展现出不同的学习方式如何在不同的学习空间中设计与展开,这些学习方式又如何影响学习空间的改变,以及这

---

① 苏尚锋.学校空间论[M].北京:教育科学出版社,2012:192-193.
② NMC/CoSN horizon report: 2016 K-12 edition[EB/OL]. (2016-08-30) [2020-8-16]. https://www.k12blueprint.com/sites/default/files/2016-nmc-cosn-horizon-report-k12.pdf.

些学习空间中的组织结构、课程模式、管理评价等教育流程如何促进学习方式的变革等。

本研究首先系统地梳理未来学校图景的已有研究,即按照学习空间、学习方式、教育流程三个维度的划分,精选能够为本研究图景构造带来启示的研究成果。需要说明的是,为了清晰起见,笔者在成文中对三个维度做了先后顺序的区分,但是实质上,每一个维度的建构都没有脱离其他两个维度的影响。其次,在批判性地吸收已有思想与材料的基础上,在未来学校的内涵和价值的指导下,在教育流程、学习方式与学习空间三维度的相互联系与相互影响中,细致地建构三个维度的具体内容。最后,试图通过学生、教师、家长、社会成员四种视角来呈现这三个维度在相互联系、相互作用和相互渗透中所生成的未来学校整体图景。

二、学习空间重构

对于学习而言,空间已不再仅仅是学习的发生之地,还涵盖这一空间对于学生的学习而言所提供的支持条件。① 过去十年,层出不穷的新技术使学习空间的内涵越来越具有包容性,图书馆、教师办公室、小组活动室、咖啡厅、餐厅、在线教育平台等物理空间和虚拟空间都可以作为学习空间。② 从 2015 年开始,《地平线报告》反复提及教育技术应用领域的一个关键趋势就是重新设计学习空间。为了推进智联网、大数据、智能机器等新技术在学习活动中的应用,各级各类学校亟须开展学习空间的建设。因此,近年来,不同学科

---

① 沈书生.学习空间:学习发生的中介物[J].电化教育研究,2020(8):19-25.

② 爱芭·奥西恩尼尔森.创新学习与创新学习空间[J].肖俊洪,译.中国远程教育,2019(2):59-70,91.

领域的研究者将技术支持下的学习空间设计纳入自己的研究范围，使之成为一个热点的研究课题，并积累了一定的研究成果。下文先对智能时代学习空间的发展趋势和设计案例进行梳理，之后分析已有研究的优势和不足，并基于已有研究成果，详细设计一个流变贯通的学校学习空间。

（一）学习空间的发展趋势

2009年，英国非营利组织联合信息系统委员会在《21世纪学习空间设计指南》中提出，随着信息技术的发展，21世纪学习空间应该具备六个特征，分别是：①灵活性，空间能够适应当前和未来不断发展的教学方法；②重构性，空间可以重新配置；③开放性，空间能够超越已经测试过的技术和教学法；④创造性，空间能够激励和启发师生；⑤支持性，空间能够开发所有学习者的潜力；⑥进取性，空间能够支持不同的教学目的。① 随着人工智能技术向教育领域的渗透，由新IT技术所构建的学习空间正在表现出诸多新变化。沈书生认为，新技术介入的学习空间展现出技术组合性、自组织性和拟人智能性的特征，未来将呈现从单一到多样、从固定到变化、从静态到动态的变革趋势。② 许亚锋等人认为，学习空间与教学目标、教学形态密切相关，他们在考察了面向智能时代的教学目标和教学形态的基础上，提出学习空间除了具有灵活、人性、开放、智能等特征之外，还将凸显以下四个关键特征：①包容性，空间能够智能地感知不同学习者对于学习环境的需求，提供适切的学习服务；②层次

---

① Marmot A. 21st century learning space design [EB/OL]. (2006-09-12) [2020-12-10]. https://www.researchgate.net/publication/307571230_21st_Century_Learning_Space_Design.
② 沈书生.学习空间:学习发生的中介物[J].电化教育研究,2020(8):19-25.

性,空间在布局、设备、资源等方面具有层次;③多样性,空间能够为每个学习者创设个性化的学习环境;④协同性,空间能够使师生与空间内外要素通过协作共同达成学习目标。① 曼彻斯特大学建筑学教授 Uduku 认为,灵活性应成为 21 世纪学习空间背后的核心理念。在他看来,21 世纪需要的不是更多的学习空间,而是增加每一个学习空间的灵活性,使它们能够不断地重新配置自己,以适应广泛的学习风格、不同的学习方式和多样的课程类型。②

(二)学习空间的设计案例

随着新技术对教育的影响日益增强,未来学校几乎处处都可以成为学习空间。有些研究者关注学校学习空间的局部设计,比如专为某种学习方式或者某门学科而建立的正式学习空间,或者建筑入口、餐厅等非正式学习空间。有些研究者关注学校学习空间的整体规划,力图为我们展现一幅完整的校园学习空间图景。因此,下文就对单一学习空间的具体设计和学校学习空间的整体规划的相关研究进行梳理。

1. 学校学习空间的局部设计

科学博士西蒙·阿玛尔等人认为,学校应当把一些教室转变成专门用于不同科目、不同学习方式的学习空间,并且重点分析了正在其学校运行的两种学习空间的基本构造。这两种学习空间虽然布局各异、功用不同,但是它们都使先进的信息技术与专门的学科

---

① 许亚锋,高红英.面向人工智能时代的学习空间变革研究[J].远程教育杂志,2018 (1):48-60.
② McGrath S, Gu Q. Routledge handbook of international education and development[M]. Oxfordshire: Routledge, 2016:206-207.

课程、教学方法以最适当的方式结合了起来。①

第一类学习空间称为"动态学习空间"(见图4-1),主要服务于合作学习的需要。这种学习空间通常由不同的学习区域或者由独立而又相邻的几个学习空间构成,每个区域或空间配备了网络、电脑、智能板、白板、软件包等设备,方便师生快速地从合作学习的一个阶段过渡到下一个阶段,促进不同学科教师之间的合作。第二种学习空间称为"生物学习空间"(见图4-2),主要服务于生物学、动物学、植物学、生态学等自然科学领域的教学。这种封闭、透明、可监控的学习空间容纳了自然界的所有组成部分,形成了一个包含动植物世界和环境活动的各种过程的生态系统。该空间配置了不同的传感器监控,这些传感器实时显示气候数据,如温度、湿度、光线、水的溶氧量等。除此之外,空间还配备了气候控制系统和光照调控系统,用来调节一天中不同时间和一年中不同季节所需的光照量。计算机控制系统和个人平板电脑可以操作、控制和收集连接到计算机的所有系统的数据。在这里,学生在伴随自然生长的过程中学习收集信息、解决问题和规划项目,同时使用先进的技术工具全面了解环境中的各种因素,以及这些因素如何受到气候条件的影响。②

技术增强的主动学习教室(technology-enhanced active learning classrooms,TEALCs)作为一种优化学生主动学习的富技术学习空间,已经成为中外高等教育和一些发达国家K-12教育最为常规也最受欢迎的学习空间之一。学者罗伯特·塔尔伯特认为主动学习教室只有以连通性为核心追求,采用"多中心"或"无中心"的设计,

---

① Amar S, David N B. Future learning environments for tomorrow's schools [J]. European scientific journal, 2017, (12):385-398.

② Amar S, David N B. Future learning environments for tomorrow's schools [J]. European scientific journal, 2017, (12):385-398.

图 4-1　动态学习空间

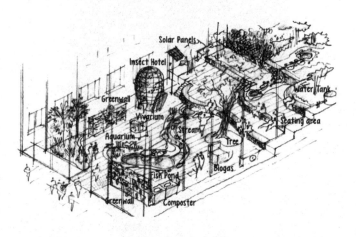

图 4-2　生物学习空间

才能最大限度地促进学生的主动学习。据此,他建构了主动学习教室的质量与要素标准模型,要求空间具有可见性、连通性、流动性、支持表达与分享,包括可移动家具、书写板、数字投影仪、平板电脑、无线网络、课程反应系统等数字技术与模拟工具。① Beichner 等人结合教学、技术和空间方面的创新,为北卡罗来纳州立大学设计出一种高度协作、重视动手操作、运用丰富技术的主动学习教室(见图 4-3)。这种主动学习教室呈狭长形状,室内设置七至十张圆桌,桌子的数量须便利教师在桌子之间自由走动和学生之间进行交流。

---

① Talbert R, Mor-Avi A. A space for learning: an analysis of research on active learning spaces[J]. Heliyon,2019, 5(12):e02967.

每张桌子坐九位学生,每三位学生为一个小组,共享笔记本电脑、实验设备和关键资源,每九位学生为一个大组,共同完成学习任务,并且通过每个组的手持式白板,与其他同学分享他们的观点。教室还包括多个投影仪和无线麦克风,因此,无论学生坐在哪里,他们都可以看到正在投影的内容,都可以听见教师的声音。①

图 4-3　主动学习教室

智慧学习空间(smart learning spaces)是一种技术支持的学习环境。它通过分析学习者在现实世界和虚拟世界中的学习行为与学习概况,结合个人的需要和习惯,在合适的地点和时间为其提供适当的学习支持(如指导、反馈、提示或工具等)。许亚锋等人参照PST(pedagogy-space-technology)框架提出了智能学习空间层级模型,从空间布局、物理环境、陈设、智能技术四个方面分析了空间的内部设计。这种智能学习空间遵循"开放式"与"区隔式"相结合的布局(见图4-4),有效减少各人或各小组异步活动的相互干扰,实现多样化教学与学习活动的同时开展与相互切换。智能技术的铺设和整合,不仅能够根据个体需要和偏好对学习空间里的温度、湿度、照明、色彩、家具进行个性化调节,还可以为师生提供智能化的教学

---

① Beichner R J, Saul J M, Abbott D S, et al. The student-centered activities for large enrollment undergraduate programs (SCALE-UP) project[J]. Research-based reform of university physics, 2007, 1(1): 2-39.

与学习服务。例如,智能系统通过对学生语音、语调的捕捉与分析,推断学生的情感状态,从而发现学生在课程中遇到的问题,并由系统提供合适的解决方案。智能导师和智能学伴可以与学生进行自由的互动,引导、监督、陪伴、激发学生学习。①

图 4-4 "开放式"与"区隔式"相结合的空间布局

"创客空间"有时也被称为 STEAM 实验室或 fab labs,是一种跨越正式学习与非正式学习的学习空间,旨在帮助学生通过设计、试验、建造和发明深入学习 STEAM 相关学科。2016 年,《地平线报告(基础教育版)》预测,为了更好地发展学生的 21 世纪技能,"创客空间"在短期内将进入主流教学应用。② 有研究者认为"创客空间"最好采用非结构化的设计,尽量包含科学实验室、木工车间、计算机实验室或艺术室等所有这些熟悉空间中的相关元素,比如 3D 打印机、激光切割机、无人机等数字制造工具,以及舞蹈创作、电影

---

① 许亚锋,高红英.面向人工智能时代的学习空间变革研究[J].远程教育杂志,2018(1):48-60.
② NMC/CoSN horizon report: 2016 K-12 edition[EB/OL]. (2016-08-30)[2020-8-16]. https://www.k12blueprint.com/sites/default/files/2016-nmc-cosn-horizon-report-k12.pdf.

制作、唱歌、摄影所需的设备仪器。① 2016年,美国加州安纳利高中(Analy high school)的创客教师介绍了学校"创客空间"的设计,该校的"maker classroom"曾是全美创客教育的典范(见图4-5)。这个如同车间一样的"创客空间"是一个木工车间、计算机实验室和艺术工作室的结合体,空间布局灵活有序,组织良好的标签货架和明确划分的活动区域把不同类型的项目区别开来。"创客空间"给学生和社区成员提供了各种工具和材料,包括木材、金属加工工具、激光雕刻机、激光切割机、3D打印机、机器人技术和各种计算组件等软硬件设备,支持他们自由创作,用双手和头脑解决实际问题。②

图4-5 安纳利高中的创客空间

虚拟现实教室(VR classroom)将沉浸式VR技术融合于教学过程,在全面整合计算机终端、智能系统、教学平台、教育资源的基础上,创造高度开放、互动性、沉浸式的学习环境,促进抽象概念与问题的具象化。有研究者以一节地理课为例,介绍了VR教室及其具体应用。教师首先在计算机上下载课程所需的VR资源,并且通

---

① Cooper J. Designing a school makerspace: an approach to defining and designing the right space for your school[EB/OL]. (2013-09-30)[2020-12-12]. https://www.edutopia.org/blog/designing-a-school-makerspace-jennifer-cooper.

② Waters J K. What makes a great makerspace? [J]. THE Journal (Technological Horizons In Education), 2016, (5): 26.

过局域网将VR资源发送到所有学生的虚拟现实眼镜上。在教师按下播放键之后,学生带上VR眼镜就可以体验太阳及其行星的耀眼光辉和宇宙的无边无际。在课程结束后,师生将VR设备放回防潮柜中(见图4-6和4-7)。①

图4-6　虚拟现实教室设计效果图

图4-7　VR教室

随着非正式学习日益受到重视,非正式学习空间的设计也受到研究者的关注。奈尔在《重新设计一所好学校》一书中,提出学习空间应遵循"宾至如归、多功能、支持多种学习活动、营造积极的学校氛围"的设计原则。② 按照这四个原则设计的非正式学习空间尤其值得关注。例如,坐落在一片常青树森林里的梅多代尔中学在校园入口处创造了一个休闲的户外聚集空间,让人们在进入学校前可以舒适地交谈,愉快地开启一天的学习旅程(见图4-8)。③ 梅德福杰克逊小学的公共区域紧邻学校入口处,这片开阔的区域是阅读、使用电脑、团队合作、表演、成人教育的好场所(见图4-9)。④ 希勒尔

---

① Dong X. An overall solution of virtual reality classroom[C]//2016 IEEE international conference on service operations and logistics, and informatics (SOLI), 2016: 119-123.

② 普拉卡什·奈尔. 重新设计一所好学校[M]. 林文静,译. 北京:中国青年出版社,2019:27.

③ 普拉卡什·奈尔. 重新设计一所好学校[M]. 林文静,译. 北京:中国青年出版社,2019:72.

④ 普拉卡什·奈尔. 重新设计一所好学校[M]. 林文静,译. 北京:中国青年出版社,2019:83.

学院通过移除储物柜、摆放学习设施、安置玻璃门,把教学楼的走廊转变成一个开放灵活、阳光充足的学习空间(见图4-10)。① 科佩尔新科技高中的餐厅被改造成全天开放的学习空间,厅内舒适的桌椅和无线网络可以满足学生在校期间进行就餐、学习、聚会、休息等多种活动的需求(见图4-11)。②

图4-8 梅多代尔中学入口的户外聚集空间

图4-9 梅德福杰克逊小学的公共区域

图4-10 希勒尔学院的走廊

图4-11 科佩尔新科技高中的餐厅

---

① 普拉卡什·奈尔.重新设计一所好学校[M].林文静,译.北京:中国青年出版社,2019:92.
② 普拉卡什·奈尔.重新设计一所好学校[M].林文静,译.北京:中国青年出版社,2019:197.

2.学校学习空间的整体规划

一些研究者以技术影响下的新教育理念、新学习方式等因素为依据,对未来学校校园空间进行整体设计,力图将学习、技术、空间三者相融合。陈向东等人在考察了学习空间变革方向的基础上,设计出一个包容校园中各种空间形式、共同体成员、教育与学习方式的"校园学习空间连续体"框架(见图4-12),介绍了几个典型学习空间的内部布局。在这个连续体框架中,整个校园被看作是一个支持所有学习发生的一体化空间,并且有两个极端的空间形式。一端是与正式学习密切相联的封闭空间,包括演讲厅、传统教室、研讨型教室等。其中传统教室主要服务于知识讲授的教学方式,采用秧田式的设计方式。研讨型教室主要服务于合作或讨论的学习方式,采用去中心化的设计方式。另一端则是与非正式学习密切相关的开放空间,比如草坪、湖畔、餐厅、宿舍、咖啡馆等。这些空间可以改造成集学习、工作、生活、娱乐等多种功能于一体的综合学习社区。其他学习空间,比如图书馆、博物馆、艺术馆等则介于这两端之间。为满足不断发展的学习模式的要求和不同学生的学习需求,这些场馆可以创设出不同类型且易于区分的学习空间,包括整齐排列桌椅的工业型空间、自然光普照的独处空间,以及便于交流的小组协作空间等。①

2016年,《中国未来学校白皮书》设计了符合未来教育理念、适应多样化学习方式、与社区紧密相连的未来学校学习空间。报告提出未来学校学习空间应采用非线性的布局方式,不同学科群、不同教室与公共空间构成各具特色的学习社区(见图4-13)。教室与教

---

① 陈向东,许山杉,王青,等.从课堂到草坪——校园学习空间连续体的建构[J].中国电化教育,2010(11):1-6.

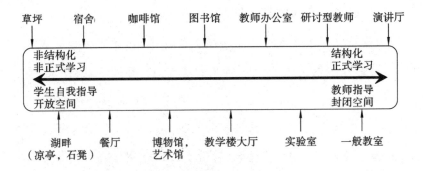

图 4-12　校园学习空间连续体

室之间采用可移动的隔断,同一间教室内部采用灵活的设备和桌椅,方便师生根据学习需要、学习情境轻松变换空间,以适应游戏学习、项目学习等多种学习方式(见图 4-14)。校园的户外空间、建筑、能源和各项配置不仅绿色环保,而且展现智慧科技,都是学校教育资源的重要组成部分。①

图 4-13　未来学校的非线性布局

建筑师心理学家罗特劳特·沃尔登在《未来学校:基于建筑心理学的设计建议》一书中,介绍了二十几所创新学校的设计案例,其中一些学校尤为关注学习方式的革新和信息技术的使用。例如,2005年,日本的群马国际言语学院引进了"沉浸式教育",并专门设

---

① 中国教育科学研究院.中国未来学校白皮书[R].北京:中国教育科学研究院未来学校实验室,2016:14-19.

图 4-14　未来教室

计了与这种教育系统相符合的学习空间。学校是一座单层的木制建筑,校内外有许多既用于学习,也用于游戏的庭院。学校把每三个年级分组在一个"社区"中,每个"社区"都有三个单元,每个单元又都设有一个封闭教室、一个开放教室、一个自习室、一个艺术和科学中心、三个家庭基地和一个教师工作站。除了基于英语的学习和团队教学外,学校注重利用信息技术进行个性化学习。因此,学校的媒体中心和每个单元的公共空间和自习室都有许多电脑。① 美国的千禧高中位于曼哈顿市中心一栋商业大楼内的第 11 至 13 层(见图 4-15),是一所将学习充分拓展到场馆和企业的新高中。一个交错式楼梯在把学校三个楼层联通的同时,还可作为学校的聚会空间和非正式的展示区域。学校每个楼层由两个社区组成,每个社区的组织隔板使教室之外的走廊形成一系列相互连接的学习空间(见图 4-16)。这些空间通过配备舒适灵活的家具和无线网络,为跨学科的综合课程和各种项目活动提供了支持。教室内部提供了独立的阅读和学习区域,以及带滑轮的桌子,允许团队快速灵活地重新

---

① Walden R. Schools for the future: design proposals from architectural psychology[M]. Berlin: Springer, 2015: 174-175.

布置空间和组织其他活动。①

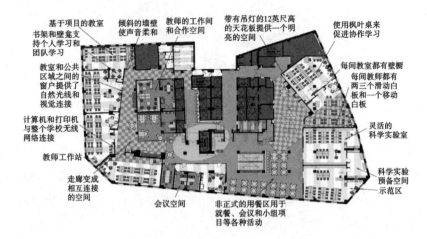

图 4-15　千禧高中第 13 层楼的整体布局

图 4-16　千禧高中的走廊变成一系列相连的学习空间

（三）打造流变贯通的学习空间

人工智能时代未来学校学习空间的设计研究不一而足,通过上文列举并扼要阐述的十几种学习空间可以看出,研究者们对各种学习空间进行了大量细致入微的设计,让我们看到未来学习空间的美好前景。不过已有研究的缺憾体现在大多数研究着眼于某一种或

---

① Walden R. Schools for the future: design proposals from architectural psychology[M]. Berlin: Springer, 2015: 255.

几种学习空间的设计,未能兼顾校园空间的整体布局,各种学习空间不连贯、缺乏联系。而那些关注校园整体设计的研究,有些缺乏对单个学习空间的细致勾勒,有些未能充分将智能技术与各类学习空间相整合。因此,笔者基于已有研究成果,在未来学校的内涵和价值的指导下,在三个维度的相互联系与相互影响中,设计一个流变贯通的学校学习空间,为最终整体图景的生成做准备。这里的流变贯通主要是指根据教与学的需要,校内学习空间在技术与人的作用下不断发生变化且相互融合贯通,并且向校外环境持续延展,并与之智能连接(见图4-17)。

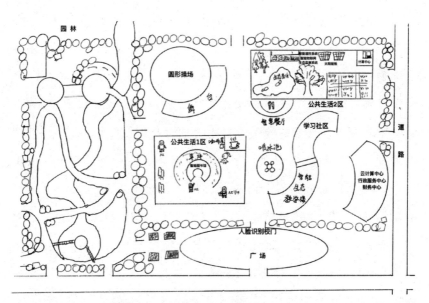

图 4-17　未来学校学习空间全景图

走进校园,未来学校用智联网络将校园内部的学习社区、公共生活区和行政服务区贯通起来,将校内的办公室、工作室、图书馆等学习空间与社会的实验室、图书馆、科技馆等教育文化机构连接起来,使未来学校的所有学习空间都成为虚实相融、资源共享的学习空间。从整体校园的布局来看,公共生活1区是整个社区成员共享的社区中心，位于与社区毗邻的学校入口处，并且同时与公共生活2区、学习社区和行政服务区相连，便利所有人使用区域内的设施来开展学习活动。行政服务区负责全校的后勤、管理、基建、服务等非教学工作，置于学习社区附近，旨在节省师生前来咨询或者办理事务的路途时间。学习社区是学校开展教学活动的中心，环保智能的建筑设计不仅最大限度地节约和利用能源，而且使师生轻松自如地查询和接受信息，穿梭于在各个空间之中。作为生态科技园地的公共生活2区与学习社区彼此关联，确保师生的教学活动可以随时迁移至户外的自然环境中。

  从各个区域的布局来看，公共生活1区主要由餐厅、草坪、咖啡屋、图书馆以及一些树木、花卉、长椅等公共设施组成。其中图书馆位于整个区域的中心，餐厅、舞台、咖啡屋、凉亭、树木、草坪、长椅、智能机器人等场所与设施环绕在图书馆的四周。人与人之间、人与智能体之间可以随时随地进行有意义的对话，使用移动设备访问虚拟图书馆的所有资源，使每一处都成为舒适自在的学习空间。公共生活2区主要由花园、菜园、果园、农田、水池等各种生态场景与传感器、太阳能板、智能光照技术、边缘智能设备等多种科技组成。这个融入高新科技的生态园地不仅美化了校园的自然环境，而且可以让师生亲身体验动植物的生长，观察、监控和收集各种生态场景的数据，有力地支持泛在学习、项目式学习等多种学习方式。学习社区是一个S形的生态型智能教学楼，每一层都由跨学科工作室、教学研究站、科学中心、文艺中心、休息室、餐饮室、学习露台、走廊等相互串联的学习空间与公共空间组成。师生可以在半透明的学习空间中自由流动，也可以在宽敞的走廊和洒满阳光的露台等公共空间里闲谈、研讨、制作。行政服务区主要由财务中心、行政服务中心、云计算中心等服务管理部门组成。各个部门由于工作职能的差异必须在物理空间中分割开来,不过,以信息技术为支撑的网络平台让它们重新在虚拟空间中连接起来,并由云计算中心为未来学校的所有空间提供教学与管理所需的数据、网络、存储等服务。①

未来学校的学习空间虽然功能有别、布局各异,但是这些学习空间的内部设计不乏相似之处,比如它们都注重家具灵活、灯光柔和、技术集成、空间开阔等。因此,下面将分析跨学科工作室、智慧餐厅和图书馆的室内设计。之所以选择这三个空间,主要是因为它们分别代表了正式学习空间、非正式学习空间、介于二者之间的空间。

教学楼的每一层通常有两到三个用滑动的隔板相连接的跨学科工作室,它们是进行项目式学习的主要场所,也可以用于集体教学、辩论赛等其他教学或者学习活动。一些实证研究发现,班级规模和学生人数会对教学产生影响,建议为了达到最好的教学效果,班级规模最好不超过 25 人,并且空间密度不易过大。② 基于此,未来学校每个单一工作室的人数尽量控制在 30 人左右,面积要足以保证师生的自由活动。跨学科工作室采用非中心的设计方式,旨在鼓励人与人、人与智能机器之间的互动。符合人体工学原理的滚动式桌椅不仅更加自然舒适,而且易于改变空间布局来满足独立学习和协助学习的需求。工作室通过色彩柔和的墙壁,透明宽敞的玻璃窗,日光感知的照明系统,以生态为导向的采暖、制冷和通风系统,确保室内空气清新、光照充足、温度适宜,使师生始终处于一种身心

---

① 张子石.未来教育空间站的设计与应用研究[M].武汉:华中科技大学出版社,2016:57.
② Walden R. Schools for the future: design proposals from architectural psychology[M]. Berlin: Springer, 2015:111.

非常舒适的状态。一楼的工作室连接着面朝阳光的露台,既增强学生与自然的联结,也延长学生在户外学习的时间。① 嵌入式壁橱的高度必须根据学生的平均身高定制,规模足以存放两门学科以上的材料和学生随身携带的个人物品。工作室不仅拥有先进的和充足的技术装备,而且实现了技术集成。通过无线网、计算机、VR眼镜、可穿戴感知设备、物联网等技术的相互关联和综合运用,工作室生成了多样化的虚实融合场景,并且采集和分析学生在各种场景中的多模态学习数据②,为每一位学生的综合评价做好准备。

未来学校的智慧餐厅位于社区生活中心的上方,毗邻生态科技园地,也是一个集烹饪、就餐、集会、展览、阅读、项目学习等多种功能于一体的多功能学习空间。在餐厅内部,炒菜、做饭、洗碗、打扫、配餐等各种功能的智能机器人,不仅使师生感受到科技的力量,而且让他们享受到定制化的健康饮食。餐厅空间被不同形状和不同材质的桌椅划分成大小不等的若干区域,有供四到六人使用的圆桌区,也有供两人独立使用的软席区,使学生能够进行合作学习和个体学习。靠墙的书柜里摆满了学生的绘画、模型等作品,以及扫码即可借用的数字化设备,有助于碎片化学习的发生。餐厅厨房与生态科技园地相连,方便学生把种植的农作物运到厨房,并且通过实地烹饪学习数学、生物学、营养学等各门科目,真正实现教育作为一个整体与生活作为一个整体的结合。此外,未来学校的入口、走廊、楼梯、凉亭、喷水池等场所也是未来学校重要的非正式学习空间。这些空间在确保安全的前提下,将人文元素、科技元素和自然元素

---

① 普拉卡什·奈尔.重新设计一所好学校[M].林文静,译.北京:中国青年出版社,2019:182.

② 钟薇,李若晨,马晓玲,等.学习分析技术发展趋向——多模态数据环境下的研究与探索[J].中国远程教育,2018(11):41-49.

融入设计中,让师生产生归属感和相互联结的意愿,满足人们休憩、游戏、对话等日常交往的需要。

图书馆不仅在地理位置上位于未来学校的中心,而且也是整个社区的智慧学习中心,通过休闲与学习把学生、教师、家长和其他社区成员紧密联系起来。从整体上看,图书馆采用环保智能的设计理念,试图将自然元素、智能元素融入图书馆各个场景之中,实现馆内采光、温控、通风、查询和推送等多种服务的智能化,营造出一种舒适轻松的泛在学习氛围,可以增进人们对文化资源的兴趣与认知。进入图书馆,一层是休闲区域,主要服务于人们的闲暇娱乐与社交需求。馆内巨大的落地窗下放着沙发、榻榻米和躺椅,阳光穿透玻璃洒在人们的身上,使学习和休憩变得更加舒适。除了有自动咖啡机、自动售货机、小吧台之外,一层还设有几个简单典雅的屏风,它们不仅提升了图书馆的美感,而且起到分隔空间的作用,自然地形成几个独立的私人空间。二层是学习区域,设有自习室、合作学习室、跨学科工作室、静读区、餐饮区等,旨在满足人们个性化学习的需要。这些空间的内部设计同样秉持灵活开放的原则,大部分桌椅都可移动,两三个功能相同的空间还可以合并成一个大的学习社区,让人们在其中完成项目制作、小型讲座、读书会等学习活动。

未来学校是一个开放的、没有边界的学习空间,这意味着不仅未来学校可以邀请家长、社区成员、社会各领域的学习者、教育者等人进入其中,共享学习空间,而且未来学校的师生可以主动走出校园,深入社区、城市与乡野之中,将发生教与学的每一处场景都转变成学校与社会的共享学习空间。实际上,无论在社区、城市还是自然中,每一个家庭、便利店、咖啡屋、小广场、艺术中心,每一处街道路口、一片树林都潜藏着丰富的教育文化资源,都可转变为与未来学校相衔接的学习空间。未来学校的师生将协同家长、社区成员以及社会各领域的人员充分挖掘、整合和利用这些宝贵的资源,共同开辟学校之外的共享学习空间,使之与校内学习空间相互联通,成为一个连续的学习空间统一体。这些校外学习空间的规模、结构、形态、资源不一而足,但是它们都具有学习、社交等多种功能,可以包容多种学习方式,促进泛在学习。

三、学习方式变革

学习方式究其实质是"整个学习的认识过程",涉及学习方法、组织方式、学习策略、交往方式等。[①] 新一代信息技术与教育的融合,不仅将打造出全新的学校学习空间,还将引发学习方式的全面变革。从20世纪90年代以来,伴随着信息技术的快速发展和心理学研究的强势推动,"学习"以及包含"学习"的术语成为社会各界高度重视的关键词。[②] 这一现象在教育研究领域尤为明显,突出表现在学界对学习方式的关注远超教学方式。然而,正如前文已经阐释过的,"学"与"教"不可分离,学生的学习方式伴随着教师的教学方式,学习方式的变革实质上反映着教学方式的重塑,教学方式因学习方式的改变而改变。因此,下文虽然只梳理了对智能时代学习方式的变革方向与实践案例的相关研究,但不是说未来学校不重视教学,而是旨在强调"教"最终是为了促进更好地"学"。之后,分析已有研究的优势和不足,并在已有研究思想的基础上提出未来学校学习方式要向着多维整合的方向变革。

(一)学习方式的变革方向

近年来,在人工智能介入并改变着人类的生活与思维的背景

---

① 朱京曦.试论教育技术视野中的学习方式变革[J].中国电化教育,2003(8):10-13.

② 尚俊杰.未来教育重塑研究[M].上海:华东师范大学出版社,2020:78.

下,研究者很快认识到浅层、分科、统一、有边界的传统学习方式必须要发生根本的转变,否则教育将无法满足未来社会对人提出的发展要求。笔者从学习目标、学习内容、学习策略、交往方式等几个方面对学习方式的相关研究进行综合考察之后发现,人工智能时代的学习方式很可能朝向深度学习、跨学科学习、个性化学习、泛在学习、混合学习、项目式学习的方向发展。

第一,注重深度学习。随着互联网与信息技术的普及,几乎每一个握有数字设备的人都能获取知识、传递知识。在此背景下,研究者基于对教与学的本质、功能与发展趋势的深入思考,提出了深度学习这一新概念,并将其视为学习理念和学习方式变革的标志。从2012年开始,《地平线报告(基础教育版)》就预测深度学习将成为驱动学校应用技术发展的关键力量。2017年,《地平线报告(基础教育版)》将深度学习定义为一种开展批判性思考、解决问题、协作和自主的学习,主要包括项目式学习、探究式学习、基于问题的学习、基于挑战的学习等学习方法。报告认为这些方法鼓励学生创造性地解决问题并积极实施解决方案,旨在帮助他们发展原创思想,提高信息记忆力和建立高阶思维能力。① 在国内,有学者认为与其说深度学习是一种方法,不如说它是一种注重培养高阶认知思维能力的理念。② 实际上,无论深度学习是作为一种方法,还是作为一种理念,学界基本都认同学习者通过深度学习将具有应用知识、分析知识、评价知识、解决问题和创造新知的高层次认知能力。学者何克抗明确指出,深度学习应当具有三个基本特点,即通过知识建

---

① NMC/CoSN Horizon Report: 2017 K-12-Edition[EB/OL]. (2017-08-30)[2020-8-16]. https://cosn.org/about/news/nmc-and-cosn-release-horizon-report-2017-k-12-edition.
② 尚俊杰. 未来教育重塑研究[M]. 上海:华东师范大学出版社,2020:109.

构发展高阶思维与深层认知能力,用教与学的方法及策略达到学习目标,以亲历实践来培养学生的问题解决与创新能力。①

第二,注重跨学科学习。进入互联网时代以后,知识生产的分散化、现实问题的复杂化要求学习者必须具备收集、整合与加工不同类型信息和不同学科知识的能力。与此同时,科技发展的综合化又使得学科之间彼此交融,学科与学科的界限日益模糊。这就导致传统的分科教育已经难以应对时代的发展要求,跨学科学习注定成为未来学习方式的变革方向。② 2017年《地平线报告(基础教育版)》指出,在短期内,作为跨学科学习的 STEAM 学习将成为驱动学校应用和发展教育技术的关键要素,将受到越来越多国家和地区的重视。张华认为跨学科学习是一种以综合主题为呈现方式的特殊课程形态,也是一种以解决真实问题为核心的深度学习方式。也就是说,学生唯有在学习中理解各个学科的逻辑,理解学科知识与现实生活的联系,才能建立起学科之间的有机联系。③ 也有一些研究者强调,虽然跨学科学习是基于多种学科的"混合"来解决问题,但是"真正的跨学科性超越了简单地从学科中提取概念,它创造了打破学科边界的新框架"④,其关键特征是注重学生在互动中的参与性协作,强调学科间高质量的交互作用,以及"新的知识和理论"⑤

---

① 何克抗.深度学习:网络时代学习方式的变革[J].教育研究,2018(5):111-115.

② 董艳,孙巍,徐唱.信息技术融合下的跨学科学习研究[J].电化教育研究,2019(11):70-77.

③ 张华.跨学科学习:真义辨析与实践路径[J].中小学管理,2017(11):21-24.

④ Mitchell P H. What's in a name? Multidisciplinary, interdisciplinary, and transdisciplinary[J]. Journal of professional nursing, 2005, 21(6): 332-334.

⑤ Park J Y, Son J B. Transitioning toward transdisciplinary learning in a multidisciplinary environment[J]. International journal of pedagogies and learning, 2010, 6(1): 82-93.

的产生。此外,还有学者提醒教育者和学习者注意,虽然跨学科学习会模糊学科之间的界限,但是师生应能够清楚地辨别多种学科的语言、立场和观点,并且把重点放在自身所关注的特定学科上①。

第三,注重个性化学习。进入21世纪以来,现代社会对创新型人才的需求使得传统"一刀切"的教育模式难以为继。近年来,学习分析、数据挖掘、自适应学习等新技术的进展,为个性化学习提供了良好的基础设施和多样的教学方式。正是在此背景下,以学生为中心的个性化学习成为智能时代学习方式的新趋势。2016年,《地平线报告(基础教育版)》预测个性化学习将成为影响学校教育技术应用的严峻挑战,其原因在于大家尚未就个性化学习的定义达成共识,不确定个性化学习究竟意味着什么。专家组认为个性化学习可以是一系列用以回应个体学生特定的学习需求、兴趣、渴望以及文化背景的教育项目、学习经验、指导方针、教学策略,也可以是旨在让学生按照自己的进度掌握知识的教学方法,包括基于能力的学习、自适应学习和混合学习等方法。② 在国内,研究者基本认同个性化学习是针对学生的个性差异,通过采取个性化的目标、内容、途径、方法、评价,以使学生获得个性化发展的学习方式。③ 进入人工智能时代,个性化学习的特征应当包括学习起点的心智分析性、学习过程的服务差异性和学习结果的目标导向性三个层面,其中分析学生的心智特征是开展个性化学习的前提,之后依据心智特征为学

---

① Wall S, Shankar I. Adventures in transdisciplinary learning[J]. Studies in higher education, 2008, 33(5): 551-565.

② NMC/CoSN horizon report: 2016 K-12 edition[EB/OL]. (2016-08-30) [2020-8-16]. https://www.k12blueprint.com/sites/default/files/2016-nmc-cosn-horizon-report-k12.pdf.

③ 李广,姜英杰.个性化学习的理论建构与特征分析[J].东北师大学报,2005(3):152-156.

生制定从学习内容、学习方式到学习评价等全过程的差异化学习服务,最终在学习结果上实现自主定义的学习目标。①

第四,注重泛在学习。随着信息技术的快速发展,特别是微型智能设备和互联网的无处不在,泛在学习将成为未来学习方式的理想目标和发展趋势。目前,学界对泛在学习的定义已基本形成共识,泛在学习在广义上是指一种"无孔不入的学习",在狭义上是指在泛在计算技术的情境创设和支持下,学习者根据自己的学习需求和学习目标,随时随地轻松获取资源进行学习的方式。②余胜泉认为泛在学习是数字化学习与移动学习的更高阶段,具有以下五个基本特点:学习过程的情境性、个性化、交互性、共享与协作以及学习环境的自然性。③ 学者罗洁特别重视泛在学习的交互性,认为泛在学习的交互与课堂学习、移动学习、虚拟学习的交互有着根本的不同,至少表现在交互的连续性、交互的服务性和"流"式体验这三个方面。其中,交互的连续性意指泛在环境下的学习过程不会被随意打断;交互的服务性是指在学习者偶发交互或者未发请求的情况下,普适技术也能通过对学习者所在情境的感知,智能地为其提供学习服务;"流"式体验意在强调普适计算环境尽可能过滤掉干扰与分散注意力的因素,创设出人与人之间、人与机器之间自然和谐的交互环境以及多感官通道的交互方式,使学习者获得全身心投入的学习心理体验。④

---

① 牟智佳."人工智能+"时代的个性化学习理论重思与开解[J].远程教育杂志,2017(3):22-30.

② 潘基鑫,雷要曾,程璐璐,等.泛在学习理论研究综述[J].远程教育杂志,2010(2):93-98.

③ 余胜泉.从知识传递到认知建构、再到情境认知——三代移动学习的发展与展望[J].中国电化教育,2007(6):7-18.

④ 罗洁.信息技术带动学习变革——从课堂学习到虚拟学习、移动学习再到泛在学习[J].中国电化教育,2014(1):15-21,34.

第五,注重混合学习。在过去几年里,新技术的发展使在线学习成为课堂教学的有益补充,实现了师生之间同步异步的及时沟通,推动了混合学习的兴起和快速发展。目前,混合学习一词在学术界的使用频率越来越高。2003 年,美国培训与发展协会(American Society for Training and Development)将混合学习列为美国教育领域出现的十大趋势之一。① 目前,混合学习的定义有多种,一些定义非常宽泛,几乎把任何整合了教育技术的学习活动都称为混合学习,另一些则侧重于在线学习和面对面教学的特定比例的结合。② 有研究者明确指出,混合学习不是任意两种学习方式、学习理论、学习工具的某种组合,而是一种将面对面教学与在线学习的优势元素进行合理结合的教学方法。换言之,混合学习不应只是时间结构的重构,而应被视为教学模式的重塑,其具有以下三个特点:教学以学生为中心;师生之间、学生之间,以及学生与课程内容、校外资源之间的互动增加;建有统一的形成性和总结性评价机制。③ 柯蒂斯·邦克也认同这一定义,强调"混合"有结合后变得更好的含义,并且指出混合学习的形式具有多样性,师生可以根据不同的学习需求、学习内容和学习情境对线下教学和线上学习进行混合。④

第六,注重项目式学习。项目式学习不是一个新的学习方式,早已运用于医学、工程、农业等学科领域。但是近几年,随着学习科

---

① Rooney J E. Blending learning opportunities to enhance educational programming and meetings [J]. Association management, 2003 (55):26-32.

② Watson J. Blended learning:the convergence of online and face-to-face Education[R]. North American council for online learning, 2008.

③ Dziuban C D, Hartman J L, Moskal P D. Blended learning[J]. Educause center for applied research bulletin, 2004(7):3.

④ 詹泽慧,李晓华. 混合学习:定义、策略、现状与发展趋势——与美国印第安纳大学柯蒂斯·邦克教授的对话[J]. 中国电化教育,2009(12):1-5.

学的进步,以及技术使"教育与生活""知识和行动"密切相连,项目式学习在 K-12 教育中的地位日益显著,成为未来学习方式的发展趋势。目前,项目式学习还没有一个统一的定义。美国巴克教育研究所把以课程标准为核心的项目式学习(standards-focused PBL)定义为"一套系统的教学方法,它是对复杂、真实问题的探究过程,也是精心设计项目作品、规划和实施项目任务的过程,在这个过程中,学生能够掌握所需的知识和技能"①。也有研究者认为项目式学习是"一种强调长时间、跨学科、以学生为中心,并与现实问题和实践相结合的学习活动"②。除此之外,还有研究者认为项目式学习既是一种以项目来建构课程的课程模式,也是一种教学策略以及发展学生高阶能力的学习方式。③ Morales 等人结合多位学者对项目式学习概念的描述,归纳出项目式学习的 8 个关键特质:①学习和教学围绕学习项目组织;②驱动性问题激发学生与学科核心概念和原则的互动;③学生在项目中需要参与一个包括探究、知识建构和问题解决的调查活动;④项目应涉及学生之间的合作;⑤项目由学生驱动;⑥学生在建构项目时要像专家一样思考;⑦项目与真实世界结为一体;⑧以学生的作品作为项目学习的成果。④

---

① 美国巴克教育研究所.项目学习教师指南——21 世纪的中学教学法[M]. 2 版.任伟,译.北京:教育科学出版社,2008:4.

② Capraro R M, Capraro M M, Morgan J R. STEM project-based learning: an integrated science, technology, engineering, and mathematics (STEM) approach [M]. 2th. ed. Netherlands: Sense publishers, 2013: 47.

③ 王海澜.论作为学科学习框架的项目式学习[J].教育科学,2003(5):30-33.

④ Morales T M, Bang E J, Andre T. A one-year case study: understanding the rich potential of project-based learning in a virtual reality class for high school students[J]. Journal of science education and technology, 2013, 22(5): 791-806.

(二)学习方式的典型案例

在未来学校的图景中,除了需要在宏观上呈现学习方式的变革方向,更需要让人们在微观上看到师生在未来学校里究竟"如何学"。随着智能技术和学习理论的发展,新型的学习方式与日俱增,传统的学习方式不断更新,并且每一种学习方式都具有多种多样的学习策略、学习情境、学习内容,几乎不可能把所有学习方式的实践案例罗列出来。另外,学习方式之间并非互不相关,任何一种学习方式的实施过程都需要其他学习方式的配合,因而没有必要一一介绍各种学习方式的实践过程。有鉴于此,本研究仅梳理项目式学习的应用情况。之所以选择这种学习方式,其原因在于它是《地平线报告》《中国未来学校白皮书》等国内外著名教育发展报告特别注重的一种学习方式方法,"21 世纪技能联盟"建议大多数教育系统将"50%的时间用于探究、设计与合作的项目学习"①。此外,项目式学习具有很强的包容性,在实践中会吸收个性化学习、跨学科学习、混合学习、合作学习等许多学习方式方法的优势,从而更好地促进深度学习的发生。因此,下文将梳理技术背景下几个典型的项目式学习的现实案例,从不同的角度呈现项目式学习活动。

1. STEM 项目式学习

STEM 项目式学习是一种将科学(S)、技术(T)、工程(E)和数学(M)学科知识和方法进行无缝整合来解决真实情境问题的项目学习方式。这种方式可以很好地帮助学生建立学科知识之间的联系,发展高阶思维能力。2014 年,OSPRI 报告介绍了美国高科技高中(High Tech High)的 STEM 项目式学习,以"设计和实现一个交

---

① 贺巍,盛群力.迈向新平衡学习——美国 21 世纪学习框架解析[J].远程教育杂志,2011(6):79-87.

互式生物学博物馆展览的原型"为例,展现了项目式学习活动的图景。在高科技高中,教师们大体上以加州的课程标准为基础,以团队的方式创建跨学科的整合项目。每个项目的设计至少涵盖两个学科,兼顾人文与科学,最大限度地扩充学科知识。报告结合三项整合的教学法诠释了项目式学习如何发生:第一,整合学生,教师不是根据学生的能力将他们分组,而是尽量让来自不同背景的学生一起学习,保证每个小组的学生都是异质的,使不同的学生在小组合作中相互学习。第二,整合学校和社区,教师充分利用社区的教育机会将课程、学生与成人和社区联系起来,学生通过参与社区服务、调查社区面临的问题进行研究。此外,高科技高中还经常邀请科学家、工程师和其他 STEM 专业人士参加小组讨论,给学生反馈,或提供项目的设计建议。第三,手脑合一,教师鼓励学生利用科技从事科学、数学、文学、历史和艺术等方面的追求,技术教育与学术教育在基于项目的学习环境中联系起来。[①] 在"设计和实现一个交互式生物学博物馆展览的原型"项目中,每个学生首先选择一个他们想探索的子主题,选择相同主题的学生会被分到一组。然后,学生们在生物课上学习与项目主题相关的科学知识,最后,他们来到工程学的教室里,以小组为单位构建各自的项目,力图把知识和材料转变成博物馆中的展品。教师则在教室内外来回走动,指导需要帮助的学生,与他们讨论项目制作所需的材料和知识。[②]

[①] Behrend T S, Ford M R, Ross K M, et al. Gary and Jerri-Ann Jacobs High Tech High: a case study of an inclusive STEM-focused high school in San Diego, California[R]. San Diego: High Tech High, 2014:3.

[②] Behrend T S, Ford M R, Ross K M, et al. Gary and Jerri-Ann Jacobs High Tech High: a case study of an inclusive STEM-focused high school in San Diego, California[R]. San Diego: High Tech High, 2014:25.

2. 个性化项目式学习

新一代的学校正在尝试融合个性化学习和项目式学习的精华，从而使每一个学生都能充分参与到项目学习中。Pearlman 分析了美国加州纳帕的新科技高中（New Technology High School）将个性化学习与项目式学习相结合的案例。新技术高中的教师把21世纪技能嵌入所有项目的开发、评估和成绩报告中，全面记录、展示和实现每一个学生的成长。项目一旦开始，教师就会把学生分成三人或三人以上的小组，提供学生需要完成的项目内容列表，设定完成项目的时间，交流深化项目工作的活动和新信息，及时评估学生的口头交流、书面表达、团队合作、批判性思维等关键技能。对学生来说，团队成员会共同计划、起草项目方案，给项目团队中的每个人分配工作，并在项目完成后，由整个团队向来自家长和社区的外部专家小组展示项目成果。在项目实践过程中，学校利用 IBM Lotus Notes 技术平台的学习系统为个性化学习的实现提供了支持。这个学习系统包括学校项目标准、评估工具和报告工具、活动材料等，使学生能够在项目学习中管理自己的项目，寻求与他人合作，以及清楚地看到他们的活动进程和评估结果。①

3. 基于翻转课堂的项目式学习

虽然项目式学习能使学生通过真实的学习体验更好地理解知识，发展高阶思维能力，但是这种学习方式总是由于教学时间过长，致使课堂实践时间严重不足。有鉴于此，宋朝霞、俞启定建构了基于翻转课堂（flipped classroom，简称 FC）的项目式学习模式（简称 PBL-FC），并以实践案例展示了 PBL-FC 的应用。相对于项目式学

---

① Pearlman B. Twenty-first century learning in schools: a case study of New Technology High School in Napa, California [J]. New Directions for Youth Development, 2006(110): 101-112.

习,PBL-FC要求学生课前进行理论知识的自主学习来增加课堂中师生实践和交流的时间。在项目开始之间,教师在课件中详细列出本项目的学习任务和学习内容,为学生理论知识的学习提供丰富系统的资料。学生则可以在家、学校、图书馆、咖啡店等任何有网络的地方通过观看教学课件、浏览微视频、登录网络媒体平台、查阅书籍等方式,掌握项目活动中的核心概念。学生一旦来到课堂或者实践场所,就立即和小组成员开始项目探究活动,通过参与项目活动来完成从理论知识到能力与技能的转化。在各小组完成项目之后,教师组织学生进行项目成果的互评和交流。①

4. 虚拟环境中的项目式学习

技术除了作为工具直接支持项目式学习,还可以创设虚拟学习环境间接地为学生提供更多参与项目式学习的机会与方法,让学生以高度参与、高度沉浸的方式在虚拟世界中互动。学者特里·史密斯考察了小学四年级学生在虚拟环境下完成项目学习的情况,揭示出虚拟环境中的项目式学习不仅可以整合跨学科学习、个性化学习、合作学习等多种学习方式,而且可以将学生带向发展21世纪技能的实践之路。这项旨在使学生掌握可持续发展理念和遗传学概念的科学项目历时五天,每天每个学生在线学习两个小时或更长时间。学生们在虚拟世界中扮演科学家的角色,通过使用工具和概念来完成繁殖虚拟蜻蜓的研究任务。虚拟世界中的特定角色会和学生密切互动,给学生分配任务,教授必要的知识与技能,引导学生绘制个人的学习轨迹。在整个游戏过程中,学生们以科学家的身份参与学习新词汇、练习基因剪接和寻找治疗疾病的方法,阅读有意义

---

① 宋朝霞,俞启定.基于翻转课堂的项目式教学模式研究[J].远程教育杂志,2014(1):96-104.

的资料,并且与世界各地的学生开展合作、破解难题、操作科学机器,根据时间和资源做出选择、写作和反思任务内容。在任务完成以后,学生们必须提交任务活动的书面观察报告,解释他们所学到的知识。①

(三)走向多维整合的学习方式

人工智能时代学习方式变革的研究不仅让我们窥见了未来学校的学习景象,而且也反映出学习方式与教学方式的不可分离,并且在新技术的支持下一些传统的教学方式可以焕发出新的生机,有助于高质量学习的发生。因此,为了突出教学一体,笔者基于学习方式的已有研究成果,在未来学校的内涵和价值的指导下,在三个维度的相互联系与相互影响中,提出未来学校的学习方式将朝着多维整合的方向变革,为最后整体图景的生成做准备。这里的多维整合突出表现在以下三个方面:基于广博的基础知识的深度学习与深度教学相整合,基于项目的跨学科学习与单一学科教学相整合,基于智能技术的个性化学习与集体教学相整合。

第一,未来学校非常重视学生对知识的掌握,将基于广博的基础知识的深度学习与深度教学相整合。未来学校的教育目标是培养身心灵健全发展的智慧之人,无论是智慧的培养,还是身心灵的全面发展,都要求学习者拥有广博、全面的基础知识,并且能够利用概念之间的联系分析问题和解决问题。② 而身心灵健全的智慧之人的培养有赖于广博知识基础上的深度学习的发生。与此同时,学

---

① Smith T K. Elementary science instruction: examining a virtual environment for evidence of learning, engagement, and 21st century competencies [J]. Education sciences, 2014, 4(1): 122-138.

② 艾瑞克·唐纳德·赫希. 我们需要怎样的学校? [M]. 张荣伟, 译. 福州: 福建教育出版社, 2019: 181-184.

与教的一致性和相融性又决定了学生真正意义的深度学习必然离不开教师的深度教学。① 因此,未来学校的学习方式将走向基于广博的基础知识的深度学习与深度教学的整合。

在技术所创造的学习空间的支持下,深度学习与深度教学的整合在教学活动中至少包括四个核心环节:第一,教师呈现知识的"真实情境",让学生已有经验与新知识产生联系,使其全身心地进入教学活动;第二,教师进行知识的"透彻教导",让学生深入理解基本概念、基本原理及其相互关系;第三,教师营造应用知识的"丰富情境",引导学生积极运用基本概念解决真实世界的问题;第四,教师提供反思知识的"全景立场",让学生在相互交流与评价中比较、判断、包容和发展不同的观点,形成自己对知识的深度思考和理解。②

第二,未来学校聚焦于现实生活的真实问题,将基于项目的跨学科学习与单一学科教学相整合。正如上文所言,高阶思维的建立以及深度学习的发生都要求将分散的学科知识融合到现实生活的问题里,然后让学生通过解决真实情境的问题去理解学科的概念和原则,帮助学生在不同学科领域之间形成有意义的联系。然而,现实中,有些学科的知识与方法并不适合与其他学科交叉融合,此时教师应该系统讲解这些学科的概念、原理和方法,促进学生的知识建构与深度学习。因此,单一学科教学与跨学科学习一样重要,未来学校的学习方式将走向基于项目的跨学科学习与单一学科教学的整合。

这种学习方式成功实施的关键是在项目的设计、实施与评价三

---

① 郭元祥.论深度教学:源起、基础与理念[J].教育研究与实验,2017(3):1-11.
② 罗祖兵.深度教学:"核心素养"时代教学变革的方向[J].课程·教材·教法,2017(4):20-26.

阶段,实现人、技术、生活、项目四要素的整合。在设计阶段,围绕具有生活价值的跨学科课程体系,至少由两位不同学科的教师合作设计基于项目的跨学科学习,同时积极寻求学生、教育学者、学科专家以及其他专业人员给项目提供设计建议,使多种类型的技术相互配合,并与跨学科的项目式学习深度整合。在实施阶段,教师尽可能带领学生走进现实世界的项目活动中,并利用互联网、人工智能与虚拟现实等技术,使那些无法亲临的场景虚拟化,让学生、教师、专家、家长等人与智能机器共同沉浸在虚实交融的真实任务情境中,通过合作学习、评价反馈使学生在项目创造中深入地思考和应用不同学科的概念。与此同时,为了避免学生知识的疏漏,教师需要通过班级授课、个别指导、视频教学等线上线下的多种教学方式,系统讲授学生不易掌握或者项目没有涉及的知识点。在评价阶段,教师鼓励学生通过戏剧、演讲、音乐、视频等多种方式表达对知识的理解,让家长、同学、社区成员等人通过智能评价系统参与到项目评价中,最终生成每一位学生的项目学习评估图谱。

第三,未来学校关注每一个学生人性能力的全面自由发展,将基于智能技术的个性化学习与集体教学相整合。除了培养学生的高阶思维能力,未来学校也非常重视学生人性能力的涵养,力图使二者在教学过程中相互促进、共同发展。人性能力的发展是指真、善、美三个方面在个体身上和谐发展,也就是每个人都形成独特且完整的个性品质。这意味着未来学校将利用智能技术为每个学生提供个性化学习的方案和环境,使每个学生的个性优势得到发展,人性能力得以健全,逐渐成长为智慧之人。需要注意的是,未来学校的个性化学习绝不是学生单独一个人的学习,并不与集体教学相对立。人们习惯于把集体教学定义为一种统一、同质、单向的教学活动,把个性化学习表达为"一个学生一张课表""每个人的学习都不一样"等。实际上,集体教学的内涵不仅包括班级教学、小组教学,还涵盖个体学习、个别指导、异质合作等多种教与学的方式。同样,"一个学生一张课表"也不等于生生之间的课表完全不一样,个性化学习也可以包含集体教学,只要这种教学范式与个体的需求与能力相匹配。更为重要的是,个体只有充分融入与自身不一样的他者社群,勇于承担和面对我们对于世界、对于他者的责任,个体才可能具有独特性以及某种意义上的人性。① 因此,大数据、学习分析、自适应学习等种种支持个性化学习的智能技术,都不只是为了让学生的学习方式更有针对性,更是为了让学生能够在不同的时间、空间,在学习、教学中与相异之人相遇,使每一个学生的人性能力在与他者的共同生活、密切联系、相互理解中得到发展。

大数据、云计算和学习分析等智能技术为每个学生提供了"同中有异、异中有同"的个人课程表、个人学习方案等个性化学习的策略,奠定了个性化学习和集体教学有机结合的事实基础。在教学进程中,学生根据自己的课程安排与学习进度参与到不同的学习群体中,教师则利用智能技术创设丰富、包容、动态的教学情境,生成所有学生的个性问题和共性问题,确保每一个学生都有机会以自己的理性来思考与判断不同的问题,以他们自己的方式回应他者的观点,使学生在倾听与回应中实现人性能力的充分发展。

四、教育流程再造

教育流程再造是未来学校的最高境界,也是勾勒未来学校整体图景的关键。目前,国内已有一些学者使用"教育流程再造"一词,

---

① 格特·比斯塔.超越人本主义教育:与他者共存[M].杨超,冯娜,译.北京:北京师范大学出版社,2020:71.

可是还没有研究为其下一个明确的定义,因而这个术语的内涵比较模糊。尚俊杰坦言"流程再造"一词用在教育领域可能不太贴切,但是这一术语能够形象地说明智能时代的学校变革想要取得成功,就必须利用技术促进学校发生革命性变革。① 他认为教育流程再造是建立在前两层境界基础上,利用"互联网+"思维重构教育,主要强调课程模式、组织结构与管理等方面的变革。② 按照这一理解,本研究将未来学校教育流程再造定义为学校在宏观层面所发生的变革,旨在适应并促进学习方式的变革和学习空间的重塑,以便真正实现学校的系统性变革。在内容上,教育流程再造主要包括课程、评价以及组织结构与管理的再造,其中组织结构再造又包括学校内部结构和学制两个方面。下文将详细梳理教育流程再造的内容与范例,分析已有研究的优势与不足,并在此基础上进一步完善教育流程再造的内容。

(一)教育流程再造的内容分析

在《未来教育重塑研究》一书中,尚俊杰在分析了学习空间建设和学习方式变革的基础上,主要从课程教学模式、组织结构与管理评价方面分析了教育流程再造的内容:①在课程教学模式方面,发挥 AI、大数据等新技术的优势,利用"互联网+"思维,促进上课方式开放、课程资源共享、课程内容多元、课堂形式创新;②在组织结构与管理方面,充分利用信息技术,构造以服务学生为导向的组织结构和以数据为支撑的教育评价体系,优化组织机构的管理流程,

---

① 尚俊杰.未来教育重塑研究[M].上海:华东师范大学出版社,2020:前言 2.
② 尚俊杰.未来教育重塑研究[M].上海:华东师范大学出版社,2020:214.

尽可能满足学生的多样化需求,节省师生的时间和精力。① 曹培杰也认同随着智能技术向教育领域的渗透,传统教育模式已经不能停留于小修小补,而应当借助"互联网+"思维促进教育流程再造:①在办学体系方面,善用网络与技术实现课程、教师等资源的流通与共享,实现有高质量教与学的地方就有学校;②在课程教学方面,尝试利用新的技术手段重建基于真实生活的课程体系,形成一个满足个性化学习需求的教学结构;③在组织结构与管理方面,利用高效的信息系统建立弹性学制、扁平化的组织架构和管理,促使学校从固化走向灵活,从封闭走向开放,为学生创设个性、自主和富有人文关怀的育人空间。②

虽然许多学者没有使用"教育流程再造"一词,但是他们对智能时代学校变革的分析可视为对教育流程再造的思考。例如,朱永新在《走向学习中心——未来学校构想》一书中从结构、管理、课程、评价等方面分析了未来学校的教育流程再造:①在组织结构与管理方面,未来学校将更加灵活开放,废除入学时间与修业年限的限制,打破学校、家庭、社区之间的壁垒,形成一个个由网络学习中心、实体学习中心、家庭和社区组织机构相互联结的学习社区,让学生、家长与社区代表参与到学校教育与管理过程中,使学生可以按照个人的节奏选择课程、互认学分、完成学业;②在课程与评价方面,每一个学习中心将借助于信息化、智能化的设施设备,设计出适合学生的天赋、兴趣、能力的个性化课程,构建包括描述、诊断、咨询的过程评

---

① 尚俊杰.未来教育重塑研究[M].上海:华东师范大学出版社,2020:214-217.

② 曹培杰.未来学校的变革路径——"互联网+教育"的定位与持续发展[J].教育研究,2016(10):46-51.

价体系。① 张治在《走进学校3.0时代》一书中主要从组织结构、课程与评价方面分析了3.0时代学校教育流程再造：①在组织结构方面，"3.0时代学校的学制概念将基本消亡"②，学生可以根据个人身心特点自主选择学习的场所、时间、内容和教师；②在课程与评价方面，每门课程都有展示知识结构和进程的图谱和个性化的立体复合型教材，课程设计与制作和教学工作都可能外包；每位学生都将有一幅展示学习进展、学习特征、能力倾向等指数的个人数字画像，每种学习行为都会被记载，每份作业都会不一样。③

2020年，经济合作与发展组织（OECD）在《面向未来教育：学校教育的四种图景》报告中，提供了四种可供选择的未来学校教育方案，其主要内容也可看作对教育流程再造所做出的思考。这四种图景分别是：①在学校教育拓展图景下，学历依旧是获得经济和社会成功的通行证，参加正规教育的人数继续增长，教学组织基本不变，学校网络中的任务分工明显、专业背景更加多样化；②在教育外包图景下，不同形式的私人和社区活动成为学校教育的替代品，不同的证书和质量指标随之出现，学习项目更加多样，学习时间更加灵活，传统学校结构遭到抛弃，学习网络将不同的人力资源整合在一起；③在学校作为学习中心的图景下，学校是更广泛的、动态发展的地方教育生态系统的中心，允许不同的个人和机构提供各类技能和专业知识支持学生学习，拥有灵活多变的课程结构、组织结构、学习时间和教学形式；④在泛在学习图景下，个人成为自己学习的专业消费者，教育随时随地都在进行，"免费"的学习机会到处都有，课程结构

---

① 朱永新.走向学习中心——未来学校构想[M].北京：中国人民大学出版社，2020：20-31.
② 张治.走进学校3.0时代[M].上海：上海教育出版社，2018：167.
③ 张治.走进学校3.0时代[M].上海：上海教育出版社，2018：190-209.

衰落、学校制度解体、传统的教学专业人员消失,数字化使得人们能够以一种深入且几乎即时的方式评估和认证知识、技能和态度。①

(二)教育流程再造的现实范例

有研究详细分析了智能时代引领个性化教育的微型学校——AltSchool在组织结构、组织管理、课程模式、评价方式等方面的再造。AltSchool成立于2013年,是一个由若干实验学校紧密联系起来的K-8学校网络。在学校内部,学前到一年级、二年级到五年级、六年级到八年级的学生组成了不同的学习社区,每个社区不超过25人。这种分班方式确保不同年龄的学生之间,以及师生之间可以建立紧密联系,学生可以与他们梦寐以求的教师相处三到四年,而不是一年。需要注意的是,AltSchool的每个教室里不只有学生和教师,还有工程师。这些软件开发人员和研究人员几乎每天都和教师一起工作,熟知学习教室里发生的事情,了解师生的教学需求,不断调整Altschool的学习工具与系统平台。在课程模式上,AltSchool为每个学生提供涉及思维、生存、交际、知识与经历四个领域的个性化课程,允许学生根据个人情况跨校区和跨班级修习课程。② 在学习评价上,AltSchool依托科技平台和大数据技术,对学生的学习过程、学习结果、发展方向进行全方位的观测、记录、评估和预测,真正实现学生的形成性评价和多元化评价。③ 例如,为了评估基于项目的学习,学生在系统平台上提交一些以图片和视频为形式的文件,教师

---

① OECD. Back to the future of education: four OECD scenarios for schooling [EB/OL]. (2020-09-15) [2021-1-21]. https://www.oecd.org/education/back-to-the-future-s-of-education-178ef527-en.htm.

② 张征. 信息化时代的学校:来自AltSchool的探索[J]. 世界教育信息,2016(18):16-20.

③ 郭少青. 个性化教育的新方向:美国微型学校的发展与启示[J]. 现代教育管理,2018(4):122-128.

第四章 人工智能时代未来学校的图景构造

添加关于项目的评论,并与学生和家长分享。此外,平台还设有一个可以观察学生整体表现的"课堂组成"工具,以及一个与共同核心、下一代科学和加利福尼亚州标准一致的完整"学习目标"集合。①

(三)设计柔韧平稳的教育流程

人工智能时代教育流程再造的研究让我们看到未来学校在课程、评价、结构、管理等方面可能会发生的一系列变革,有些方面的变革非常激进,几乎是对传统学校教育流程的完全颠覆。但是,传统学校的教育流程真的一无是处吗? 6-3-3 学制和科层管理有必要立刻完全抛弃吗? 大规模、颠覆性的改造会不会给现有教学生活造成不必要的伤害? 或许在创新教育流程的同时,还需要积极汲取传统教育流程仍有价值的质素,并在技术的支持下使其价值更有效地发挥出来。因此,笔者基于教育流程再造的研究成果,在未来学校的内涵和价值的主导下,在三个维度的相互联系与相互影响中,提出未来学校的教育流程将朝着柔韧平稳的方向再造,为最后整体图景的生成做准备。

首先,在课程模式方面,未来学校将把重心放在"真正具有生活价值"②的知识上,充分发挥新技术的优势,建构基于核心素养的跨学科和单一学科的平行课程体系。早在 19 世纪末,杜威就已明确指出儿童的经验具有完整性,学校不能用多种多样的学科对儿童的经验加以肢解,而应围绕儿童本身的生活把各门科目连接在一起,

---

① Madda M J. How AltSchool blends old-fashioned learning with new technology [EB/OL]. (2015-02-26) [2020-12-15]. https://www.edsurge.com/news/2015-02-26-how-altschool-blends-old-fashioned-learning-with-new-technology.

② 戴维·珀金斯. 为未知而教,为未来而学[M]. 杨彦捷,译. 杭州:浙江人民出版社,2015:3.

以此推动儿童经验的改造,促进其身心健全成长。① 在一百多年后的今天,哲学、心理学研究强调,通达智慧的各类知识都具有真正的生活价值。② 不过,这种具有生活价值的综合性知识不只是让人掌握购物、修理、做饭、旅行等实用性技能,也不只是让人把握某几门实用学科的认知方式,而是更关乎整个人如何投身于世界之中,如何应对好个人的学习、工作与生活,它指向的是个体关键能力或者核心素养的发展。③ 与此同时,未来学校非常重视每一门学科的知识内容和认知方式,因为深入理解不同学科的知识与思维,能够为跨学科学习做好准备。④ 所以,在核心素养框架的指导下,未来学校将组建跨学科的教师团队,借助网络平台与校内外的教师、专家充分互动与协作,共同确立广泛的课程主题,更新各门学科的知识内容,并将各门学科融入课程主题中,从而建构具有生活价值的跨学科和单一学科的平行课程结构。

其次,在评价方式方面,未来学校通过嵌入虚实环境之中的技术,详细记录、分析和呈现学生在各种情境之中的学习过程和学习结果,实现个性、动态的综合评价。项目式学习、泛在学习等多元学习方式,决定了无论多么周全的"纸笔测试",都无法完整地展现出每一位学生学会了什么,感受到什么,思考着和渴望着什么,承担过什么,想成为什么样的人。尤其是那些"潜在水下"的人性能力,不通过真实情境的活动和细致入微的观察,几乎不可能得到较为完整

---

① 约翰·杜威.学校与社会·明日之学校[M].赵祥麟,任钟印,吴志宏,译.北京:人民教育出版社,2005:9.

② 戴维·珀金斯.为未知而教,为未来而学[M].杨彦捷,译.杭州:浙江人民出版社,2015:244.

③ 戴维·珀金斯.为未知而教,为未来而学[M].杨彦捷,译.杭州:浙江人民出版社,2015:216-217.

④ 戴维·珀金斯.为未知而教,为未来而学[M].杨彦捷,译.杭州:浙江人民出版社,2015:161.

和准确的评价。不过,未来学校并不排斥"纸笔测试",因为基础知识是形成核心素养的重要载体,一些知识确实只能以测试的形式表现出来。① 只不过未来学校的测试形式不是传统的对错题、选择题和问答题,测试内容不是单纯的记忆,测试结果也不是单一的分数。随着学习分析技术的成熟以及智能技术的发展,未来学校将开发基于学科核心概念与注重问题情境的能力测评工具②,搭建虚拟环境中的素养评价系统和嵌入真实环境的传感器装备③。三者相互连接、相互配合,全面、深入和高效地捕捉、追踪、挖掘学生在各种学习情境中思考、分析和解决问题的语言、行动、情感、态度等过程数据,实现更快速和更实用的形成性评估和对学习轨迹的持续性评估④,并最终生成每位学生每次项目活动的综合评价图谱以及各个学段的核心素养图谱。其中综合评价图谱清楚地展现出学生对核心概念的理解和应用水平,并推送学习资源和学习建议。核心素养图谱处于持续的更新中,不但呈现学生在各个素养方面的发展水平,而且提供学生在学习过程中产生的各项数据,形成包括成绩、论文、个人评价、项目成果等材料在内的数字化档案,并且给出学生在学习、工作(实习)和生活三个方面的发展建议。

最后,在结构与管理方面,未来学校将发挥新 IT 技术的优势,促进组织结构的灵活连通与管理的人本高效。组织结构的灵活连通除了表现在学校内部班级、年级、部门之间纵横的变通,还体现在

---

① 张华.迈向素养本位教育评价观[J].教育发展研究,2019(6):3.
② 谢晓雨,董少彦,罗莹.基于学科关键能力的"互联网+"初中物理测评体系的开发与实践[J].中国考试,2020(10):46-53.
③ 桑德拉·米丽根,张忠华.大数据、人工智能与学习评价方式[J].高文娟,译.北京大学教育评论,2019(4):45-57.
④ Roschelle J, Lester J, Fusco J. AI and the future of learning: expert panel report [EB/OL]. (2020-11-16) [2021-3-16]. https://circls.org/wp-content/uploads/2020/11/CIRCLS-AI-Report-Nov2020.pdf.

学制的变化上。未来学校对每一个学习者生命发展的关注,要求现有缺乏弹性的学制必须改革,以便照顾到个体发展的特殊需要。然而,无论是取消学制,还是以5-4-3或者4-4-4等新学制替代现有学制,都会耗费大量的人力与财力,并且给各级各类学校造成较大的压力,还很可能给现有教育秩序带来消极的影响。出于这种考虑,未来学校在很长一段时期内将依旧沿用6-3-3学制,不过新6-3-3学制将以连通和灵活为核心特征。连通意味着允许学生个人在不同等级和不同类型的学校中选修课程,学校之间会互认学分。灵活意味着允许未来学校自主探索学段的划分,将各个年级进行拆分、重组或者不分年级,使学生按照个人节奏在规定的修业年限之内完成相应阶段的学业任务,确保不增加学生的学业负担。例如,小学6年可采用2-2-2学段,九年一贯制学校可自行探索5-2-2或者4-3-2学段等。在组织管理上,未来学校的人本高效表现在采用先进的信息技术来优化管理流程,最大程度地服务于师生的教育需求,并且让学生、教师、家长都可以参与到学校管理中来。不过,人本、民主、自治、灵活的管理方式与组织结构并不意味着科层制在未来学校的终结,在教育管理中,明确的工作任务与职责范围、某种等级化权威依然是学校正常运行必要的存在。①

五、未来学校整体图景

"视角"一词,英文为 perspective,亦可译为"视域",是从绘画理论领域移植到文学理论中的术语,专门用来指代观察的角度。② 艺术鉴赏体验和日常生活经验都在告诉我们:从不同的角度讲故事、

---

① Sharan S,Shachar H,Levine T. 创新学校——组织和教学视角的分析[M]. 姚运标,译. 北京:中国轻工业出版社,2007:42.
② 朱立元. 美学大辞典[M]. 上海:上海辞书出版社,2010:479.

看事物,往往会有不同的认识和感受。将这样一种体会上升至哲学之思,就要求采取"多角度看世界"的"视角主义"。这种具有方法论意义的哲学思潮,强调任何一种视角都是有限的,都只是看世界的一种方式,所看到的景象也仅仅是世界的一个层面。只有尽可能多视角、多方位地体察世界,对世界的理解和体验才可能更全面、更深刻。① 有鉴于此,为了超越单一视角的局限,本研究将通过学生、教师、社会成员和家长四种视角来透视教育流程、学习方式、学习空间三个维度在相互联系、相互影响中生成的未来学校整体图景。

(一)创造性学习乐园:学生眼中的未来学校

2035年10月,14岁的明明转学到一所九年一贯制的未来学校——"星链学园"。今天是2035年11月的最后一周,虽然明明已经在这里学习近2个月了,但对他来说,这里的生活不是一成不变的,而是一直随着人与人、人与智能机器的互动而处于持续的更新中。天气依旧有些燥热,明明走到校门口已是大汗淋漓。这时,智能手表提醒他还有15分钟项目活动就要开始了,于是他通过人脸识别入口快速进入校园。当明明路过圆形露天社区中心时,他听到两个学生边走边讨论下午全息课堂的实验,还有几个学生畅谈他们昨天与机器人之间激烈的篮球赛。草坪上的学生们正在智能机器的陪伴下进行足球训练,长椅上的两个小学生全身心沉浸于一本AR图书中,正在与书中的人物进行自然的交互。

走进学校的智能生态教学楼,明明感觉到温柔的清风迎面吹来。这是一栋由高科技材料和生态材料所建构的五层教学楼,每一层有10个半透明的工作室,每个工作室的温度、光照、家具、设备、

---

① 王治河.扑朔迷离的游戏——后现代哲学思潮研究[M].北京:社会科学文献出版社,1998:198-199.

规模都可以根据师生的学习需求改变。除了工作室以外，楼梯、走廊、露台、餐饮区和休息区，处处都可变为学习空间。走进三楼的跨学科工作室，明明立刻加入自己所在的团队。由于今天参加项目活动的学生比较多，因而师生把两个工作室中间的隔板移开，合并成一个大型的开放式学习套间。工作室大概有40个不同年龄和年级的学生，五六个人为一组，每组都围坐在一张嵌入智能技术的滚动式圆形课桌，每个课桌放置2台电脑和充足的虚拟现实设备。这已经是"太空移民项目"实施的第三周了，为了完成这一任务，明明在11月7日就已经收到教师发布在学习平台上的相关资料和学习任务。上周，他通过在线小型讲座学习了太空生活、养殖种植、建构社会等生物、历史与社会科学方面的知识，还利用全息技术与国内外的学生就太空移民的伦理学问题进行"面对面"的讨论和辩论，他感到自己的视野与思维在交流中得到了拓展，公共品格也得到了提升。

明明计划在今天的项目课程中根据掌握的资料，和小组其他同学一起制定一套太空移民方案。正当他和小组成员热烈地讨论哪些人应该先移民，哪些人不能移民的时候，类人智能导师被他们的讨论唤醒，主动和他们进行自然交流，并提供了一系列可供参考的建议。虽然明明没有寻求老师的帮助，但是李老师利用基于智能技术的学习过程监测系统，及时推断出他们可能遇到了难题，立刻走到他们身边，引导小组成员从正义与道德等维度去深入思考这一问题，并建议他们阅读古希腊的哲学著作。在近2个小时的项目活动中，明明所在的小组已经完成项目任务，通过和其他小组交流，明明发现有的小组和他们遇到了同样的难题。还有40分钟就要下课了，明明看到李老师正在利用虚拟现实设备和新一代通信技术创设全息课堂，让工作室的学生和那些在家、在图书馆同时进行项目活动的学生进入虚实交融的学习情境,共同分享各自的研究成果。明明以视频的形式展示了小组的太空移民方案,详细介绍了完成项目活动的整个过程。有的小组重点汇报了太空种植,以动画的形式展现太空植物的生长过程。最后,李老师组织各个小组相互点评,为大家讲解共同存在的难题,并且针对大家的问题提供深入学习的资源。

课程结束之后,明明和同学来到中央餐厅,他一边吃饭一边用餐厅共享平板登录智能评价系统。系统对明明在项目活动中的行为、语言、情感、阶段成果等数据进行实时计算、整合、评价,针对他个人可能存在的困惑,自动生成个性化学习方案,并且以云服务的形式为其推送学习资源和学习建议。智能系统所给出的评价与明明自己内心的评估差不多,实际上,明明对自己这次的项目成果不是非常满意。他感到自己对一些核心概念还没有完全掌握,高阶思维还需要继续提升,需要在项目活动之后阅读更多的书籍,和同学、老师、智能导师进行更多的交流。不过,当他回想这三个星期的项目制作过程,他又情不自禁地露出笑容。他喜欢利用智能技术把想法变成现实,更喜欢大家在项目活动中相互交流与共同探索的过程。技术支持下的联合行动让他和参与其中的人与 AI 相遇,他们在自由的交互影响中共创未来、共同成长。

(二)教学发展智库:教师眼中的未来学校

今天是 2035 年 11 月 1 日,是李玲老师来到"星链学园"的第三年。她在读大学的时候通过 U-S 网络平台发现了这所学校,并且申请来这里实习,目前已经正式成为初中部的历史社会学教师。今天下午两点,李老师和其他老师来到综合会议室,准备以在线的形式和其他学校的老师、大学的专家学者一同完善学校跨学科的课程体系,听取专家对于下周项目式学习的建议,明确学生在各个项目中所应当着重掌握的核心概念和发展的高级思维。在会议中,大家交流彼此的观点,在一些问题上形成了共同的理解,还有一些问题仍存在分歧。会议一结束,李老师和另一位老师便回到教师工作室,准备在工作室的公共区域整理会上的各种观点,改进"太空移民项目"的设计方案。李老师发现工作室还有几位老师没有下班,他们正在准备晚上图书馆举办的家长教育课程。这是学校为社区成员和家长开设的一门系列课程,李老师也参与了这门课程的开发工作。

11月13日中午,李老师走进学校的迷你咖啡馆,在入口的储物柜中拿起一个共享平板设备进行点餐。坐在咖啡馆内简易的沙发上,她一边吃饭,一边思考着下午科技馆的教学活动。科技馆作为学校重要的外部学习空间,通过智联网、云计算中心与学校共享师生教学活动产生的数据,实现了更多情境下的长时间跨度的学业评估。下午3点左右,"太空移民项目"的学生和家长已经从家、学校、图书馆等各个地方来到科技馆。在李老师、家长和多位场馆工作人员的引导下,学生们亲身体验了太空种植、太空饮食、太空健身等太空生活,并且在虚实交融的太空情境中学习生态系统、生理系统、无重力环境等抽象的学科知识。活动结束之后,已经是晚上6点钟了,李老师回到学校的餐厅,在等待智能机器配餐的时间里,李老师看到一些学生在吃完晚餐之后就在这里使用共享电脑和无线网路学习。她打开自己的智能笔记本,点击学习管理系统生成的项目问题图谱,了解同学们目前没有解决的难题和尚未理解的概念,审慎地思考与判断智能系统给予的各种反馈和建议。尽管李老师每天的工作都非常忙碌,工作场地和学习场所在校内与校外之间、在线上与线下之间来回变换,但是她依然热爱这所学校,热爱她的工作,因为在这里,教学与学习不是某一个人或者某一个团体的事情、兴趣、利益。新一代信息技术将自己与校内外的教师、学生、家长、专家学者以及场馆、社区的工作人员联结起来,让所有人都可能以多种多样的形式参与到教学实践的各个环节,用他们独一无二的智慧促进教学实践的发展。

(三)家校共育平台:家长眼中的未来学校

小来父母为小来选择"星链学园"最初主要是因为这所学校支持并协助学习者"在家上学"。由于小来妈妈从事的工作允许她有相当多的时间在家办公,因此,她希望有更多的机会参与小来的教育活动。2035年10月,小来和妈妈在学习管理平台上查看到小来的个性化学程。这个学程以图谱的形式展现出这学期的学习目标、课程内容,向他们推荐各门课程的学习资源、学习方式、学习时间与地点。虽然小来是一名初二的学生,但是她已经自主选修了一些感兴趣的大学通识课程,并且获得了学分。小来妈妈非常支持她参与不同学校的课程,希望她不要把自己限制在某一种立场和某一个地方,而是永远可能与他者产生连接,对各种相异的观点保持开放。

今天是2035年11月的最后一周,小来和妈妈一早就来到社区的共享学习中心,准备远程参与"星链学园"的"太空移民项目"。这个学习中心是小来父母和几位家长共同改造的学习空间,他们希望为社区的孩子提供一个集学习、游戏、聚会等多种功能于一身的场所,也方便家庭之间共享更多的教育资源。学习中心至少可以容纳十几位学生在其中自由活动,实现了智联网、VR/AR、计算机等技术装备的集成,还可以与"星链学园"互通学习活动的数据。走进学习中心,小来父母看到和小来一组的另外三位学生及其家长已经到了。还有两位学生和类人智能机器正在电脑上制作2065年的学校模型,为"星链学园"12月中旬的"校社活动"做准备。在小来父母和学生们一起制作项目的过程中,李老师远程监控项目进展,在线为他们提供指导。当李老师向家庭中心发出互动申请的时候，小来的父母和四位同学立刻带上 VR/AR 设备，和学园的师生进入同一个虚拟现实情境中，彼此交流项目的经验和体会。

到了晚上，小来妈妈准备参加"星链学园"图书馆举办的家长教育课程。走进这个两层楼的生态图书馆，她感觉到温度和光线格外舒适，大量的绿色植被让馆内空气非常新鲜。很多社区成员在这里进行学习和娱乐活动，有的居民躺在懒人沙发上聊天，有的人在与嵌入墙壁的智能画作互动，有的孩子在"书吧"听智能机器讲故事，有的学生借阅馆内的智能设备完成学习任务。她来到二楼的文化客厅，和其他家长一起坐在温暖的台阶上。这是一个可以容纳50人左右的开放学习空间，分布四周的阶梯坐席代替了固定和移动的桌椅，墙壁上巨大的投影屏幕确保每一个人都能看清上面的图像和文字。小来的妈妈发现今天的家长教育课程吸引了许多其他学校家长的关注，家校联动平台上的家长似乎来自这个城市的各所学校。课程结束之后，小来妈妈不仅深入了解了处理亲子关系的方法，而且还通过家校联动平台与更多的父母相遇，共同讨论教育资源的共享与学习空间的拓展，使每一个孩子在更为丰富、开放、绵密的学习网络中成长。此时，小来妈妈不禁感慨，这所学校不仅使小来能够按照自己的节奏成长，而且也提升了父母的教育观念、教育知识和技能。

（四）校社共学中心：社区成员眼中的未来学校

2035 年 12 月 15 日，明明爷爷受学园的邀请来参与学校举办的"2065 未来学校"活动。每年的 12 月，学园都会留出两周的时间作为"微学期"。学生在此期间运用创造性思维来构建理想的未来世界，同时向整个社区展示活动成果。与往年不同的是，今年的项目活动由"星链学园"在内的 5 所学校联合举办。11 月，这 5 所学校的师生通过网络平台组建了十几个跨学校、跨学科的项目小组,每个小组由6位学生、1位人类教师和1位类人智能导师组成。在近半个月的时间里,他们打破常规的日程安排,每个小组几乎一整天都在真实和虚拟不断切换的时空中工作。明明爷爷对"未来学校"这个主题非常感兴趣,他想看看孩子们运用他们的知识和想象会给人类创造一个什么样的学习场所。

吃过早饭之后,明明和爷爷一起来到学校。明明进入学校之后就去找项目小组的同学,准备把他们的作品带到圆形操场。爷爷则穿过社区中心来到高科技生态园地,他看到一位教师正带领几个初中生收集实验数据,他们带着AR眼镜观察生态池塘中的鱼类、生物和植物,还有几个小学生在几棵桂树之荫蔽下玩耍。置身这片园地,秋风习习,丹桂飘香,大自然以其强大的生命力给予学习者和教育者庇护,又默默地引领他们生命的缓缓成长。

沉浸在自然中的爷爷突然接到明明的电话,让他赶紧来看各个小组的作品。爷爷来到教学楼前的社区中心,看见学生、教师、居民都沉浸在各个小组所创设的未来学校景观中。人们不仅可以通过智能设备与各个国家的创作者交流,还可以使用虚拟现实设备进入每所未来学校的内部,体验室内的装配设计。爷爷发现好多社区成员都被明明所在小组的建筑吸引了,他走近一看才知道,原来明明和他的同学们在建筑空间中创建了基于智能技术的叙事体验。爷爷和参观者一同透过屏幕瞬间穿越到2065年的未来学校,与一群正在探讨问题的虚拟师生进行互动,真切地体验30年之后的教育生活。当明明爷爷从虚拟情境中走出来之后,突然想到当年自己的学校还只是一个封闭的实体空间,学校与社区之间几乎没有往来。如今,在人工智能、全息技术、混合现实等新技术的支持下,这个称为未来学校的场所跨越"私人领域"与"公共领域",兼具"实体形态"

与"虚拟形态",连接"可能生活"与"现实生活",使世界各地的教师、学生、学者、社区成员等人与 AI 不受时空限制地"互学共教"。无论是项目活动的创造者和指导者,还是参观者和评价者,每个人都在未来学校的教学实践中获得了不同程度和不同方面的生长。

  远方的夕阳洒满校园,"2065 未来学校"活动已经结束了,可是学生、教师、居民还都未散去。这些精彩的作品让人们意犹未尽,未来学校会是什么模样?孩子们所建构的未来学校图景会出现吗?这些问题盘旋在每个人的脑海里。

第五章
人工智能时代未来学校的建构之路

怎样才能建构未来学校？如何才能实现未来学校的整体性和根本性的变革？从前文关于未来学校的概念、价值、图景的系统分析来看，未来学校的建构过程必然是复杂多变的，不仅涉及学校内部诸要素的改变，而且也涉及教育环境和社会环境的改变。有鉴于此，本章将以一种强调整体、关系、动态、不确定的复杂性思维来分析人工智能时代未来学校的建构之路，设计一个包含建构理念、建构机制、建构策略的整体性建构方案。

一、在复杂性思维视域下探索未来学校的建构之路

每一个社会转型期的每一次学校变革，都不可避免地要在路径策略的选择与组合上发生改变，而导致这些改变的一个十分重要的内在原因就是变革主体思维方式的变化。① 可以说，在不同的思维方式的指导下，变革主体会制定出截然不同的路径策略，也会取得

---

① 杨小微.社会转型时期学校变革的方法论初探[D].上海:华东师范大学,2002:110.

完全不同的变革成效。正如迈克尔·富兰所言:"出路并不是爬上山头把更多的革新和改革引进教育系统。我们需要一张不同的处方,以便抓住问题的核心,或者说到达另一个山头。一句话,我们对教育变革需要有一个新的思维方式。"①因此,探寻未来学校建构之路的前提和关键是确定正确的思维方式。

(一)运用复杂性思维探究未来学校建构之路的重要性

在《确定性的终结》一书中,普利高津说:"我们正在目睹一种科学的诞生,这种科学不再局限于理想化和简单化情形,而是反映现实世界的复杂性。"②20世纪六七十年代,随着普利高津的耗散结构论、哈肯的协同论、艾根的超循环理论等理论的相继创立,自然科学界对复杂性的重视达到了前所未有的程度。20世纪80年代,复杂性科学的概念被明确提出之后,复杂性问题便迅速从自然科学向人文与社会科学渗透,几乎受到了所有学科领域的承认和关注,在世界范围内掀起了复杂性的研究热潮。在世纪之交,物理学家史蒂芬·霍金甚至预言:"21世纪将是复杂性的世纪。"时至今日,我们看到复杂性科学的兴起和发展,不仅为若干学科领域的研究提供了全新的认识论和方法论,还冲击着我们不合时宜的文化范式和思维方式③,使原来在不同层次、不同维度、不同过程中被简化、被舍弃、被忽视的问题或者要素的重要性重新突显出来,极大地推动了科学研究和社会生活的蓬勃发展。简言之,复杂性科学以及由此带来的复杂性思维,为我们认识世界、改造世界提供了一种新思维。然而,

---

① 迈克尔·富兰.变革的力量——透视教育改革[M].中央教育科学研究所,加拿大多伦多国际学院组织,译.北京:教育科学出版社,2004:8.
② 伊利亚·普里戈金.确定性的终结:时间、混沌与新自然法则[M].湛敏,译.上海:上海科技教育出版社,2018:引言5.
③ 秦书生.复杂性技术观[M].北京:中国社会科学出版社,2004:序.

究竟该如何理解复杂性呢?为了运用复杂性思维探索未来学校的建构路径,我们有必要对这一核心术语进行分析。

在日常语境中,虽然人们很少使用"复杂性"一词,但是"复杂"的使用频率却非常高。通常情况下,人们会把一些头绪繁多、不易解决的难题表述为"复杂",这种理解和英汉词典对"复杂"的释义基本是一致的。例如,根据《新编汉语形容词词典》,复杂是指"多而杂,不单纯",既可以形容环境、事情、关系等,也可以形容人。①《高阶英汉双解词典》对于"复杂"(complex)的解释是"由许多部分组成的,复合的,难懂的,不易了解的"。在科学和哲学语境中,复杂性的定义可谓仁者见仁,智者见智,研究者们站在不同的学科立场上给出了不同的定义。约翰·霍兰把复杂性视为一种系统的"涌现性"②,钱学森认为复杂性"实际上是开放的复杂巨系统的动力学"③,埃德加·莫兰的基本观点是:"复杂性是辩证法的同一","达到复杂性的思维从而意味着达到思想上的用双目视物而放弃只用独眼的思想方法"④。

在复杂性的定义上,面对无法达成严格的学术共识的局面,苗东升在《论复杂性》一文中指出,或许根本就不存在统一的复杂性定义,"多样性、差异性是复杂性固有的内涵,只接受一种意义下的复杂性,就否定了复杂性本身"⑤。与此同时,他认为尽管不能苛求给出一个各方都满意的复杂性的定义,但是能够通过探究造成复杂性

---

① 安汝磐,赵玉玲.新编汉语形容词词典[M].北京:经济科学出版社,2003:213.

② 约翰·霍兰.涌现:从混沌到有序[M].陈禹,等译.上海:上海科学技术出版社,2001:49.

③ 苗东升.复杂性管窥[M].北京:知识产权出版社,2014:3.

④ 埃德加·莫兰.复杂思想:自觉的科学[M].陈一壮,译.北京:北京大学出版社,2001:170-171.

⑤ 苗东升.论复杂性[J].自然辩证法通讯,2000(6):87-92.

的成因,来明晰复杂性系统区别于简单系统的本质特征。在苗东升看来,现实存在的复杂性是数量巨大的系统组分、种类繁多的层次结构与关联方式、环境开放、远离平衡态、过程不可逆、非线性、不确定、能动性、人类理性等诸多因素交织构成的。① 西利亚斯也认为虽然复杂性的概念难以把握,但是复杂性或者复杂性系统的基本特点能让我们了解复杂性系统的样貌。由此,他归纳出复杂性系统的十个基本特征,对之进行概括可以简化为以下五个方面:第一,系统的要素数量大、层次结构多,并且各个要素与各个层次之间相互影响;第二,系统远离平衡态;第三,路径依赖,过往的行为会对现在造成影响;第四,系统具有开放性,系统与环境相互作用;第五,涌现性,即整体具有局部所不具有的特性和行为。②

当我们以复杂性的眼光审视未来学校时,将会发现它就是一个复杂性系统。叶澜教授早已指出:"教育是人类社会所特有的更新再生系统,可能是人世间复杂问题之最。"③随着智能技术向教育领域的渗透,未来学校作为人工智能时代实施教育活动的场所,作为教育与技术的融合创新,则在更大程度上表现出动态、开放、自主、多元等复杂性特征。首先,未来学校的要素数量巨大、结构形式多变,仅就未来学校的学生数目来说,在线学习平台的应用使每一所学校的学生数量大大增加,完全突破了物理空间的限制。在结构形式上,未来学校不是按照年龄大小、权威等级、课程门类将整个学校划分为固定的年级、班级、部门,而是随着教学需要、设施更新、功能

---

① 苗东升.论复杂性[J].自然辩证法通讯,2000(6):87-92.
② 西利亚斯.复杂性与后现代主义:理解复杂系统[M].曾国屏,译.上海:上海科技教育出版社,2006:4.
③ 叶澜.世纪初中国教育理论发展的断想[J].华东师范大学学报(教育科学版),2001(1):1-6.

调整等因素不断重组而形成新的结构形式。其次,未来学校的主体多元且相互作用,它不仅仅是师生教学与学习的场所,也是家长、社区成员、研究者、管理者等人参与教育活动、教育管理、科学研究的场所,还是智能机器向着善意进化的场所。未来学校作为一个承载着多元价值取向的场所,不同主体在这里相互联系、相互影响、相互合作而使之呈现为一幅错综复杂的人际关系网络。再次,未来学校的空间开放,它的学习空间没有内外的区分,不再局限于某一个固定区域之内,更不再彼此隔离,各种教室总是根据教学与学习的需要不断拓展和重组。最后,未来学校的发展自主,教育者与学习者主动地思考与回应社会对教育提出的要求,通过自主学习来更新教育活动,以便更好地满足社会发展和个人成长的需要。关于未来学校所包含的复杂性特征还有涌现性、不确定性、不可逆性等,此处不再一一列举。

由于未来学校是一个复杂性系统,因而对未来学校变革就更需要复杂性思维的探究方式。在复杂性思维应用于教育领域之前,以还原、实体、线性、机械为特征的简单性思维方式使人们误以为学校变革就等于学习方式、学习空间、教师角色、课程教材等诸多因素转型与再造的"加和",学校变革将会按照完美的规划持续推进下去,学校只有在外部力量的推动下才可能开启变革。与此同时,无论是管理者还是教育者,都希望尽可能化繁为简,用最简单、最方便、最可靠的方式开展学校变革,建构理想的新学校。然而,无论理论的规划有多么完满,学校建构过程都复杂得难以预测和控制,尤其涉及人本身发展的问题,其复杂性根本无法被忽略和简化。复杂性思维方式作为一种从复杂性系统的特征去考察事物和解决问题的方式,主要包括整体性、关系性、非线性、过程性、能动性等思维方式,其重要意义就在于为人们提供了一个思考未来学校建构之路的新视野,将学校建构的过程当作非线性的而不是线性的,当作一个有机整体而不是孤立的各个要素,当作不确定、非均衡的发展过程而不是一蹴而就的解决方案。正如富兰所说:"变革是非直线的,充满着不确定性,有时还违反常理。"然而,"如果人们不去冒不确定的险,有重要意义的变革就不会发生"。① 因此,对于未来学校的建构之路,必须敢于直面复杂性,必须实现从简单性思维向复杂性思维的跃迁,在复杂性思维方式引导下思索未来学校建构的策略路径。

(二)复杂性思维视域下未来学校建构之路的思路框架

人工智能时代,未来学校所具有的复杂性特征内在地要求人们摒弃简单性思维方式的还原、实体、线性、静态分析模式,以整体性、关系性、非线性和过程性的复杂性思维作为未来学校建构策略的方法论指导,以此设计一套较为系统的未来学校建构路线和策略,应对建构过程中可能遇到的一系列复杂性难题。

1. 整体性和关系性思维及其对建构未来学校的启示

整体性和关系性思维分别是对还原论思维和实体性思维的超越,其中整体性思维要求人们以一种综合性、全局性的立场来认识事物和思考问题,关系性思维注重在整体与部分的相互联系中分析问题和解决问题。实际上,这两种思维方式都要求既把研究对象作为更大的系统的一个组成部分来考察,又充分认识并尊重研究对象及其组成部分的特征和关联。② 正如莫兰所言:"复杂性的方法要求我们在思维时,永远不要使概念封闭起来,要粉碎封闭的疆界,在被分割的东西之间建立联系,努力掌握多方面性,考虑到特殊性、地

---

① 迈克尔·富兰.变革的力量——透视教育改革[M].中央教育科学研究所,加拿大多伦多国际学院,译.北京:教育科学出版社,2004:33.
② 杨小微,刘良华.学校转型性变革的方法论[M].北京:教育科学出版社,2011:78-79.

点、时间,又永远不忘记起整合作用的总体。"①就未来学校而言,这种整体性和关系性思维意味着,一方面,我们绝不可能孤立地在真空中建构未来学校,必须设法把建构的每一个维度和每一个细节,放置于整体的教育生态系统与社会生态系统的现实背景之下。既要思考未来学校的建构对教育系统和社会系统的发展可能造成的影响,又要逆向思考社会系统和教育系统在未来学校的形塑与建构过程中所应承担的责任。另一方面,未来学校的建构虽然不能忽略课程、教学、教师等内部各个构成要素的发展,但是倘若部分与整体、部分与部分在毫无联系的情况下进行孤立零星的变革,那么就很可能因为一些重复性变革活动造成不必要的浪费,更难以使学校在整体上涌现出理想的特征。② 因此,为了实现未来学校的整体性建构,应当在总体目标的指引下,在社会环境和教育环境的背景下,在学校与其内部各个构成要素的有机联系中制订未来学校的整体性建构方案。

2. 非线性和过程性思维及其对建构未来学校的启示

非线性思维和过程性思维是对线性思维和机械思维的超越,其中非线性思维是一种变化、多维、相互连接的思维方式,过程性思维是一种"综合、动态、有机、内生的思维方式"③,它们都要求人们认识到学校变革是一次不可逆、不稳定、不确定的艰辛旅程,认识到从来不会有一劳永逸、无所不适的路径策略。因此,我们绝不可能寄希望于以单一的方案来彻底解决变革的所有问题,学校也绝不可能

---

① 埃德加·莫兰.复杂思想:自觉的科学[M].陈一壮,译.北京:北京大学出版社,2001:151.

② 杨小微,李伟胜,徐冬青.新基础教育学校领导与管理改革指导纲要[M].桂林:广西师范大学出版社,2009:144-145.

③ 宗秋荣."过程思维与学校教育创新"国际学术研讨会纪要[J].教育研究,2008(5):109-110.

凭借其自身力量单独加以改造就能完成变革。为了应对变革过程中的任何困难，学校必须加强组织内部和组织外部的联系与合作。按照富兰的说法，"我们所能做的，就是探索具有合作性质的组织的深层动态机制"①，以此更好地观察变革过程和制定卓有成效的变革方案。就未来学校而言，这种非线性思维和过程思维意味着，一方面，我们必须设法增强学校内部各个部门之间的合作，以及学校内部与外部世界的合作，使校内外所有力量积极参与未来学校的建构，使每一个人能够和其他人形成合力，共同采取行动提升他们的能力、动力和资源，改变他们所处的生态环境。另一方面，仅仅基于一些与成功变革有关的因素或者案例，提出若干建设未来学校的方法或者策略是不够的，必须打开未来学校建设的"黑匣子"，从机制的视角去思考和设计如何通过校内外力量的沟通互动来为未来学校的建设提供保障和支撑，并在此基础上提出建设未来学校的具体策略。

3. 小结：未来学校建构之路的思路框架

综合以上分析，在复杂性思维视域下，本研究将设计一个从建构理念、建构机制再到具体的建构策略的整体性方案，为未来学校的发生与实现提供有效的保障。首先，先进的理念是建构未来学校的基础与先导，它不仅让人们明晰未来学校的建构立场、尺度和原则，而且深刻地影响着未来学校的建构机制和建构策略。其次，创新的机制是建构未来学校的核心和保障，它不仅让人们清楚地了解未来学校的建构过程，而且关系到具体策略的制定。最后，完善的

---

① 迈克尔·富兰.变革的力量[M].中央教育科学研究所，加拿大多伦多国际学院，译.北京：教育科学出版社，2004：45.

策略是建构未来学校的路线和指南,直接影响着我们在实践中将如何踏上未来学校的建构之路。

二、基于复杂性思维的未来学校的建构理念

未来学校的建构理念是建构未来学校的基本观念或者基本信念,是我们在建构未来学校过程中始终秉持的尺度、立场或者原则。在很大程度上,理念深刻影响着实践,理念的模糊不清或者保守陈旧,必然导致人们对未来学校及其建构的认知沦于肤浅。因此,探索未来学校的建构之路,首先应明确未来学校的建构理念。在复杂性思维视野下,确立未来学校的建构理念应该不断地往返穿梭于未来学校的有序性与无序性之间①,即在体认到未来学校的偶然性、变动性、不确定性的同时,思考未来学校的必然性、稳定性和确定性。前者为新事物的产生创造了条件,后者确保事物的持续存在。② 基于此,本研究将详细阐释人工智能时代的未来学校在技术手段、学习方式、学习空间等的种种变化之中,有什么不会改变,这些"变"如何促进"不变",而这些"不变"又如何促进更好的"变",并将对这些问题的思考和回答作为未来学校的建构理念,以此规避未来学校在建构过程中被新技术、新方法左右的风险以及盲目发展的乱象,确保未来学校在变与不变的交互共生中走向深度变革。

(一)坚守教育本质,以人的生命成长作为建构的尺度

新一代信息技术使学校从学习空间到教育流程,从学习方式到课程教材等各个方面发生了前所未有的变化,并且随着技术发展和社会转型,学校还将不断增添新的特质。但是,在变化中不变的就

---

① 埃德加·莫兰.论复杂性思维[J].陈一壮,译.江南大学学报(人文社会科学版),2006(5):18-21.
② 埃德加·莫兰.复杂性思想导论[M].陈一壮,译.上海:华东师范大学出版社,2008:序5.

是教育的本质。① 因为无论处于什么时代，无论从什么视角来看，教育都离不开真实的人，"教育是直面人的生命、通过人的生命、为了人的生命质量的提高而进行的社会活动，是以人为本的社会中最体现生命关怀的一种事业"②。简言之，教育为育人、成人而存在，教育的根本就在于提升人的生命质量与生命价值。③ 提升生命质量是指个体通过教育提高了自身的认知与做事的生存能力，具有广泛的文化知识、高级的思维能力和终身学习的能力，从而能够追寻向往的幸福生活。如果说人的生命质量更多着眼于主体对自我需要的满足，那么人的生命价值则重在强调主体对他者的责任和意义的实现。提升生命价值是指个体通过教育提高了自身的人性情感和人性能力，理解人与人、人与社会之间的密切关系，懂得关心他人、关心社会与自然，能够为人类共有的美好未来而努力。实际上，从更宏观的视野看，提升人的生命质量与生命价值的过程，也就是人的真、善、美三方面智慧生成与发展的过程，是实现人全面而自由发展的过程。概而言之，未来，不论智能技术如何变革学校教育，学校教育促进生命成长的本质亘古不变。

未来学校建构必须坚守教育本质，既以人的生命成长作为最根本的追求和最终的目标，同时又要以人的生命成长作为日新月异的技术手段和多种多样的建构行动的基本尺度。一方面，随着技术加速开启万物"智能互联"的新时代，学校必须主动对接社会和教育的新需要，积极学习和运用各种新技术促进学校整体性变革。然而，学校绝不能为了迎合技术而变革，更不能为了追求特色而变革。学

---

① 李政涛.人工智能时代:教育的"变与不变"[N].人民政协报,2017-11-01.
② 叶澜.教育理论与学校实践[M].北京:高等教育出版社,2000:136.
③ 顾明远.再论教育本质和教育价值观——纪念改革开放40周年[J].教育研究,2018(5):4-8.

第五章 人工智能时代未来学校的建构之路

校在学习空间、学习方式、课程教材等各个方面所做出的探索必须以育人为本,必须服务于回归教育原点,促进人的生命质量和生命价值的提升。另一方面,在未来学校建构的过程中,必须以人的生命作为衡量各类技术手段和建构行动的标尺。也就是说,未来,面对技术更迭的周期越来越短,知识的更新和职业的更替越来越快,学校在学习方式、课程教材等各个方面很可能发生诸多不可预测的变革。然而,学校无论引入和运用何种技术手段,无论在学习空间、学习方式、课程教材等各个维度上发生何种颠覆性的变革,都需要一把生命的量尺来衡量各种变革行动,裁夺未来学校的建设方案还缺少什么,还需要增加什么,何种技术手段不可采用,等等。

(二)重视教学共同体,以教学共同体作为建构的立场

AI、大数据、虚拟现实等新一代信息技术的运用,使学校的组织结构、学习方式、教学手段、学习成员发生了巨大的变化,但是师生所组成的以多元互动与密切合作为基础的教学共同体不会被颠覆掉,对教学共同体的重视也不会改变。一方面,学生总是需要在一个教学共同体里成长,即使我们不把这种共同体称为学校,但是它依然继续存在,因为学生只有在"经常的经验交往"和"共同的经验分享"①中才会得到经验的改组改造,才会获得幸福和成长,才能进入一个居住着不同于学生个体的众多他者的世界。② 另一方面,教学价值永远不会被学习替代,教师角色永远不会消亡。随着学习理论的蓬勃兴起,将学习置于学校变革的中心似乎成为无可置疑的变革理念。然而,我们不能将学校看作一个专门学习的场所,更不能

---

① 凯瑟琳·坎普·梅休,安娜·坎普·爱德华兹.杜威学校[M].王承绪,赵祥麟,顾越中,译.上海:华东师范大学出版社,1991:407.
② 格特·比斯塔.超越人本主义教育与他者共存[M].杨超,冯娜,译.北京:北京师范大学出版社,2020:序13.

把教师当作可有可无的存在,因为"学习不应只是个人的事情,作为一种社会经验,需要与他人共同学习,以及通过与同伴和老师进行讨论及辩论的方式来实现"①。教师不只是学习的促进者,而应当将其视为一个给教育情境带来新元素的人,给予学生不曾有的"礼物"的人。② 因此,无论未来科技为学生创造何种先进的学习方式、学习工具、学习资源,未来学校建构都必须尊重教学的价值和教师的存在,重视由师生所组成的教学共同体的发展。

未来学校建构必须重视教学共同体,既以教学共同体的建立与发展为追求,又要站在教学共同体的立场上探索未来学校的建构道路。一方面,随着新 IT 的发展,未来学校必将用更精准、更高效的智能技术支持学生的自主学习与个性化学习,替代教师的重复性工作。然而,切忌以"学习"消解"教学",切忌以"技术"替代"教师"。未来学校必须以建立教学共同体为追求,各种新技术、新方法、新空间等方方面面的变革,都是为了使学生、教师、家长、专家学者、社区成员等参与教育活动的教育者与学习者能够发展出多种多样的教学共同体,让人们通过以交流合作为基础的教学共同体一起成长,获得身心的健康发展。另一方面,未来学校必须站在教学共同体的立场上探索建构道路。未来学校对于高新技术的引进,以及技术在学习空间、学习方式、教育流程等各个方面的变革,必须立足于教学共同体,以促进人与人之间的相互交流、相互合作、教学相长为重要依据来调整未来学校的建构思路与策略。

---

① 联合国教科文组织.反思教育:向"全球共同利益"的理念转变[M].联合国教科文组织中文科,译.北京:教育科学出版社,2017:40.

② 格特·比斯塔.超越人本主义教育与他者共存[M].杨超,冯娜,译.北京:北京师范大学出版社,2020:66.

(三)关心生活世界,以对生活世界的超越作为建构的原则

所谓生活世界是指以实践为基础的物质生活与精神生活、日常生活与非日常生活相互融通的世界。① 目前,全息技术、智能技术、数字孪生技术等,打破了现实与虚拟的边界,为未来学校构造出一个在日常生活中难以历经的教育世界。可是,无论这个教育世界多么生动、新颖、有趣、丰富,未来学校都不应该遗忘生活世界,更不可能替代生活世界。其主要原因在于教育世界与生活世界具有内在的关联性,教育世界既要建立在生活世界的基础上,更要超越于生活世界。其一,教育世界基于生活世界,"生活世界是教育世界的现实基础和意义之源"②。无论是杜威的"教育即生活",还是陶行知的"生活即教育",都意在强调教育不能脱离社会生活和学生生活。教育世界应充分关注社会生活与文化生活,关注学生已有的经验、意向与需要,关注他们的身体与心理发展特点。其二,教育世界更应该超越于生活世界。教育世界基于生活世界,并不意味着教育世界是对生活世界的再现或者复制。更准确地说,教育世界是理想的生活世界,它通过对整个社会生活的简化、净化和平衡,通过对历史文化的考察、比较、分析、反思与提炼,来达到一种具有教育意义的美好生活世界。在这种充满生气的生活世界里,学生有机会不受他所在社会环境的限制,通过和相对民主、开放、健康的教育环境建立联系,得到深刻的教育陶冶,使个体身心得到更全面的发展。③ 简

---

① 李文阁.回归现实生活——哲学视野的根本置换[J].学习与探索,2001(1):11-17.
② 潘斌.论教育回归生活世界[J].高等教育研究,2006(5):7-12.
③ 约翰·杜威.民主主义与教育[M].王承绪,译.北京:人民教育出版社,2001:25-29.

言之，未来，无论高新科技能够创造出何种千变万化的教育世界，未来学校对生活世界的关注永远不变。

未来学校建构必须关心生活世界，既以对生活世界的超越作为建构未来学校的追求，又以对生活世界的超越作为建构的原则。一方面，智联网、虚拟现实、增强现实等新IT技术为学校创设一个虚实交融、泛在智能的教育世界提供了条件。然而，学校绝不能为了创设一个高科技的教育世界而变革，而应以改善生活世界作为变革的追求。这意味着学校引进各类高新技术，综合运用各种学习方式，都旨在为师生创造一个基于生活世界，并超越生活世界的教育世界，以期帮助学生与真实的生活世界建立更多、更深的联系，"帮助他通过现实去寻求走向完人理想的道路"①。另一方面，随着各种先进技术手段支持下的学习方式、教学情境全面渗透教育教学过程，未来学校在建构过程中很可能因为这些纷繁复杂的新事物、新景观而完全脱离生活，过度依赖仿真来创设虚拟的学习情境，使学生沉迷于虚拟世界而无法自拔。因此，未来学校的建构与发展必须以超越生活世界为重要原则，即学校在利用智能技术对学习空间、学习方式、管理系统等各个方面进行改造时，如果不能让学习者与他人乃至理想的生活世界建立联系，不能使他们在理想的生活世界中得到较为健全的成长，那么就应当被修正、重构或者舍弃。

三、基于复杂性思维的未来学校的建构机制

未来学校以人的生命成长为旨归，借助以人工智能为核心的新一代信息技术使学校与社会范围内的各种组织机构进行交流合作、

---

① 郭元祥.论"生活世界"的教育——兼论教育中的生活问题[J].教育研究与实验,2000(5):8-13,72.

建立伙伴关系、开展教育活动,从而架构起一个技术驱动下的强大的教育生态系统。在复杂性思维视野下去思考未来学校建构问题,首先应该将未来学校建构、教育系统进化与社会系统发展看作一个有机的整体,只有实现整个社会的发展、教育系统的进化,未来学校的建构才具有持续性;反之亦然,只有实现包括未来学校在内的每个组织机构和个人的改进,才有可能实现教育系统的进化和整个社会的发展。其次,在复杂性思维视野下,无论是未来学校建构、教育系统进化,还是社会系统发展,这三个不同层面的系统都不是封闭僵化的,而是不断地相互交流、相互影响、相互配合。这意味着未来学校建构始终处于一种开放、动态、联系的网络结构中,我们不能仅仅考虑建构未来学校的问题,还应该考虑这一问题的解决与教育系统改进和社会系统发展的关系,以及对这两个层面的影响。最后,复杂性思维视野下的未来学校建构必然呈现"多样化""非平衡""不确定"等复杂性的一面。这意味着我们不能寄希望于通过单一的建设主体或者完美的建构方案解决所有问题,而必须引入教育系统和社会系统的力量,必须同时关注学校与学校所处的生态环境,通过持续地扩大和加强个人、机构乃至整个社会之间的相互联系来加深它们的相互关系,最终实现成长、变革和整体进化的发生。① 正如富兰所指出的,"现在'校外'就是'校内'。目前学校的边界变得更加易于渗入、更加透明,这种变化是不可避免的,也是令人向往的……之所以向往是因为,在后现代社会,你只有把各种力量结合起来才能更好地完成教育工作"②。

---

① 迈克尔·富兰.变革的力量——透视教育改革[M].中央教育科学研究所,加拿大多伦多国际学院,译.北京:教育科学出版社,2004:165.
② 迈克尔·富兰.教育变革新意义[M].3版.赵中建,陈霞,李敏,译.北京:教育科学出版社,2005:209.

综上所述,未来学校建构的实现,需要学校、教育与社会三个层面的个人与组织相互作用与共同支撑,故而有必要设计一套能够促进各个层面内部以及各个层面之间联系与合作的机制予以保障和支持。在复杂性思维视野下,结合上文对未来学校建构、教育系统进化、整个社会发展三个层面的分析,本研究构筑了一套推进未来学校建构的"四位一体"的创新机制体系,以期为大规模、可持续、高质量的未来学校建构提供机制保障。

(一)核心:权责明晰与信息互通相结合的协同联动机制

未来学校建设作为一项高度复杂的系统工程,不仅涉及教育系统内部各级各类学校在基础设施、课程、教学、管理、评价、师资等各个方面的建设,还需要社会的教育环境与教育资源、各行各业的专业人员等诸多外部条件的支持。显然,这些条件需要社会多方力量在权责明晰和信息互通的协同联动机制中凝聚合力,共同推动学校不断改进,实现教育生态与社会生态的持续优化。为此,本研究构建了一个上下协同与内外联动的"网状"合作格局,在明晰相关利益主体权责的前提下,有效整合社会多方建设力量,形成"六责联动"的多元合力,共同推动未来学校建设。

1. 建构基于人的成长的多元合作格局

人们越来越坚信学校变革最强大的力量在民间[①],而在民间的所有力量中,学校居于最为核心的地位[②]。不是来自基层对变革的真正施压,不是出自学校对变革的自主探索,学校变革就不会取得理想的结果。但是,如果学校变革完全依赖基层体系,完全依靠中

[①] 杨东平.教育改革的动力在民间[J].中国新闻周刊,2012(1):38-39.
[②] 路易斯·斯托尔,迪安·芬克.未来的学校:变革的目标与路径[M].2版.柳国辉,译.北京:北京大学出版社,2015:152.

小学校或者企业、社区、科研机构等社会力量,那么受文化、资金、地域、经验等种种因素的影响,真正进行变革的学校可能不多,有的变革行动即便卓有成效,也可能无法推广开来或者持续深入下去,无法达到大规模、根本性变革的目的。① 因此,富兰在《变革的力量:深度变革》一书中提醒我们,在认识到"自下而上"的自发变革的重要性的同时,必须承认"上层"依然是关键,"自上而下"式的强有力的领导与支持对于更大范围内的根本性变革至关重要。② 因此,建设未来学校既需要政府自上而下的引力,也需要学校自下而上的活力,既需要高校、企业、家庭、社区"由外及内"的驱动和支撑,也需要学生、教师、校长"由内而外"的需求与行动。应该说,未来学校的实践探索必须走向一种同时的"上""下""内""外"协同,即一种地方与中央、学校与社会的相互施压、相互支持、不断协商。

基于此,未来学校建设要根据人的生命成长需求,建立一个由学校、政府、社区、企业、科研机构、民间组织等利益相关主体组成的多元合作格局。首先,从中央的教育部到省、市、县、乡的各级教育行政部门再到各地学校,依次选出每个层级承担未来学校建设工作的核心领导者,组建一个自上而下的领导团队,为自下而上的实践探索提供强有力的战略引领、充足的建设资源与更好的政策条件。其次,在未来学校建设过程中,更加注重地方学校协同社区、企业、科研机构所进行的"自下而上"的有益探索。最后,所有主体以促进学生的生命成长为目标,以未来学校的项目活动或者实际问题为纽带,借助政府搭建的智能化协作平台,通过参与、协商、共享、互动等

---

① 和学新,褚天.利益相关者理论视域下的学校变革模式分析[J].山西大学学报(哲学社会科学版),2019(2):67-76.
② 迈克尔·富兰著.变革的力量——深度变革[M].中央教育科学研究所,加拿大多多伦多国际学院,译.北京:教育科学出版社,2004:44.

集体行动的方式,实现政府自上而下的筹划与学校自下而上的探索的互动、协作与转化,实现学校内部的建设力量与学校外部的建设力量的相互支持与有效组织,逐渐建立起一个由学校、政府、社区、企业、科研机构等主体所组成的,以开放、交互、跨界为特质的多元合作格局。

2. 形成"六责联动"的统筹合力

在复杂多变的社会环境里,形成多元合作格局无疑是未来学校建设的有益支撑。但是,仅仅依靠多元合作难以形成强有力的统筹合力。因此,为了促进利益相关主体在上下协同与内外联动的过程中结成密切的关系、形成强大的合力、进行深度的投入,在形成未来学校建设的多元合作格局之后,我们必须明晰学校、政府、科研机构、社区、企业、民间组织这六类主要的利益相关主体在未来学校建设中的责任与权力。

学校作为未来学校建设的主导者、推动者、执行者,他们有责任扎根于教育环境中,对未来学校的学习空间、学习方式、课程教学、评价管理、家校联合等各个方面进行实践探索,积极发现未来学校在建设过程中存在的问题,主动发展未来学校建设所需要的文化与能力,并且有权要求政府部门给予未来学校建设所需要的资源与帮助。从中央到地方(省、市、县)的各级教育行政部门是未来学校建设的引领者、协调者、服务者,他们的首要职责是在实际调查与科学论证的基础上,对所辖行政区域的未来学校建设项目进行顶层设计,包括确立建设的基本方向、最终目标及总体架构,勾勒整体蓝图。① 其次,教育行政部门有责任跨越部门内部以及与其他政府部

---

① 吴康宁.教育改革的"中国问题"[M].南京:南京师范大学出版社,2015:38.

门的边界,促进政府部门之间的纵横沟通,以此克服现行教育管理体制上的条块分割,避免出现重复或者盲目建设未来学校的现象。再次,教育行政部门有责任协调学校、社区、企业、科研机构、社会组织之间的关系,争取教育系统内外的组织机构对未来学校建设的关心与支持。最后,教育行政部门有责任利用教育管理信息系统收集、分析和生成各地区、各学校的各项教育数据,掌握不同区域和同一区域未来学校建设的个性化需求,从而因地制宜地向各个地区、各所学校配置相应的人力、物力和财力资源。社区是未来学校建设的合作者和支持者,社区内的家庭、企业、场馆、便利店等组织机构有责任创设良好的社区教育环境,协助未来学校的实践探索。科研机构是未来学校建设的重要指导者,他们有责任利用自身的理论优势为未来学校建设提供理论指导、决策支持、顶层设计等。一些社区以外的企业也是建设的合作者和支持者,他们有责任在智能设施铺陈、智能系统开发、课程研发、学习评估等方面为未来学校建设提供资助与指导。此外,独立于政府部门的民间智库、民间评鉴组织、民间媒体、民间联盟等多种民间组织也是建设未来学校的重要力量,尤其是评鉴组织与民间媒体,他们有责任、有权利严格监督和评价未来学校建设的过程和结果,反映建设的真实情况与多元舆论,帮助学校、社区、政府、科研机构对未来学校建设进行反思与改进。①

虽然学校、政府、科研机构、社区、企业、民间组织所担负的责权内容各不相同,但是在促进人的生命成长的目标指导下,所有主体都致力于打破自己的封闭状态,不间断地与未来学校建设的有关信息保持联系,不断扩大自身与不同主体的关联,增进彼此的了解、影

---

① 吴康宁.教育改革的"中国问题"[M].南京:南京师范大学出版社,2015:40-41.

响与支持,更加深刻地理解未来学校及其变革的目的,更为明晰各自的责任和坚定对他者的信心,进而形成学校主导、政府引领、科研指导、社区协助、企业配合、社会跟进的"六责联动"格局,最终聚合多元的建设力量,共同推动大规模、高质量、持续性的未来学校建设。

(二)基础:个体赋能与组织增能相结合的能力建设机制

随着以人工智能为核心的新技术向教育领域渗透,建设未来学校对个体和组织的能力提出了更高的要求。从学校到地方再到国家,从一线教师到教育管理者再到政策制定者,人工智能视域下个体和组织的能力建设,直接关系到新技术能否"创造"理想的未来学校。在个体层面上,校长和教师作为教育教学的第一资源,他们在智能环境下的专业能力决定着技术在教育教学活动中得到应用的程度,以及学生、家长和社区成员的素养提升程度。在组织层面上,作为学校变革的关键主体,学校在智能环境下的组织学习力,影响着教师专业能力的发挥和提升,以及未来学校变革的成效。因此,建设未来学校需要通过专业培养与持续培训来发展教师个体的专业能力,需要相关的措施来提升组织自身的机能,以便使已经具备了新能力的教师能够与他者形成合力,共同推动未来学校的实现与发展。为此,应构筑"赋能"的教师培训体系,创设"增能"的组织运作流程,从而促进人工智能视域下个体和组织的能力发展,为未来学校建设提供推动其前进的强大支持基础。

1. 构筑"赋能"的教师培训体系

教师专业发展作为一项跨组织、多维度的系统性工程,需要政府、高校、企业、学校、社区、民间组织群策群力,在充分发挥智能技术"赋能"作用的基础上,构筑一套从个性化诊断到共同体培训再到专业发展评估的教师培训流程,促进教师专业发展。

第五章　人工智能时代未来学校的建构之路

首先,利用智能技术对教师个性化的问题与需求进行专业诊断。目前,学习分析、大数据、物联网等技术的发展以及国外诸多的项目实践证明,通过全视角地采集教师在教学、教研与学习过程中生成的数据,嵌入专业化的分析规则,能够较为精准地分析和判断教师个性化的问题与需求,使大规模的教师个性化诊断成为可能。① 因此,在教育科研机构和高科技企业的共同参与下,建立基于智能技术的专业发展诊断系统,准确获取每位教师的真实问题与需求,并基于此形成专业发展报告与定向资源推送,不仅可以为制定符合教师个体需求的培训方案提供有力的依据,而且能让教师了解自身发展的问题。

其次,组建虚实结合和跨界交互的教师培训团体。基于教师的实际问题和个性化发展需求,智能技术将不同区域、不同学科、不同学校的参训教师、授课专家、智能导师进行配对,形成多元、动态、开放的教师学习共同体。借助互联网和虚拟现实的技术支持,教师不再囿于孤立的学习时空、单一的学习伙伴和固定的培训方法,而是与授课专家、其他教师等人与智能体在虚实结合的培训情境和课堂情境中进行切磋交流和深入协作,从而协助教师对自身教学实践进行反思,逐步建立起教学理论和教学实践的深度连接②,获取有利于自身发展的学习资源,持续地挖掘学习潜能且全方位地提升专业能力③。

最后,提供以发展为指向的培训评价反馈。斯塔弗尔比姆

---

① 闫寒冰,单俊豪.从培训到赋能:后疫情时期教师专业发展的蓝图构建[J].电化教育究,2020(6):13-19.
② 徐鹏.人工智能时代的教师专业发展——访美国俄勒冈州立大学玛格丽特·尼斯教授[J].开放教育研究,2019(4):4-9.
③ 李江,夏泽胜."互联网+"时代的教师培训:模式更新、价值证成与行动路径[J].教师教育研究,2020(4):38-44.

(Stufflebeam)指出:"评价最重要的意图不是为了证明,而是为了改进。"①对教师而言,培训的评价反馈是为了促进教师的学科素养、信息素养等各个方面的发展。在强大的智能技术的支撑下,教师培训的评价主体趋于多元,包括授课专家、教师本人、同行、学生在内的人与智能体都可以基于各自对教师的了解进行评价。评价标准趋于多元,不仅有具体明确的定量评价,而且有相对模糊的基于培训经历、教学行为或者关键事件的定性评价,以考察教师在培训过程中所产生的变化与出现的问题。评价视角趋于全面,不仅考察教师在一节公开课上的表现和一篇教学论文的水平,而且将教师在日常学习与教学实训中的过程性数据作为评价要点。② 因此,智能评价平台将通过采集和分析不同主体、不同标准、不同方法、不同视角下的评价数据,全面地反映参训教师的真实情况,生成可视化的专业评估报告与精准化的专业提升建议,并实时地将评价结果反馈给教师,助力教师专业素养的发展。

2. 创设"增能"的组织运行流程

组织学习力是学校作为组织整体的学习能力,即通过对内外环境变化的认识,及时传递信息、相互沟通、达成共识,并做出迅速而正确的调整与决策,以促使组织不断地改进或者革新的能力,也是学校不断应对变革或者自我变革的能力。组织学习力是影响未来学校建设成效的重要因素,在很大程度上,提升组织学习力的问题优先于发展教师专业能力的问题③,因为在同质同量的资源投入背

---

① 瞿葆奎.教育评价[M].北京:人民教育出版社,1989:297.
② 杨鸿,朱德全,宋乃庆,等.大数据时代学生综合素质评价:方法论、价值与实践导向[J].中国电化教育,2018(1):27-34.
③ 迈克尔·富兰.变革的力量——深度变革[M].中央教育科学研究所,加拿大多伦多国际学院,译.北京:教育科学出版社,2004:103.

景下,组织学习力低下的学校不过是将更多的资源用于强化效率低下的实践行为。因此,学校和各级教育行政部门需要采取连续一致而强有力的措施增强学校作为组织整体的学习力。

首先,教育行政部门要建立教师工作负荷核减机制,切实剥离无关教学和无助专业发展的工作负担,确保教职员工之间有足够的时间用于相互观察、同行指导、研讨交流、共同决策[①],为学校组织学习力的培育提供条件。其次,学校应协同当地教育行政部门积极架设互学共教的桥梁,从校内外两个方面将人与人在学习活动中联系起来,营造终身学习的文化氛围,建立多种多样的学习共同体。一方面,教育行政部门要制定相关的政策引导学校组织结构的整合,以及学校与学校、家庭、场馆、企业等组织机构的合作,促使未来学校的信息交流畅通、知识共享充分、不同主体合作默契、集体行动高效、创造力完全展现;另一方面,在政策的指导下,校长把个人发展与组织发展结合起来,带领教师以更充分的互动方式开展教学工作、培训工作、参观访问等一系列合作活动,使教学与学习既符合个体利益,也具有集体价值。在合作活动中,校长与教师不仅"教"学生、"教"家长、"教"社会成员、"教"其他教育者,更主动向学生、家长、社区成员、其他教育者以及各个领域的专业人员"学",通过"组织机构之间的互联互通"和"人与人之间的共学互学"[②],促进复杂多样的学习活动的动态生成,营造终身学习的社会文化氛围,培育具有内聚力的专业学习共同体[③],增进学校组织学习力。

---

① 路易斯·斯托尔,迪安·芬克.未来的学校:变革的目标与路径[M].2版.柳国辉,译.北京:北京大学出版社,2015:182.

② 李家成,程豪.共学互学:论终身教育体系中的主体间关系[J].终身教育研究,2020(6):22-27.

③ 迈克尔·富兰.教育变革新意义[M].3版.赵中建,陈霞,李敏,译.北京:教育科学出版社,2005:150.

(三)动力:内在驱力与外在推力相结合的复合激励机制

在未来学校的建设中,主要利益相关者包括学生、家长、教师、校长和其他教职员工组成的直接利益主体,以及政府、社区、企业等组成的间接利益主体。其中,教师和社区分别作为建设的直接与间接利益主体之一,在未来学校变革中居于基础性地位,对于学校的持续改进和变革力量的整合发挥着至关重要的作用。为了有效地推动学校和社区积极地变革学校,需要根据不同利益主体的诉求提供激励。对于教师而言,是激活教师作为"变革者"的内在力量,对于社区而言,则是创设惠及社区的"校社合作"模式,进而吸引越来越多的个人与组织参与未来学校建设。

1. 激活教师作为"变革者"的内在力量

在瞬息万变的人工智能时代,面对越来越复杂而不可预测的未来学校变革,教师绝不能仅仅作为"亲历者""执行者"而存在,他们更应作为"变革者"而存在。[①] 一旦教师成为具有道德目标的变革力量,他们将使背景各异的学生的一生发生改变,整个社会也会更有能力对待变革。[②] 正如联合国教科文组织在《反思教育:向"全球共同利益"的理念转变?》报告中向未来教育提出的宣言:"我们需要比以往任何时候都更加重视教师和教育工作者,将他们视为全面推动变革的力量。"[③] 而教师作为推动未来学校变革的重要主体,需要物质激励、精神激励、环境激励三者相互配合与相互增强,只有这样

[①] 刘远杰.学校教育变革的历史逻辑:教师的力量[J].教育学术月刊,2020(5):22-31.

[②] 迈克尔·富兰.变革的力量——透视教育改革[M].中央教育科学研究所,加拿大多伦多国际学院,译.北京:教育科学出版社,2004:10.

[③] 联合国教科文组织.反思教育:向"全球共同利益"的理念转变[M].联合国教科文组织中文科,译.北京:教育科学出版社,2017:2.

才能从根本上激活蕴藏在教师身体、心智、实践中的变革力量。

首先,充分发挥工资、奖金、晋升等诱导因素的激励作用,通过奖优评聘激发教师的变革意愿。鼓励教师参与基于智能技术的教学设计、课程开发等各类比赛,并将教师获得的奖项与成果作为职称评聘、绩效考核、评优评先的重要指标,吸引教师积极参与技术变革教育的实践活动。① 其次,学校、家庭、政府、社会不仅要认可并尊重教师作为"变革者"的力量,更要赋予教师作为"变革者"的话语权,在变革实践中唤醒教师的变革潜能。这意味着教师不必被动地等待和执行上级管理者做出的种种决定,完全有权利、有责任探索智能技术在教育教学中的融合与创新,积极与学生、家长、其他教师、社区成员、专家学者等主体展开多种多样的教育合作,一起推动未来学校的变革与发展。最后,引导教师参与未来学校变革的科研课题,在变革研究中提升教师的变革信念与能力。教育行政部门和中小学校建立专项经费用于开展与未来学校变革相关的实践研究,通过专家学者指导下的研究活动,使教师逐渐形成正确的变革思维、先进的变革理念,掌握必要的变革知识与方法,了解前沿的教育理论、教学方法、学习方式、课程设计、技术应用等,进而以更积极的态度、更坚定的自信与更高水平的能力应对未来学校变革。

2. 创设惠及社区的"校社合作"模式

未来学校是根植于社区、服务于社区、通过社区而发展的混合教育机构,整个社区的发展需要未来学校的引领与支持,未来学校的建设与发展也需要社区协调与整合来自社区内的家庭、企业、政府、学校等不同组织机构的资源与服务。然而,在现实中,即便学校

---

① 史利平.信息技术与教育深度融合的机制创新解析[J].教育研究,2018(10):147-153.

与社区建立了合作关系,但是二者往往不是处于共生共赢的状态,而是处于一种利益不对等的状态。因为人们认为只要学校变革成功了,学生成绩提高了,社区自然而然会得到发展,这导致学校与社会的合作目的只是推进学校建设与发展,而社区的利益诉求得不到充分的表达和满足,从而严重影响了社区参与未来学校建设的积极性与持续性。[①] 因此,学校与政府需要采用适当的激励措施,创设惠及社区的"校社合作"模式。

首先,建立促进学校与社区合作的团队或者机构,确保学校与社区能够通过沟通对话明确而充分地表达各自的需求。在政府部门的协调下,学校的教职员工代表与社区的居民代表、工作人员、媒体人士、企业领袖、教育管理者等组建成一个正式的领导团队或者合作机构,共同收集与评估学校变革的需求与社区发展的需求,共同商讨学校与社区可以通过哪些项目、开展何种合作、提供多少资源来满足双方的需求。其次,政府部门要根据实际情况,分别对参与未来学校建设的社区居民和社区内的商业、企业、场馆等组织机构制定相关的优惠政策,增强整个社区参与未来学校建设的积极性。例如,对协助变革的营利性组织机构给予税收等方面的优惠,对参与变革的居民发放"课程代金券""学习优惠券"等教育优惠。最后,学校在邀请社区成员参与学校教育活动、享用学校教育资源的同时,还要主动走进社区,通过面对面访谈或者在线社区论坛等方式及时发现社区的问题,并且积极联合社区内的成员与机构,以学习辅导、项目式学习、社区服务等多样化的教育行动,共同解决社区的问题,增强社区对未来学校建设的积极态度。

---

① 武云斐.走向共生的家长、社区与学校合作——美国的实践及其启示[J].教育发展研究,2010(4):16-21.

（四）支撑：多方参与和精准评估相结合的资源投入机制

充足的软硬件资源是推进未来学校建设各项工作的重要支撑。而东中西部之间、城乡之间、校际之间对于未来学校建设所需要的资源存有不同的诉求，这就内在地规定了要建立一套契合不同区域和不同学校的资源投入机制作为根本保障。因此，大规模、可持续的未来学校建设需要进一步拓宽投入渠道、优化资源配置，形成"以共建共享为导向"的资源供给格局，建立精准全面的监督评估体系，从而有效地保障未来学校建设的稳步推进。

1.形成"以共建共享为导向"的资源供给格局

未来学校作为一项周期长、耗资大的教育信息化工程，需要政府、企业、学校等相关利益主体共同建设，形成多主体参与的可持续投入模式。首先，各地教育行政部门根据未来学校变革的特点、需求与趋势，结合地区自然人文资源情况，在信息化部门、专业机构、科研机构的协助下制订教育资源的购买目录，为中小学购买教育资源提供指南。其次，中小学校在科研机构的指导下认真调研与制定未来学校建设所需的智能化设备、课程资源等产品清单。再次，在当地政府部门通过审核之后，主管部门以"数字资源券"的形式向各个学校提供专项拨款，中小学则有权按照审核后的产品清单向企业购买教育资源，并与企业、政府签署购买服务协议，确保协同主体能够按照契约履行职责，相互配合、协调运作①。最后，企业按期向学校提供教育资源，并且负责开发、维护与升级所提供的教育资源，协助师生解决资源应用过程中的问题。在学校经过一段时间的试用

---

① 任友群,郑旭东,卢蓓蓉.政府购买教育信息化资源服务的内涵、方式、案例及建议[J].新疆师范大学学报(哲学社会科学版),2018(5):119-125.

之后，企业可以凭借"数字资源券"向指定的政府部门兑换建设费用。① 虽然学校、政府、企业三方合作的形式在一定程度上保证了未来学校建设的可持续性，满足了学校之间差异化的资源诉求，但是面对我国基础教育信息化严重的地域差距问题，依然要强化中央政府在中西部地区和乡村贫困地区未来学校建设中的投资责任，加大对薄弱学校的投入力度和政策扶持，把资金优先用在信息化条件较为落后的学校。② 此外，社会组织作为资源投入的重要参与者，可以通过捐赠建设资金、智能设备，或者提供课程资源、师资培训和设立专项基金等方式向中小学校提供资助。

在未来学校走向深度变革的过程中，还要实现从资源的"共建"向资源的"共享"发展。这里的"共享"是指人们无偿享有平台推送的教育资源链接，而链接中包含了资源供给者提供的免费教育资源或者合理的付费教育资源。中央和地方的教育行政部门分别在国家层面和地方层面建立资源服务平台，利用大数据技术采集、分类、加工、整合资源使用者和资源供给者的数据。这些平台基于资源使用者的个性化诊断，向其推送资源供给者所提供的线上、线下、数字、实体等各类教育资源的链接，不仅实现资源跨组织、跨区域的自由流动，而且提高教育资源供给的有效性，切实满足资源使用者的教育需求。③ 尤其值得注意的是，数字教育资源的生成性和开放性决定了资源使用者在应用资源的过程中可以丰富数字资源数量，提

---

① 张屹,王曦,李媛,等.我国基础教育信息化可持续投入机制的研究[J].中国电化教育,2011(8):34-38.

② 郑伦仁.基础教育信息化建设工程投资模式研究[J].中国电化教育,2007(1):41-44.

③ 李奕.基于"移动互联"的基本公共教育服务研究[J].中小学管理,2015(1):13-18.

第五章 人工智能时代未来学校的建构之路

升数字资源质量①,并且凭借完善数字教育资源的行为在平台申领付费资源的"代金券"或者"优惠券"。另外,资源使用者要对资源供给者提供的各类资源进行评价,评价标准就是资源能否有效地满足个体或者组织需求。政府部门则依据评价结果对供给主体进行指导和管理,从而使服务平台的资源更加丰富,质量也更高。

2. 建立精准全面的监督评估体系

为了提高未来学校建设过程中的资源使用效益,需要建立一个多方参与、动态持续、科学精准、指向改进的监督评价体系,实现从申报、审核、立项到应用的全流程、全方位的监督和评估。首先,建立由学校、政府、科研机构、专业机构、社会组织共同组成的第三方监督评估机构,对学校申报的产品清单、企业竞购流程、中标企业的资质及其支持服务能力进行监管与评估,为政府部门的审核工作提供有力的参考。② 其次,监督评估机构借助互联网与大数据技术建立一个透明的监督评估平台,对资金使用与资源供给的流程进行全程跟踪、全程监管与公开,让社会公众,尤其是让未来学校建设资源的捐赠者能够了解每一笔资金与每一种资源的使用情况。最后,学校、政府和监督评估机构对各个学校的资源建设与资源应用情况进行综合性评价,并且将评价报告及时发布到监督评估平台,一方面让所有学校都能够详细了解各个企业及其提供的教育资源及服务情况,从而在未来的产品或者项目申报中能够更加明智地选择符合学校实践探索所需的资源和服务;另一方面通过对教育资源应用效

---

① 余亮,陈时见,吴迪.多元、共创与精准推送:数字教育资源的新发展[J].中国电化教育,2016(4):52-57.

② 任友群,郑旭东,卢蓓蓉.政府购买教育信息化资源服务的内涵、方式、案例及建议[J].新疆师范大学学报(哲学社会科学版),2018(5):119-125.

益的关注①,发现未来学校建构过程中存在的问题,以评价促进未来学校的建设与发展。

四、基于复杂性思维的未来学校的建构策略

在复杂性思维的视域下,未来学校的系统建构是一项长期而艰巨的任务,需要学校内部、外部多维力量、多种关系的综合互动,以形成强大的"系统合力"②。在上文中,本研究在复杂性思维的指导下分别提出了未来学校的建构理念和建构机制,为建构未来学校提供了指引和保障。为了确保理念和机制的落地,为了促进未来学校的建成,在下文中,本研究将从社会系统、教育系统、学校系统三个层面,提出具体可行的未来学校的建构策略。

(一)营造支持性的社会环境

建设未来学校涉及基础设施、文化环境、教育资源等各个方面,不只需要学校系统,而且需要整个社会系统发挥教育作用,承担相应职责。换言之,只有社会全方位、综合作用于未来学校,才能有利于未来学校的实现。因此,在社会系统层面,教育部门、其他政府部门,教育界、科技界、建筑界等社会各领域应建立具体健全的政策体系,建构跨界联合的研究共同体,转变落后的教育价值观念,为未来学校的建设营造支持性的社会生态环境。

1. 建立具体健全的政策体系

从中央到地方各级教育行政部门应联合财政部、文化部、工信部等其他政府部门,尽快出台和细化与未来学校建设相关的政策体

---

① 刘鲜,王瑛,汪晓东,等.教育信息化进程中基础设施的发展战略研究[J].远程教育杂志,2014(5):24-33.

② 李政涛.凝聚"系统教育力"[J].中小学信息技术教育,2018(1):6.

系，为未来学校的建设提供政策保障。一是分别以省政府和市政府的名义出台未来学校建设的专项行动计划，并设立相应的专项行动资金，推动各地未来学校的实践探索。教育部还要联合财政部、科技部等多部委制定中西部地区和偏远农村地区关于未来学校建设的补助政策，保障这些贫困地区的义务教育学校优先享受电信企业、高科技企业、教育企业提供的网络接入、基础设备铺陈、教育资源供给等服务，保证这些学校有充足的经费更新和维护智能设备、开展师资培训、购买与开发项目式课程等建设未来学校所需的各项资源和服务。二是政府部门尽快出台具有法律效力的教育资源共享的指导性文件，颁布数字教育资源标准，发布在线教育准入与监管的指导性意见，以此明确不同社会机构所应承担的教育责任，加强对在线教育平台的管理，确保未来学校在建设与发展过程中能够非常安心、便捷地获得图书馆、博物馆、科技馆等社会机构与教育机构提供的优质教育资源。三是各地政府部门牵头制定基于智能技术的公共空间改造政策，让未来学校浸润在良好的社会文化氛围中。政府部门针对各地的财政情况与教育需求，联合科研机构、企业启动多样化的公共空间改造项目，为社区、公园、博物馆、街道等公共场所增添先进的智能教育设施，创造个性化的教育服务，使每一处公共空间都成为具有教育意义的空间，让师生、家长、居民随时随地都可以通过线上线下的教育文化活动建立联系、交流思想，从而保持学校与社会的密切交往，推动未来学校的建设与发展。

2. 建构跨界联合的研究共同体

教育、科技、建筑、文学、艺术等诸多领域联合开展未来学校的教育设计、技术攻关和空间规划，为人工智能时代未来学校的建设与发展带来突破。教育专家虽然对未来学校在学习方式、课程教学、学习空间等各个方面的变革有着深入的理论研究，但是他们的专长毕竟不是技术开发、不是建筑设计,单凭自身的力量难以将其研究完全付诸实践。技术专家、建筑专家虽然从自身的专业立场出发能够为未来学校设计出高端智能的教育工具、管理系统和持续更新的学习空间,但是这些创新性、颠覆性的设计很可能难以满足师生教育活动的需要,甚至与智能时代的教育理念、教育伦理相背离。此外,科学界、艺术界等研究领域对未来学校的关注,很可能会打破现有设计思维的定式,最终达到创新未来学校建设的目的。尤为重要的是,这些专业背景各异的专家在深度沟通与广泛合作中,将重塑、丰富和深化对未来学校及其建设的认识。因此,可以通过创办以未来学校为主题的学术刊物或者学术论坛的方式,广泛吸纳科技界、建筑界、艺术界等社会各界的一流专家参与未来学校的研究,组成多方跨界的"未来学校建设共同体",从学习方式、学习空间、课程教材、管理评价等各个方面对未来学校进行全面的规划设计,进而为全国各地未来学校的建设提供参考和指导。

3. 转变落后的教育价值观念

如果社会依旧把教育当作一个迅速产生经济效益或者获取高文凭、高收入、高地位的工具,那么,未来学校建设就很难获得社会提供的支持。只有当社会把教育视为一项"启迪智慧、培育人格"的事业[①],只有当社会认识到教育的核心价值是促进人的生命成长,使人真正地成为他自己,未来学校建设才能动员社会的力量,获得社会的全力支持。转变落后的教育价值观念,首先要求地方政府转变狭隘的教育政绩观,不把升学率当作重要的甚至是唯一的教育政绩,而是把对教育资源的投入、人的全面发展以及人民对教育的满

---

① 李政涛.中国社会发展的"教育尺度"与教育基础[J].教育研究,2012(3):4-11.

意度作为考核地方政绩的重要指标。其次,政府机构、学校、科研机构等单位要带头扭转"唯学历""唯成果""唯名校"的人才观。各个单位可以借助互联网、大数据与智能技术建立智能评价系统,对个人道德、知识、能力、责任和创新精神等素养进行连续性监测,生成全面、公正、动态的综合性评价报告①,并以此作为单位选人、用人的重要参考,从而逐步引导社会实施新的评价措施,树立正确的人才观念。最后,学校要通过教育活动向家长和社区成员传递正确的教育观念,新媒体要经常在优酷、腾讯、微信、微博、知乎等平台上,以文章、动画、电影、访谈等形式向社会宣传教育的根本在于育人成人,最大程度地扭转社会对教育及其价值的错误认知,在全社会形成共建未来学校的良好气氛。

(二)构筑纵横贯通的终身教育体系

通过上文对未来学校概念的分析可知,未来学校旨在使学习者远离固定统一的空间、时间、内容、方式、伙伴,而能够根据学习需要在任何时间、任何地点,以任何形式与任何人、任何知识建立有意义的联系,进而形塑个体独特的学习历程。由此可见,构筑一个协调连贯的终身教育体系对于未来学校的建设有至关重要的作用。因此,在教育系统层面,教育行政部门、其他政府部门、社会机构需要通力合作,通过重申终身教育思想、完善与终身教育相关的法律法规、加强各级各类教育机构间的密切互动来促进终身教育体系的建立,为未来学校的实践探索创造充满活力的教育生态环境。

1. 注重人的全面发展,重申终身教育思想

构筑纵横贯通的现代教育体系,首先要体认到教育的终身性,

---

① 刘振天.教育评价破"五唯"重在立"四新"[J].国家教育行政学院学报,2020(11):13-15.

强化终身教育的思想。事实上,教育本来就是一个终身性的概念,它涉及一个人从出生到死亡整个人生历程中所接受过的各级各类教育,包括学前教育、基础教育、中等教育、高等教育、家庭教育、职业教育、社会教育等一系列教育。人们之所以把作为整体的教育肢解成各个阶段、各种类型,除了为了顺应人的身心成长规律,在很大程度上与方便认识、研究、实施和管理教育活动密切相关。然而,自从教育被划分为缺乏有机联系的各个部分之后,教育体系内在割裂的问题就愈演愈烈。加上升学考试的激烈竞争,每个阶段、每种类型的教育大多只关心学生在某段时间、某些方面的发展,很少关心学生整体素养的提升,由此导致人的全面发展越来越难以实现。①现如今,进入人机莫辨的智能时代,当智能机器在智力与体力上远超人类,人的全面发展对人本身的存在显得极为重要和迫切。基于此,我们必须注重人的全面发展,重申终身教育的思想。也就是说,无论未来的教育被分割成几个阶段和多少类型,各种教育必须能够结合成一个纵横贯通的整体,使每个人享有在任何情况下都可以比较自由地获取学习、接受教育的手段,使教育的分界不再具有任何意义。②

2. 完善与终身教育相关的法律,引领终身教育体系的建构

终身教育思想如果没有相应的法律保障,就很可能只是停留在理念层面,难以付诸实践。因此,颁布并完善与终身教育相关的法律,无疑对终身教育体系的构建有巨大的引领和推动作用。然而,

---

① 余立.教育衔接若干问题研究[M].上海:同济大学出版社,2003:序3.
② 联合国教科文组织国际教育发展委员会.学会生存——教育世界的今天和明天[M].华东师范大学比较教育研究所,译.北京:教育科学出版社,1996:202-203.

"终身教育"这一概念包括教育的一切方面、一切事情①,由此导致在现实中不可能制定一部囊括所有教育类别的法律。因此,除了在国家层面出台终身教育专门法以外,还需要在《教育法》《劳动法》《高等教育法》等法律中增加与终身教育相关的规定,并且颁布《家庭教育法》《社区教育法》等一些与终身教育有关的法律法规作为补充。② 这些与终身教育相关的法律法规应着重关注以下三个方面的内容:首先,明确规定和保障人们的终身教育权力,使个人在适当的时候能够毫无障碍地脱离和重新进入教育领域,自由地接受各种类型的教育,非常容易地获取所需的教育资源。③ 其次,在法律层面赋予终身教育以重要地位,明确界定终身教育及其体系的内涵与价值。最后,明确规定终身教育的参与主体、责任分担、实施范围、受众目标、学习成果认定与衔接、沟通协调机制,并在投入教育经费、培育专职人员、健全组织机构、统筹和整合各类教育文化资源等诸多方面提出详细的保障措施、途径与操作方法。④

3. 加强教育机构间的密切互动,促进各级各类教育机构的联通

作为终身教育体系中的主体,各级各类教育机构间的互联互通对于终身教育体系的建成具有重要影响。因此,各地政府部门要根据当地的财政水平、教育资源状况,协同教育研究者、教育实践者与管理者通过对办学模式、教育形式、学习方式等方面的创新来加强

---

① 联合国教科文组织国际教育发展委员会.学会生存——教育世界的今天和明天[M].华东师范大学比较教育研究所,译.北京:教育科学出版社,1996:223.
② 孙毅.国外终身教育立法的经验与启示[J].中国远程教育,2013(10):41-46.
③ 联合国教科文组织国际教育发展委员会.学会生存——教育世界的今天和明天[M].华东师范大学比较教育研究所,译.北京:教育科学出版社,1996:231.
④ 高志敏,朱敏,傅蕾,等.中国学习型社会与终身教育体系建设:"知"与"行"的重温与再探[J].开放教育研究,2017(4):50-64.

教育机构间的密切互动,促进各级各类教育机构的联通。比如,采取优质校带薄弱校、网络学校联盟、九年一贯制学校、"准附属学校"①、名校+新建学校、名校+民校等灵活多样的集团化办学方式,促进大中小学之间、相同学段之间以及相同学区、不同学区学校之间的密切沟通,使单一封闭的学校走向学校间的联结开放②。此外,政府以购买社会服务的形式组织校内外携手开展教育活动,有利于推动校内外教育机构的联通。③ 目前,虽然教育机构间的联通还主要体现在基础教育机构、高等教育机构、社区教育机构等范围之内,还主要集中在同一区域之内,但是随着这些联通关系的保持和发展,未来的教育机构间的关系势必会朝向更高层次继续深化,向更广范围继续拓展④。

(三)打造成己成人的教学共同体

学校显然不能单独完成未来学校的建设任务,但是必须认识到如果缺失了学校的主动参与,那么根本性的变革就不会发生,未来学校也不可能建成。因此,在学校系统层面,地方政府要保障学校的办学自主权,激发基层创新未来学校的活力。在此背景下,学校要促进技术与教育的深度融合,实现未来学校教育向教育原点的回归,主动携手社区内的家庭、企业、场馆等组织机构建立社区教育圈,共同研制并实施未来学校建设方略,把学校打造为成己成人的

---

① 北京市海淀区教育委员会.大中小合作办学的海淀一体化育人模式[J].人民教育,2016(16):65-66.

② 钟秉林.关于基础教育集团化办学的若干思考[J].中国教育学刊,2017(12):3.

③ 康丽颖,任纪远.在扩张与融合中寻找校外教育发展之路[J].中国教育学刊,2018(2):1-6.

④ 李家成,程豪.互联互通:论终身教育体系中教育机构间的关系[J].中国电化教育,2021(1):58-65.

教学共同体。

1. 保障学校的办学自主权,激发基层创新未来学校的活力

未来学校不是有着固定样式的标准化学校,未来学校建设更没有统一的路径可遵循。每一所学校都需要因地制宜、因校施策,自主探索出一条适合于自身条件的建设之路。而学校要自主发展,首要因素便是拥有办学自主权。因此,地方政府要积极探索"权力与责任清单管理"①,通过"权力清单"和"责任清单"来明确放权的尺度和责任的边界,切实保障学校办学自主权的落实,激发基层建设未来学校的活力。不过,权力下放和责任分摊不是简单地把权力和责任进行拆分,地方政府要在充分调研当地学校需求、能力、资源等多方面的基础上,进行合理的放权和分责。其中,"权力清单"的设计要确保自主权的下放与变革的价值取向相一致,充分聚焦当地学校对自主权吁求最高的事项,以及结合学校自主发展政策实施的难易程度,编制分期下放的权力事项清单。与此同时,"权力清单"中不同事项的放权程度应根据变革需求、放权难易有所区别,同一事项的放权程度应根据学校的自主意识、变革能力和办学条件有所不同。② 下放办学自主权绝不意味着学校自行承担全部的办学责任,"责任清单"的设计就是为了保障政校的办学责任与双方享有的办学权力相匹配。政府部门要对政校双方在未来学校建设过程中应落实的职责进行"探索性和分解式的思考"③,进而细化和明晰政校之间的责任边界。

---

① 范国睿.基于教育管办评分离的中小学依法自主办学的体制机制改革探索[J].教育研究,2017(4):27-36.
② 冯大鸣.我国义务教育学校办学自主权的实证分析[J].中国教育学刊,2018(10):55-60.
③ 王帅,凡勇昆.激发乡村学校办学活力的治理之道[J].教育发展研究,2020(Z2):46-53.

2. 促进技术与教育的深度融合，实现未来学校向教育原点的回归

虽然办学自主权的下放赋予了学校极大的自主发展空间，但是学校能否利用办学权力创新未来学校，让教育回归育人成人的原点，在很大程度上取决于学校能否促进技术与教育的深度融合。因此，学校首先要营造技术与教育融合的软环境，通过课题、比赛、会议、讲座等方式引导教师、学生积极与校内外乃至国内外的学习者、教育者、智能导师一起开展教学、学习与研究，在交流与合作中增强师生利用新技术解决教育问题的意识和兴趣，提升师生的信息素养。其次，学校要创设技术与教育融合的硬环境，规划智能学习空间、主动学习教室等硬件设施建设和智能教学系统、管理系统等软件配置，为技术创新教育提供先进、充足的软硬件基础设施。最后，坚守教育本质，警惕技术对教育的僭越。仅仅依靠技术不可能造就真正的未来学校，因为技术对教育发展不具有决定性的作用，并且技术与教育的结合还常常存在着技术凌驾于教育之上的问题。稍不留心，那些所谓的高科技学校便深陷"技术僭越""教育退却"的困境。因此，学校要坚守教育本质，始终以育人为本，警惕技术在教育领域的无限扩张，致力于寻求促使真正的未来学校得以实现的必备技术条件和有效技术方法。

3. 形成具有内聚力的社区教育圈，研制与实施未来学校建设方略

未来学校是一个超越了校园围墙，与全社区在密切交往、资源共享、教育合作中融为一体的校社共学中心。当整个社区都意识到未来学校的重要价值，都把自身视为未来学校的一部分，都愿意参与未来学校建设时，未来学校自然而然就蓬勃发展起来。因此，学校要动员包括家长、社区管理者、企业经营者、场馆工作者等在内的所有社区成员的力量，形成具有内聚力的社区教育圈，共同研制与实施未来学校建设方略。

首先，为了建立亲近社区的未来学校，学校要充分掌握社区对其提出的需求。学校要经常与社区保持沟通，了解社区对未来学校的真实需求，包括需要学校开放哪些教育资源，开展什么教育活动，怎样开展教育活动，何时开放以及怎样开放教室、操场、食堂、图书馆等基础设施，并且基于社区需求制定校园管理制度。其次，学校要充分发挥智能技术的优势，携手社区创建一个时时处处都可以学习、分享及关怀的社区学习网络。这个网络将社区内的中小学校、大学、研究机构、图书馆、科技馆、电视台等教育文化机构连接起来，将社区内的学习者、教育者、居民以及各行各业的专业人员连接起来。在这个网络中，人们能够非常便捷地获取各个组织机构提供的教育资源或者服务，参与感兴趣的学习项目，找到适合的学习伙伴、人类导师或者智能导师。个体在为他者提供教育资源或者服务的同时，可以换取自己所需的教育资源或者服务。而那些教育资源相对匮乏的社区，可以选择并入资源丰富的社区网络平台。最后，学校要邀请社区内的教育学者、建筑设计师、计算机工程师、高科技企业管理者、教育行政人员等人，和学校的校长、教师、学生、家长一同开展未来学校的设计。人们依据学校的实际情况，围绕建筑、课程、学习、文化等各个方面进行持续地探索与创新，研制未来学校建设策略，并在所有社区居民的帮助下共同建设未来学校以及学校所在的社区环境，使未来学校成为成己成人的教学共同体。

结语
未来，始终在我们身边等待开启甚至创造

在撰写关于未来学校的博士论文的过程中，导师不断地提醒："不要把自己当下对未来学校的理解作为最后的理解，不要把未来学校已有的实践作为最好的实践，要尽可能地保持思想与行动的自由与开放，勇敢地去探索更多的可能。"笔者把这句话作为整个研究期间的思想指南，也想以这句话作为本研究的结束语。实际上，这并不是多么高深的道理，在日常生活中，当人们说出"未来"二字时，无不包含着对尚未到来的人、事、物的某些不确定的期待。未来是充满着多种可能的未来，未来，始终在我们身边等待开启甚至创造。

目前，在全球各地涌现出许多颇为引人注目的未来学校案例。例如，在国外，美国的高科技高中（High Tech High，简称 HTH）几乎受到各国媒体的报道和学者的研究。HTH 聘用各行各业的专业人员作为项目设计师，以丰富、个性的跨学科项目和通达、自由的教育环境将学校与真实工作相连、与整个社区相连，让每个学习者的生命在真实的教学过程中得到充分生长。① 与自然融为一体的巴厘岛绿色学校(Green School)是《未来学校：为第四次工业革命定义新的教育模式》报告所遴选出的 16 所学校之一。绿色学校通过完全自然的学习环境让学习者与自然世界相融合,通过充满创意的教育项目让学习者与现实世界相衔接,使学生表现出更强的适应力和更小的心理压力。② 在国内,被称为"魔法学院"的北京中关村第三小学,吸引了全国多地基础教育学校教师和校长前来学习。该校用新技术和新理念构造开放、灵活的教育时空,进而带来学习方式、交往方式、教育组织形态的重构,让学习者在生活化的教育环境中成长。③ 上海市徐汇中学建成的 5G＋MR 创新实验室也引发了媒体的关注,该校试图通过 3D 全息技术来实现抽象概念的具象化,帮助学习者更好地体验与理解知识。④ 这些以未来之名而著称的学校不仅主动回应社会转型对教育和人提出的发展要求,而且最大程度地满足个体本身的成长需求,一些学校甚至试图引领社会发展。种种创造性行动不仅引发社会各领域的广泛关注,而且成为其他学校纷纷效仿的典型。

毫无疑问,我们应当积极关注现实中已经萌芽的未来学校,吸收并转换实践探索中的有益经验,努力创造更加契合人类需要的未来学校。未来学校的理论研究亦是如此,尽管目前已有不少颇具创

---

① Neumann R. Charter schools and innovation: the high tech high model[J]. American Secondary Education, 2008(3): 51-69.

② World Economic Forum. Schools of the future: defining new models of education for the fourth industrial revolution[EB/OL]. (2020-02-22)[2021-03-11]. https://www.weforum.org/reports/schools-of-the-future-defining-new-models-of-education-for-the-fourth-industrial-revolution.

③ 刘可钦,郭莹. 面向未来 重塑学校——北京市海淀区中关村第三小学教育组织生态和空间结构变革的实践研究[J]. 人民教育,2019(Z1):86-89.

④ 陆翔. 5G＋混合现实教学走进徐汇中学[N]. 徐汇报,2019-06-10.

意和深度的成果，但是未来学校的理论探索没有结束，也不应该结束。随着加速更迭的新IT驱动社会转型升级，人们对未来学校的认知还将会随着社会、教育、人本身的发展而不断更新。同样地，虽然本研究用十几万字对未来学校的出场、概念、价值、图景、策略等方面进行了较为细致的分析，但是笔者决不认为这就是对未来学校唯一的理解、最终的理解。未来，我们在警惕教育被技术僭越、被资本和政治裹挟的前提下，仍需要以敏锐的心灵与过去、现在、未来保持密切的沟通，以谦逊平和的心态与人和AI进行深刻的交流，运用创新思维和有益经验创造出更加理想的未来学校。

　　行文至此，本书已近尾声。笔者希望基于人的智慧生命的成长需要，结合智能技术的发展趋势及其对社会生活的影响，再大胆设计一种"超数据""超学科""超智能"的未来学校，以期激发人们对未来学校的无限想象。在未来的社会里，当AI发展出情感、意识、意志、想象等人类自诩为独有的能力，当AI获得了和人类一样的公民身份，当AI拥有和人类相当的工作与生活能力，人类将会有更多的闲暇在科技、人文、艺术、自然之中寻求人之为人的意义，实现真正的自己。在人的自我发现与自我实现需求的驱动下，在智能技术突破性发展的背景下，未来学校将成为一种"超数据"的学校，在教与学的过程中，智能技术不依赖庞大的历史数据和精密的算法设计也能迅速、精准、全面地捕捉学习者的情绪、情感、心态、知识、方法、思维等各方面的问题，并且及时帮助学习者解决自身的问题，协助其走出身心灵发展的困境。未来学校将成为一种"超学科"的学校，智能技术围绕学习的主题或者问题，自主地选择、协调、组织不同的学科知识，并依据学习情境以某种特定的方式将多门学科知识融合为一个整体，使学习者感觉不到知识之间的边界，能够以一种整体融通的思维认识世界、把握世界。未来学校将成为"超智能"的学校，类人智能机器人能够像人一样进行有情感、有温度的沟通交流,和人一起在学校、社会、自然之中进行写作、朗诵、跳舞、绘画、调研等多种教学活动。每个人都将在人与 AI 所构成的智慧生命共同体中打破封闭、孤立的生命状态,在与他者的共在中找寻自己、认识自己,成就自己。

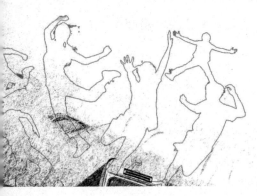

[1] 约翰·马尔科夫.与机器人共舞[M].郭雪,译.杭州:浙江人民出版社,2015.

[2] 吕克·费希.超人类革命[M].周行,译.长沙:湖南科学技术出版社,2017.

[3] 迈克斯·泰格马克.生命3.0——人工智能时代人类的进化与重生[M].汪婕舒,译.杭州:浙江教育出版社,2018.

[4] 约翰·奈斯比特.大趋势:改变我们生活的十个新方向[M].梅艳,译.北京:中国社会科学出版社,1984.

[5] 托夫勒.未来的冲击[M].孟广均,等译.北京:中国对外翻译出版公司,1985.

[6] 戴维·珀金斯.为未知而教,为未来而学[M].杨彦捷,译.杭州:浙江人民出版社,2015.

[7] 伊万·伊利奇.去学校化社会(汉英双语版)[M].吴康宁,译.北京:中国轻工业出版社,2017.

[8] 约翰·I.古得莱得.一个称作学校的地方[M].苏智欣,胡玲,陈建华,译.上海:华东师范大学出版社,2006.

[9] 普拉卡什·奈尔.重新设计一所好学校[M].林文静,译.北京:中国青年出版社,2019.

[10] 迈克尔·富兰.教育变革新意义[M].3版.赵中建,陈霞,李敏,译.北京:教育科学出版社,2005.

[11] 联合国教科文组织国际教育发展委员会.学会生存——教育世界的今天和明天[M].华东师范大学比较教育研究所,译.北京:教育科学出版社,1996.

[12] 联合国教科文组织.教育——财富蕴藏其中[M].联合国教科文组织总部中文科,译.北京:教育科学出版社,2014.

[13] 联合国教科文组织.反思教育:向"全球共同利益"的理念转变[M].联合国教科文组织中文科,译.北京:教育科学出版社,2017.

[14] 张治.走进学校3.0时代[M].上海:上海教育出版社,2018.

[15] 尚俊杰.未来教育重塑研究[M].上海:华东师范大学出版社,2020.

[16] 朱永新.走向学习中心——未来学校构想[M].北京:中国人民大学出版社,2020.

[17] 吴国盛.时间的观念[M].北京:商务印书馆,2019.

[18] 叶澜."新基础教育"论——关于当代中国学校变革的探究与认识[M].北京:教育科学出版社,2006.

[19] 杨小微.全球化进程中的学校变革:一种方法论视角[M].上海:华东师范大学出版社,2004.

[20] 吴铮.生态转换与人机共生:人类与人工智能存在的关系研究[J].人民论坛·学术前沿,2020(11):108-111.

[21] 蔡恒进.人工智能时代必须敬畏的天命[J].湖南大学学报(社会科学版),2019(1):32-36.

[22] 吴冠军.人工智能与未来社会：三个反思[J].探索与争鸣，2017(10)：10-13.

[23] 成素梅.智能化社会的十大哲学挑战[J].探索与争鸣，2017(10)：41-48.

[24] 刘凯,胡祥恩,王培.机器也需教育？论通用人工智能与教育学的革新[J].开放教育研究，2018(1)：10-15.

[25] 李政涛."未来学校"，是什么样的学校？[J].基础教育，2021(1)：1.

[26] 杨欣.AI时代的未来学校：机遇、形态与特征[J].中国电化教育，2021(2)：36-42.

[27] 周文美,姚利民,章瑛.未来学校2035：育人育心的泛在学校——问题、本质和建设路径[J].开放教育研究，2021(1)：55-64.

[28] 万昆,李建生,李荣辉.全息技术及其教育应用前瞻——兼论未来学习环境的发展[J].现代远距离教育，2020(6)：35-40.

[29] 曹培杰.未来学校的兴起、挑战及发展趋势——基于"互联网＋"教育的学校结构性变革[J].中国电化教育，2017(7)：9-13.

[30] 曹培杰.未来学校的变革路径——"互联网＋教育"的定位与持续发展[J].教育研究，2016(10)：46-51.

[31] 陈向东,许山杉,王青,等.从课堂到草坪——校园学习空间连续体的建构[J].中国电化教育，2010(11)：1-6.

[32] 吴耀明.未来学校理想教育发展趋势：以焦点访谈分析为例之建构[J].台中教育大学学报(教育类)，2010(2)：1-21.

[33] 王冬梅.新加坡"未来学校"的实践探索及其对我国的启示[J].外国教育研究，2012(4)：38-45.

[34] 杨润东.变而求道：国内基础教育学校变革研究述评[J].全球教育展望,2019(4):59-73.

[35] 史利平.信息技术与教育深度融合的机制创新解析[J].教育研究,2018(10):147-153.

[36] 刘铁芳.学习之道与个体成人：从《论语》开篇看教与学的中国话语[J].高等教育研究,2018(8):14-22.

[37] 冯建军.论学校教育作为公共生活[J].华东师范大学学报(教育科学版),2014(3):38-48.

[38] 徐碧辉.从"自然的人化"到"人自然化"——后工业时代美的本质的哲学内涵[J].四川师范大学学报(社会科学版),2011(4):64-70.

[39] 刘铁芳.重申教学的教育性：教学如何促成个体完整成人[J].中国教育科学(中英文),2019(4):74-86.

[40] 冯平.杜威价值哲学之要义[J].哲学研究,2006(12):55-62,124.

[41] 夏甄陶.人:关系 活动 发展[J].哲学研究,1997(10):6-15.

[42] 冯军.技术本质的追问——与海德格尔对话[J].自然辩证法研究,2004(1):46-50.

[43] 孙向晨.重建"家"在现代世界的意义[J].文史哲,2019(4):5-14,165.

[44] 冯建军.公共人及其培育：公共领域的视角[J].教育研究,2020(6):27-37.

[45] 柳珊.超越孤独：微信公众号里的个人公共生活[J].探索与争鸣,2017(7):52-54.

[46] 刘铁芳.起兴、启发与对话：走向生命整全的教学技艺[J].全球教育展望,2019(9):24-38.

[47] 李政涛.凝聚"系统教育力"[J].中小学信息技术教育,2018(1):6.

[48] 埃德加·莫兰.论复杂性思维[J].陈一壮,译.江南大学学报(人文社会科学版),2006(5):18-21.

[49] 杨小微.社会转型时期学校变革的方法论初探[D].上海:华东师范大学,2002.

[50] Collins A, Halverson R. Rethinking education in the age of technology: the digital revolution and schooling in America[M]. New York: Teachers college press, 2018.

[51] Selwyn N. Education in a digital world: global perspectives on technology and education[M]. London: Routledge, 2012.

[52] Walden R. Schools for the future: design proposals from architectural psychology[M]. Berlin: Springer, 2015.

[53] Masschelein J, Simons M. Education in times of fast learning: the future of the school[J]. Ethics and education, 2015, 10(1): 84-95.

[54] John N A. Sharing and web 2.0: the emergence of a keyword[J]. New media & society, 2013(2):167-182.

[55] Leiringer R, Cardellino P. Schools for the twenty-first century: school design and educational transformation[J]. British educational research journal, 2011, 37(6): 915-934.

[56] Mezzacappa D. High school 2.0: can philadelphia's school of the future live up to its name[J]. Education next, 2010, 10(2):34-41.

[57] Neumann R. Charter schools and innovation: the high tech high model[J]. American secondary education, 2008(3): 51-69.

[58] OECD. Back to the future of education: four OECD scenarios for schooling[EB/OL]. (2020-09-15)[2021-1-21]. https://www.oecd.org/education/back-to-the-future-s-of-education-178ef527-en.htm.

[59] World Economic Forum. Schools of the future: defining new models of education for the fourth industrial revolution [EB/OL]. (2020-02-22) [2020-8-21]. https://www.weforum.org/reports/schools-of-the-future-defining-new-models-of-education-for-the-fourth-industrial-revolution.

[60] Weller C. The 13 most innovative schools in the world[EB/OL]. (2015-10-05) [2020-8-21]. https://www.businessinsider.com/the-13-most-innovative-schools-in-the-world-2015-9.

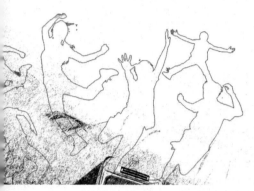

后记

毕业之后,在很长一段时间里,我都没有勇气重新翻开博士论文。望而生畏的主要原因在于深知未来学校是一个颇具前瞻性、复杂性、流变性、挑战性的研究课题,当下自身的学术能力和学术精力都不足以进一步挖掘未来学校的深层内涵及其异彩纷呈的形态。时光倏忽而逝,一年之后,我似乎有勇气再次提笔为未来学校写点什么了,希冀拙著能够开启人们对未来学校的思考与对话,共同构筑我们的未来。

2021年11月10日,联合国教科文组织把未来的眼光拉向2050,发布了令世人瞩目的《共同重新构想我们的未来:一种新的教育社会契约》(Reimagining our futures together: a new social contract for education,简称《新社会契约》),将学界对未来学校的研究推向全新高度。这份面向未来的教育报告指明学校依然是人类最强大、最重要的教育机构,应该受到保护。实际上,从2020年初至今,持续三年的新冠疫情已经让人们深刻体会到,在线教学虽然能够为学校提供支撑,但是永远无法完全替代学校,因为学校不仅是教学与学习的场所,而且是社会福祉的核心所在。学校通过教与学将不同年龄阶段、不同人生经历、不同文化背景的人彼此联结起来,让每个人接触在家庭与社区中通常触及不到的思想和经验,从而使他们都能够通过教学际遇重塑自我、获得幸福。可惜,今天的学校还没有满足人们的这种期许,因此《新社会契约》指出学校应该被重新构想,建议从人与人、人与地球、人与技术之间的关系重新审视学校,从教学、课程、教师、时间、空间等维度重新设计学校。当我阅读完《新社会契约》之后,非常惊喜地发现本书的研究思路和核心论点与教科文组织对于未来学校的构想不谋而合、遥相呼应。这在很大程度上表明,未来学校研究的出发点和归宿都在于通过重新定义和构建当代学校,让人与包含人、技术、其他生灵在内的整个世界彼此联系起来,实现人的自由全面发展,共同迈向正义、和谐、幸福、可持续的未来。

囿于个人的学术积淀与学术视野的限制,本书还存在一些遗憾和不足。首先,未来学校始终缠绕着"变"与"不变"、"确定性"与"不确定性"等诸多关系,如何在更好地辨析这些关系的基础上阐释未来学校的内涵,还需要做更深入的探讨。其次,尽管本研究力图超越单一视角和单一要素的局限,在多重视角和多种要素的交互中呈现未来学校的全貌,但是仍然没有很好地展现未来学校异彩纷呈的图景。最后,随着国家大力推动城乡教育一体化发展,城乡教育之间的差距正在逐渐缩小,但是城乡一体化不等于城乡同一化,城市和乡村在自然、人口、经济、文化等各个方面的差异决定了城市和乡村的未来学校肯定是不同的。因此,如何确保乡村学校借助信息技术从"过去"中解放出来,甚至比城市学校更快地走向"未来",还需要更多的研究者在城乡教育一体化框架下积极开展乡村学校发展模式研究。

本书得以顺利出版,需要衷心感谢许多人。首先要感谢我的博士生导师田友谊教授，我在读书、研究、表达、人格等多方面的成长都离不开田友谊教授的全心指导。田老师带领我进入人类历史的智慧之流，唤起我对未知之境的热忱与思考，引导我把过往的宝贵思想和未来的各种可能带到当下的研究中，鼓励我以自己的思考对未来学校的本真含义进行阐释。能成为田老师的学生，是我一生中的幸事。

其次，我要感谢徐莉教授。我能进入教育学研究领域，并且有幸跟随田老师继续学术之旅，无不是缘于徐莉教授对我的悉心培养和永不放弃。在我博士期间，无论是生活上还是学业上，徐老师都以多种方式予以帮助，希望我能在更丰富的资源中茁壮成长。感谢徐老师一直以来对我人生的指导，对您的感恩之情，书不尽言，言不尽意，只能以一句话作为这段文字的结束——"如果没有您，我或许会是另一种人生"。

再次，我要感谢丁月师姐、郑艳、艳艳、桂林、永敏、肖龙、炎吉、云飞、婧玮、荣华、丽英、张悦、张庆、邓兰、雪童、沙沙、志月等同门和同学们。感谢你们在我有困难的时候，总是真心地帮助我，并且陪我一同度过人生这段艰难的岁月。还要感谢华中科技大学出版社的相关工作人员，尤其是杨玲副编审和度北麟编辑，他们对作者的尊重以及对出版负责的态度令人钦佩。

最后，我要感谢我的家人一直以来对我的关爱。感谢我先生肖骅的包容和陪伴，父母的养育之恩，姥姥的终日祈祷，姥爷在天之灵的庇护，以及大姨、小姨、姑姑等亲人的情感支持。正因为有你们，我才可能去寻求自己、成为自己。

在我书写这篇后记的时候，人类依然正在遭受着新冠疫情的威胁，许多人的生活被蒙了一层挥之不去的阴影。我不禁想问："这个世界会好吗？"并进而追问："未来学校能够通过培养人而使这个世界变好吗?"目前,我想没有人有百分之百的信心给出完全肯定的答案。不过,即便在相当长一段时间内,未来学校难以完成塑造一个和平、正义和可持续发展的未来的使命,我们依旧会竭尽全力地探究未来学校,因为正如黑格尔所言,"未来是希望和恐惧的对象"。人类不能以预知的方式进入未来,但是能够携带着过往的经验在当下积极地筹划未来。我相信本书只是探究未来学校的一个起点,它将引发更多的人参与未来学校的对话。通过世界范围内志同道合的学生、教师、家长、研究者、技术人员等共同构想未来学校,我们终将使那个被称作"未来学校"的地方焕发出勃勃生机,使每一个人"永远坚持走向上的路,追求正义、智慧"。

作 者
2022 年 11 月